乡村振兴多元主体协同
治理效应研究

钱　力　倪修凤　宋俊秀　著

中国财经出版传媒集团

经济科学出版社
Economic Science Press

图书在版编目（CIP）数据

乡村振兴多元主体协同治理效应研究/ 钱力，倪修
凤，宋俊秀著 . —北京：经济科学出版社，2021.9
ISBN 978 - 7 - 5218 - 2869 - 6

Ⅰ.①乡…　Ⅱ.①钱…　②倪…　③宋…　Ⅲ.①农村 -
社会主义建设 - 研究 - 中国　Ⅳ.①F320.3

中国版本图书馆 CIP 数据核字（2021）第 185856 号

责任编辑：白留杰　李晓杰
责任校对：孙　晨
责任印制：范　艳　张佳裕

乡村振兴多元主体协同治理效应研究
钱　力　倪修凤　宋俊秀　著
经济科学出版社出版、发行　新华书店经销
社址：北京市海淀区阜成路甲 28 号　邮编：100142
教材分社电话：010 - 88191309　发行部电话：010 - 88191522
网址：www. esp. com. cn
电子邮箱：bailiujie518@ 126. com
天猫网店：经济科学出版社旗舰店
网址：http: //jjkxcbs. tmall. com
北京密兴印刷有限公司印装
710 × 1000　16 开　14 印张　250000 字
2021 年 12 月第 1 版　2021 年 12 月第 1 次印刷
ISBN 978 - 7 - 5218 - 2869 - 6　定价：56. 00 元
（图书出现印装问题，本社负责调换。电话：010 - 88191510）
（版权所有　侵权必究　打击盗版　举报热线：010 - 88191661
QQ：2242791300　营销中心电话：010 - 88191537
电子邮箱：dbts@ esp. com. cn）

序　言

乡村治理问题一直是经济学研究领域关注的重点课题，乡村治理现代化是推进国家治理体系和治理能力现代化的关键环节与核心目标，而多元主体协同治理问题是乡村治理现代化研究的热点与重点问题。伴随着城乡关系的不断演变，农村社会结构与经济结构已发生显著变化，简单化、单向度的乡村治理模式越来越难以满足亿万农民的权利诉求和利益期待，更难以承载乡村振兴战略对治理有效的要求，创新乡村治理模式成为破解乡村治理困境的可行路径。

扩大乡村治理主体的范围，通过自治、法治、德治"三治"结合，实行共建共治共享，构建一核多元的主体协同有效治理格局是实现乡村治理现代化的关键。"三治"结合的乡村治理体系是乡村治理主体结构得以优化的新兴治理模式，旨在调动政府、村民、企业与社会组织等多元主体协同参与乡村治理，从人人有责、人人尽责等价值维度出发，完善乡村治理制度体系。该书借鉴治理理论与协同理论两大理论体系的研究进程，在对已有的治理理论、协同理论、委托代理理论和博弈论等文献进行梳理与总结的基础上，比较深入地探讨了以下几个基本问题：

第一，演绎了乡村振兴多元主体协同治理的运作机理。在对乡村振兴多元主体及主体间协同治理进行博弈困境分析的基础上，该书以新经济增长模型与干中学模型为理论基础，基于柯布—道格拉斯生产函数，通过模型推演、数理推导、文献研究等方法演绎分析了乡村振兴多元主体协同治理的运作机理，以厘清乡村振兴多元主体协同治理理论机制与影响路径。

第二，对乡村振兴多元主体协同治理效应进行综合评价。乡村治理是一个复杂的系统性问题，既包括经济、社会、政治、文化与生态等多方面治理内容，又涵盖政府、村民、企业与社会组织等多元主体，治理内容间相互关联，治理主体在这些治理内容方面的作用路径同样具有一致性与差异性，该书选取复合系统协同度评价模型对乡村振兴多元主体协同治理效应进行综合评价，在此基础上展开相应的时间序列分析。

第三，研究了乡村振兴多元主体协同治理效应的区域异质性及时空演变。由于资源禀赋、经济实力等区域差异性的存在，不同区域乡村振兴多元主体协同治理效应也有所差异，该书分析了乡村振兴多元主体协同治理效应的区域异质性，揭示了不同区域乡村治理的差异性。为了更直观地呈现动态演变趋势，该书运用 Arc GIS 软件绘制出乡村振兴多元主体协同治理维度有序度与综合协同效应的空间分布差异与时空演变特征。

第四，对乡村振兴多元主体协同治理效应进行预测性分析。基于实证分析结果，该书对乡村振兴多元主体协同治理效应进行了预测性分析，以合理预测乡村振兴多元主体协同经济治理、政治治理、文化治理、社会治理、生态治理五大治理维度的有序性及其综合协同效应的未来发展趋势，进而明确了乡村振兴战略下一步实施过程中的工作重点、基础优势与工作难点。

第五，分析了乡村振兴多元主体协同治理效应敏感性及影响因素。该书运用敏感性分析对协同效应评价体系中的各维度、各序参量以及各评价指标进行基本判断，初步设想不同维度、不同序参量以及不同评价指标对乡村振兴多元主体协同治理效应造成的不同影响。为了验证敏感性分析结果的有效性与准确性，进行了相应的实证模型检验，明确了乡村振兴多元主体协同治理效应的影响因素。

第六，提出完善乡村振兴多元主体协同治理的政策建议。政府应不断完善相应的政策法规，引导村民、企业与社会组织参与乡村治理，加强经济、政治、文化、社会、生态治理力度，在不同地区、不同阶段，实行差异化综合协同治理措施，提升乡村振兴多元主体协同治理效应。

在国家全面实施乡村振兴战略时期，在巩固拓展脱贫攻坚成果同乡村振兴有效衔接阶段，乡村治理问题必将是经济社会研究的前沿问题与热点问题之一，也正因为如此，它决定了对该问题研究具有相当大的难度，比如同类文献不多，具体实践有限，要完成有特色有质量的专著需要付出较多努力。近年来，以安徽财经大学钱力教授为代表的一批学者，立足落后地区经济发展实际，长期从事农村经济问题研究，形成了一些高质量的研究成果，为理论研究的创新以及各级政府决策提供了科学的参考。《乡村振兴多元主体协同治理效应研究》一书就是其中的代表作，是钱力教授及其科研团队研究成果的结晶。当然，尽管该书做了很大努力，但不足之处也在所难免，一些地方还有待进一步探索和完善，以促使该领域的研究有一个更大的进展。

2021 年 7 月

前　言

新中国成立以来，我国乡村治理走过了一段极不平凡的发展历程。计划经济时期，在土地改革和人民公社制的乡村发展过程中，国家政权建设将乡村治理纳入国家治理体系，乡村治理从自然经济下的宗族自治向计划经济体制下的人民公社制转变，实行"政社合一"的乡村治理体制，中国乡村社会发生了根本性变革（陈明，2019）。

新中国成立初期，"三大改造"基本完成，中国农村社会结构发生重大变化，农村开展土地革命，取消封建地主土地所有制，建立土地农民所有制；自社会主义改造基本完成到改革开放，中国实施以农业支持工业、以农村支持城市的发展战略，开展合作化和集体化运动，农村经济从自然经济下的小农经济转变为计划经济体制下的集体经济，农村呈现经济政治社会一体化的治理特征。虽然能够在一定程度上促进工业优先发展进而促进全国经济快速发展，但这种通过国家强制的方式实现的高度组织化、集体化的乡村治理模式也剥夺了广大农民群众参与乡村治理的自主性与积极性。

改革开放后，中国经济体制从计划经济向市场经济转变，城乡二元结构向城乡统筹、城乡融合和城乡一体化方向发展（赵一夫，2019）。随着农村生产力结构的不断发展与优化，我国开始推行家庭承包责任制，实行分田到户；推行农村税费改革，取消农业税和各种面向农户的收费，"政社合一"的乡村治理模式已经不能很好地适应中国农村的快速发展（蒋永穆，2019）。基于此，明确乡镇、行政村、自然村等组织结构体系，允许乡镇以下的村民委员会行使自治权，对乡村具体事务进行决策与管理，提出"乡政村治"的乡村治理模式（刘行玉，2018）。"乡政村治"治理模式有效推动了中国农村经济社会、公共事务管理等的发展，进一步扩大了基层民主范围，有利于完善乡村治理体系，但同时也面临着政府干预过多、村民自治程度不高、基层民主流于形式等深层次的乡村治理危机，乡村治理模式仍需根据不同的历史发展阶段与经济社会发展背景持续完善（肖唐镖，2014）。

自党的第十八届三中全会以来，党和国家一直强调坚持和完善中国特色社会主义制度，提高国家治理体系和治理能力并最终实现现代化。党的十九大报告提出打造"共建共治共享的社会治理格局"，要求"加强社会治理制度建设"（新华社，2017）。党的十九届四中全会再次明确"坚持和完善共建共治共享的社会治理制度"，要求"加强和创新社会治理"（新华社，2019），凸显出我国社会治理的重要性与紧迫性。其中，共建共治共享分别从主体、目标、路径三个维度，系统诠释了我国社会治理制度体系的主体要素与运作机理，有利于实现社会治理路径精细化、结构合理化（田先红，2020）。乡村治理体系是国家治理体系中的有机组成部分，乡村治理现代化是推进国家治理体系和治理能力现代化的关键环节与核心目标，推进我国乡村治理现代化发展愈加符合新时代中国特色社会主义建设总要求（邵宏珠，2020）。

党的十九大报告提出着力推进乡村振兴战略实施，按照"产业兴旺、生态宜居、乡风文明、治理有效、生活富裕"的发展总要求加快推进农业农村发展步伐。乡村振兴战略内涵丰富，涵盖经济、社会、文化、政治、法律、生态、生产、生活以及治理等各个方面，其中，治理振兴尤为关键（闵学勤，2020）。中共中央办公厅、国务院办公厅印发的《关于加强和改进乡村治理的指导意见》中明确强调"实现乡村有效治理是乡村振兴的重要内容……建立健全党委领导、政府负责、社会协同、公众参与、法治保障、科技支撑的现代乡村社会治理体制"，2019 年施行的《中国共产党农村工作条例》中也明确要求"以实施乡村振兴战略为总抓手……加快推进乡村治理体系和治理能力现代化，加快推进农业农村现代化"。乡村振兴离不开乡村治理（周文，2021），"治理有效"作为实施乡村振兴战略的目标要求与重要内容，同样强调加强农村基层工作、健全乡村治理体系，最终实现国家治理体系和治理能力现代化。乡村治理体系作为国家治理体系的关键环节，实现乡村治理现代化不仅能够满足亿万农民的利益期待和权利诉求，而且对社会稳定起到重要的压舱石作用。伴随着城乡关系的不断演变，农村社会结构与经济结构发生显著变化，农民思想观念发生深刻转变，农民权利诉求逐渐多元化，加强乡村治理具有迫切性。深刻认识到乡村治理重要性、迫切性，加强并不断改进乡村治理，建立健全乡村治理现代化机制体制，最大限度地激发乡村内生动力，有利于实现乡村有效治理（黄文记，2021）。

扩大乡村治理主体的范围，通过自治、法治、德治"三治"结合，实行共建共治共享，构建一核多元的主体协同有效治理格局是实现乡村治理现代化的关键（秦中春，2020）。乡村治理现代化旨在推进乡村治理体系和治理能力现代化，是实现国家治理现代化的关键环节（李三辉，2021）。破除阻碍农村要素自由流动的机制体制障碍，推动农村要素市场化配置，构建与中国特色社会主义市场经济体制相适应的乡村治理体系（项继权，2021）。审慎分析乡村治理主体结构的运行模式及其制度建设理念，通过厘清现有主体结构中的主体缺失、权力越位以及职权错位等矛盾问题及其本质，不断优化乡村治理多元主体协同治理结构与机制（刘亮，2021）。健全自治、法治、德治相结合的乡村治理体系是实现乡村振兴战略中"治理有效"目标的关键环节（何阳，2020）。自治、法治、德治"三治"结合的乡村治理体系是乡村治理主体结构得以优化的新兴治理模式（张明皓，2019），旨在调动政府、村民、企业与社会组织等多元主体协同参与乡村治理（林星，2021），基于人人有责、人人尽责等价值维度，梳理包容性治理理念，完善乡村治理制度体系（高卫星，2021）。"共建"是乡村治理的坚实基础，体现社会治理不仅是政府的责任，也涉及社会组织、企业、村民等多元行动主体（马树同，2020）；"共治"是乡村治理的核心方式，表明社会治理的开展需要运用多元治理单元、多元治理方式以及多元治理技术等最终实现乡村社会的有效治理（夏锦文，2018）；"共享"是乡村治理的重要归属，指的是通过乡村治理提高整体农村居民生活水平，最终实现社会治理成果共同享有（侯恩宾，2018）。共建共治共享的社会治理制度安排奠定了乡村振兴过程中构建一核多元主体协同治理格局的重要性与必要性（马树同，2020）。

随着乡村社会转型，乡村治理已经从传统的一元化政府主导型治理模式向多元主体协同共治新兴治理模式转变，乡村治理由政府管制向提供公共服务转变，社会组织、企业、村民逐渐参与到乡村治理，不再是权威服从，而是更多的民主协商（朱明锋，2016）。深入推进乡村治理现代化，强调在基层党组织领导下的"多元"，在多元中强化核心，在核心下力求多元，构建多元主体共同治理的协同互动机制是乡村治理现代化的必然要求。乡村治理主体多元化并不代表着多元主体协同是有序的，混乱无序的多元主体协同不会提高甚至会降低乡村治理有效性。在乡村治理主体的多元化参与机制中，如何定位并发挥好各参与主体的地位与作用形成良性互动治理格局，乡村振兴多元主体协同治理效应如何评价又该如何提高，多元主体协同治理是否会因为时间、地区的不同而具有不同的协同效应，未来发展趋势如何，其影响因素主要有哪些，这些问题将直接决定我国社会治理制度优势能否更好地向治理效能转化。因此，在理论回顾与机理分析的基础上，以乡村治理体系与治理能力现代化为基本目标，对乡村振兴多元主体协同治理效应维度有序度与综合协同效应进行综合评价，对其进行相应的时间序列分析、区域异质性分析与时空演变分析，在此基础上进行灰色预测分析，以敏感性分析结果为基础设定研究假说，构建结构方程模型探究乡村振兴多元主体协同治理效应的影响因素，对于乡村振兴多元主体协同治理机制构建、乡村治理现代化体系完善与能力提高具有关键的理论意义与现实意义。

一是丰富了乡村振兴多元主体协同治理的作用机理研究。现有文献大多通过现状描述、问题查找、对策建议这一逻辑顺序展开研究，也有部分文献添加了实证分析研究，却较少通过理论阐释多元主体协同治理机制，将理论分析与数理推导相结合研究乡村振兴多元主体协同治理机制的研究更是少有涉及。本书在实证研究乡村振兴多元主体协同治理效应之前，基于治理理论与协同理论两大理论体系，结合委托代理理论、博弈论以及结构功能主义等其他相关理论，从理论研究角度上阐述乡村振兴多元主体协同治理的作用机制，通过数理分析研究乡村振兴多元主体协同治理的运作机理，既在一定程度上拓展乡村振兴多元主体协同治理相关理论研究，又能为政府部门制定相关乡村治理政策提供一定的理论参考，具有重要的理论意义。

二是拓展了多元主体协同治理研究方法。已有研究着重从定性分析角度探讨了乡村振兴多元主体及其协同机制，分析了乡村振兴多元主体协同现状、现实障碍以及对策建议，而定量分析相对较少，基于一定的理论梳理与机理分析进而定量分析乡村振兴多元主体协同治理效应及影响因素的研究更少。本书基于治理理论与协同理论两大理论体系，结合委托代理理论、博弈论以及结构功能主义等其他相关理论，分析乡村振兴多元主体协同治理运作机理，运用复合系统协同度评价模型对乡村振兴多元主体协同治理效应维度有序度与综合协同效应进行综合评价及其时间序列分析，在敏感性分析的基础上进一步构建结构方程模型实证分析其影响因素，在一定程度上拓展了乡村振兴多元主体协同治理研究方法，进一步提高了乡村振兴多元主体协同治理机制优化路径选择的说服力与可行性。

三是为提高乡村振兴多元主体协同治理效应提供了新思路。实现乡村有效治理是乡村振兴战略的关键环节，乡村治理问题成为学术界普遍关注的热点问题与重点话题，如何完善乡村治理机制、提高乡村治理质量成为乡村治理现代化建设的关键。本书在研究乡村治理问题时，考虑乡村振兴多元主体协同治理机制的构建与完善，对乡村振兴多元主体协同治理效应进行综合评价与影响因素分析的前提下提出提高乡村振兴多元主体协同效应、加快乡村治理现代化建设的政策建议，有利于明晰乡村治理多元主体协同参与机制，明确各主体在乡村治理方面的权利与义务，为提高乡村振兴多元主体协同治理效应提供新思路，以加快实现乡村治理现代化。

　　四是有利于推动乡村振兴多元主体协同治理机制不断创新与完善。随着乡村社会转型，乡村治理主体不断丰富，社会组织、企业、村民等多元主体逐渐参与到乡村振兴治理过程中，多元主体协同治理机制的构建与完善愈加紧迫。本书基于治理理论与协同理论两大理论体系，结合委托代理理论、博弈论以及结构功能主义等其他相关理论，研究乡村振兴多元主体协同治理问题，分别对政府、村民、企业与社会组织等多元主体在经济、政治、文化、社会与生态等多方面的乡村治理协同效应进行综合评价及其时间序列分析，在此基础上展开区域异质性分析、时空演变分析、预测性分析，在敏感性分析的基础上构建结构方程模型对综合协同效应影响因素展开实证研究，有助于各主体找到易操作、效果好的乡村治理协同路径，推动乡村振兴多元主体协同治理机制不断创新与完善，对于推动乡村治理现代化具有重要的现实意义。

钱力

2021 年 7 月

目　录

第一章 理论回顾与文献分析

第一节 治理理论

20世纪末,"治理"作为研究公共秩序问题的新话题在西方国家迅速兴起,由此衍生出诸多具有丰富内容的治理理论,如基于地理区域划分的全球治理、国家治理、城市群治理、城市治理、乡村治理等,又如以公共事务所属领域为依据划分的经济、社会、政治、文化与生态等多方面的治理。随着经济社会的快速发展,公共秩序维护特别是乡村公共资源配置与治理问题逐渐复杂化、动态化,以多元治理为核心的区域治理理论开始出现并日趋完善,代表性的有马克斯(Marks,1996)提出的多层级治理理论、奥斯特罗姆夫妇开创的多中心治理理论以及凯特尔(Kettle,1993)为代表的网格化治理理论,为区域治理理论奠定了坚实基础。

一、多层级治理理论

马克斯于1996年首次正式提出多层级治理,被用来解释欧洲一体化现象。就欧盟问题研究而言,多层级治理理论一定程度上超越了传统的欧盟与各成员国关系,将公民、跨国公司等非国家行为体纳入多层级治理体系中,多重行为体在不同层级分享决策权(Hooghe,2003)。欧洲一体化进程形成了国家权力的上下以及侧面等多维度转移,意味着政府权威不断向次国家层面等方向分散(徐静,2008)。

多层级治理理论为国家治理体系提供新的制度补充,以达到制度性集体行动为主要目标,最终实现区域治理现代化,逐渐成为区域协调发展、促进区域一体化的重要机制(Jessop,2002)。多层级治理指的是在解决公共问题时，不同层面的政府机构与企业、社会组织等非政府组织间协同合作进行的制度安排（张继亮，2017），能够推动跨界地区深度交流、协调与合作（魏宗财，2016）。经济学与社会学等多领域研究中，多层级治理理论得到较为广泛的应用，大到全球层面上的欧盟难民政策（杨娜，2019）、全球海洋生态环境治理（全永波，2019）等困境突破；小到中国的粤港澳大湾区治理体系（张福磊，2019）、城市群制度一体化机制（张衔春，2017）、封闭性公共池塘资源治理（袁方成，2020）等问题研究。

多层级治理理论可用来解释乡村振兴多元主体向上与向下的权力转移与让渡，有助于在纵向维度上理解乡村振兴过程中乡村治理的复杂性与特殊性。我国区域治理的政治动员一般在行政性分权制度背景下，采取政治驱动、组织协调、目标考核与收益共享的激励机制（杨志云，2017），调度并集中多方资源和力量，不断推动地方政府、企业、社会组织与民众等治理主体实施区域治理（杨爱平，2011），主要包括治理理论视域下的"区域治理"（陈瑞莲，2013）、"城市间合作"（叶林，2015）、"府际合作"（杨龙，2012）、"区域合作网络"（锁利铭，2013）、"跨界治理"（陶希东，2010）、"跨域治理"（王佃利，2018）、"整体性治理"（崔晶，2011）等多种治理模式。乡村治理过程中，构建多层级治理体系，一方面自上而下地对接中央政府、地方政府与农村基层等的制度安排与公共资源，另一方面自下而上地畅通并最终实现村民、企业与社会组织的利益需求，更好地为村民、企业与社会组织参与乡村治理提供制度空间（高红，2011）。多层级治理机制赋予村民、企业与社会组织参与乡村治理过程中更大的活动空间，一方面减轻政府部门的工作负荷，从全能管理者向服务管理者角色转变；另一方面扩大村民、企业与社会组织对乡村治理过程中公共事务管理的自主权利，调动其参与乡村治理的主动性，多层级治理形成良性倒逼机制（苏霞，2014）。

综上所述，学者们普遍认同多层级治理理论在公共事务治理上的理论指导作用。多层级治理理论较好地克服了单层级治理理论的理论弊端，被广泛应用于欧盟问题、全球生态治理以及城市群治理这些明显具有多个治理层级的区域治理研究中，从该角度出发，多层级治理理论能够很好地运用于具有政府、村民与非政府组织等多个治理层级的乡村治理研究中。但是，整合分析已有文献可知，多层级治理理论强调纵向维度上多个治理层级共同参与所产生的治理效应，但忽视了横向维度上的治理效应分析，仍然存在一定的理论弊端。

二、多中心治理理论

多中心治理理论是新公共管理理论体系中的重要理论之一，起源于奥斯特罗姆夫妇对公共经济资源治理问题的研究，随后被广泛地运用到公共事务治理与社会服务供给等研究领域（叶飞，2018）。传统的政府"单中心"治理模式下，公共权力运行单向化，一定程度上钳制着村民固有的民主思想，使乡村治理逐渐失去"善治"的治理基础，乡村社会的有序发展受到多方面不同程度上的制约（郭武，2018）。随着乡村社会结构与经济结构的不断转型升级，乡村治理模式由传统的单中心政府专制治理模式逐渐转变为多中心多元主体协同治理模式，村民、企业与社会组织等主体在乡村治理过程中的地位与作用越来越重要（李平原，2014）。以多元主体自治为基础，多中心治理模式通过合作—竞争—合作的方式，既满足政府、村民、企业与社会组织等治理主体追求自身利益最大化的需求，同时又能相互沟通合作，共同参与乡村治理，强调多元主体间的平等协作，有利于实现乡村治理的"善治"（周丽，2017）。

多中心治理模式是指借助多元，而非单一的治理权力中心，治理社会公共事务，以提供高水平公共服务的模式，需要政府、企业、村民以及社会组织等共同参与，优点在于社会资源动员能力更强大、利益协调更容易、治理效率更高以及治理成本更低等方面（张庆彩，2017），主要包括对话、妥协、竞争、集体与合作五大核心机制，最终实现全体人民利益最大化（孟祥钧，2017）。多中心治理并不意味着削弱我国党组织在公共事务治理上的核心领导地位，在我国实践中，多中心治理模式更多强调的是"多中心"即多元主体的平等治理地位，突出"平等参与"与"责任共担"，有利于发挥政府、村民、企业与社会组织等治理主体的积极性（郁俊莉，2018）。就社会组织这一治理主体而言，社会资本内生的声誉机制与信任机制等能够增强社会组织参与集体活动的可能性（Torsvik，2000），社会资本充足的社会组织更可能为了集体利益与发展前景等进行合作（Bromiley，1995）；充足的个人社会资本不仅可以降低成员之间的合作成本，还有利于传播理念与政策，提高社会治理水平（Ostrom，2010）。在经济学与社会学等多个领域研究中，多中心治理理论得到较为广泛的现实应用，如学校组织的公共治理（叶飞，2018）、药品医保支付价改革（张录法，2019）、政府预算绩效管理（杨彦柱，

2020）、村级公共物品管护（方帅，2020）、政府主导型生态补偿（陈海江、2020）等。

多中心治理理论对乡村治理多元主体协同治理研究具有重要的指导意义。"多中心"和"治理"的核心在于分权与自治，"多中心治理"既包括广泛的治理主体，也包含多样的治理方式，核心要义在于将多元化的独立行为主体组织起来，共同治理经济与社会等公共资源（邱玉婷，2015）。单一主体的乡村治理模式已经不能很好地满足我国乡村发展的现实需要，培育多元乡村治理主体、构建多中心乡村治理模式，进一步优化乡村治理机制、充分调动并发挥好政府、村民、企业与社会组织等多元主体的作用，最终创新乡村治理结构并形成高效的乡村治理格局（李香莹，2019）。多中心治理理论强调治理主体具有多元性、网格性以及协作性等基本特征（胡洁，2017），明确政府在乡村治理多元主体中起到主导、引领作用的前提下（刘红，2018），激发包括政府、村民、企业与社会组织等在内的多元主体治理的积极性（金太军，2018），构建以政府为主、多元主体参与的乡村治理机制（王彬彬，2018）。

整合分析已有文献可知，多中心治理理论是对传统公共管理理论体系的有效创新，在公共事务治理研究中被广泛运用证实了多中心治理理论重要的理论指导作用。打破传统的单中心治理理论，多中心治理理论强调多元主体间的"平等参与"与"责任共担"，能够为乡村振兴多元主体协同治理研究提供重要的理论指导作用。但应该看到，虽然多中心治理理论一定程度上弥补了多层级治理理论在横向维度上治理效应分析的短板，但尚未很好地与多层级治理理论相结合，反而忽视了纵向维度上的治理效应分析，同样存在一定的理论弊端。

三、网格化治理理论

20世纪90年代，新公共管理改革造成公共部门间逐渐出现"碎片化"现象，凯特尔（Kettle，1993）提出政府与社会力量组成的网状治理体系即网格化治理这一创新治理理论，胡格（Hooghe，2001）进一步明确网格化治理强调各多元主体间相互协调、缺一不可，形成各具特色但又沟通合作的组织关系网络。与过去传统、被动和分散的管理模式相比较，网格化治理是现代的、主动的、系统的治理新思维，并逐渐向定位网格化、管理信息化的新兴治理模式转变与提升，规范治理平台、激发共治活力、形成共治机制、提升治理水平（夏海露，2019），以推动并实现乡村治理"精细化、扁平化、高效化、常态化"（李颖，2016）。网格化治理作为新时代我国乡村治理的优化路径，是基层经济社会治理结构变迁的革命性创新，致力于权威整合与行政资源下沉，较好地诠释了全面覆盖的整体性治理内涵（孙柏瑛，2015），实现了数字信息化管理这一基层治理创新（唐皇凤，2018）。

　　实现"网格化管理"发展到"网格化治理"的实质性提升，是健全基层治理体制、顺应我国经济社会发展趋势、提升乡村治理能力和治理水平的关键路径。网格化治理理论与网格化管理理论虽然具有一定的相同点，都在以信息技术为重要支撑的基础上强调治理主体趋于多元化，但二者之间也存在较大的区别。一是对政府的角色定位不同，相较于网格化管理理论中将政府定位为管理者、领导者，网格化治理理论强调在乡村治理中，村民、企业与社会组织等多元主体具有重要地位，但政府更应该成为乡村社会网格化治理中的引导者、服务者（韩兆柱，2015）；二是评价标准不同，网格化管理理论判断是否实现"善治"的标准在于网格划分标准是否合理、网格管理成员结构是否科学等，网格化治理理论对于"善治"的追求体现在网格任务是否在成员中得到分配与认可、网格中权力与责任流动是否有序以及公共利益分配是否合理等（张康之，2010）；三是适应性存在差异，网格化管理理论适用于经济发展迅速、公共事务剧增但政府治理能力发展迟缓的国家，而网格化治理理论更适用于具有一定数字化程度的国家，主要解决治理主体积极性不高、治理能力不足等难题（韩兆柱，2017）。从管理转变为治理，其关键之处在于重新发挥政府公共权力固有的公共性，为广大社会公民提供更全面、更优质的公共服务（韩冬雪，2015），实现治理理念从"专制"转变到"协同"、治理目标从"维护社会安定"提升到"满足公民诉求"、治理机制从"碎片化管理"升级到"网格化治理"等内涵提升（姜晓萍，2015）。

　　随着国家治理体系和治理能力现代化的不断推进与实现，基层网格化治理在实践和理论层面上被不断拓展与延伸。2004年，全国首个"城市网格化管理新模式"在北京市东城区率先建立，得到了社会公众的广泛认可；2012年，党的十八大提出用"社会治理"替代"社会管理"，网格化治理模式历经试点先行、以点带面、整体推进的运用逻辑，逐渐拓展到全国范围。农村网格化治理实质是国家权力下沉，既能够使政府的管理权限延伸至村民、鼓励村民参与乡村治理，又能够帮助基层政府更好地了解村民的现实需求（朱萌，2015）。总的来说，乡村实行网格化治理能够全面掌握社情民意，强化基层政府治理能力，最终提升村民满意度与获得感（刘婷婷，2020）。在肯定乡村振兴多元主体协同治理采取网格化治理实施绩效的同时，也应看到网格化治理过程中存在的一些现实问题，如多元主体参与意识不到位、参与途径受限（徐勇，2017）、治理体制不够完善、网格化职责不够明晰（施蓉，2018）等。因此，在乡村振兴多元主体协同治理过程中，应进一步完善网格员聘用制度、制定合理的激励措施并强化监督考核机制等，以提高乡村治理水平（李童彤，2020）。

充分发挥网格化治理理论在乡村治理多元主体协同治理研究上的理论指导作用，将网格化治理理论更好地应用到乡村治理实践中。网格化治理关键在于将大数据与经济社会治理相结合，利用"互联网+"技术整合并管理网格资源，有效提高治理效率（岳金柱，2016）；同时也应注重资源共享，推动政府、村民、企业与社会组织等资源协同者通过网格的理念整合资源以实现资源共享（张康之，2019）。我国乡村网格化治理实践表明乡村振兴多元主体协同治理采取网格化治理策略还存在一定的现实阻碍，乡村网格化治理机制尚未健全（项坚，2020），受地方社会基础的制约，网格化治理能够在工业型地区有效发挥作用，但在农业型地区，网格化治理却难以落地，容易导致形式主义与技术空转（纪芳，2020）。要使网格化治理模式在乡村落地，必须在坚持村民自治的基础上，实现网格化治理与村民自治的有机融合（石伟，2019），加大宣传力度，鼓励并引导村民、企业与社会组织等多元主体积极参与乡村治理（韩玉莹，2020）。因此，乡村网格化治理下一步研究方向与重点在于如何运用大数据进一步改善乡村治理模式，提升村民的自治能力，培养企业与社会组织等多元主体的社会责任感，构建多元、开放的乡村治理体系（连玮，2020）。

综合上述文献分析可知，现有文献对网格化治理理论已经有了较为深入的研究，也取得了丰硕的研究成果，学者们密切关注网格化治理理论的理论渊源、内涵提升、发展障碍以及提升路径等多方面的研究，形成了较为系统的网格化治理理论研究体系。网格化治理理论较为全面地为公共事务治理研究提供关键的理论指导，实现治理理念从"管控"转变到"服务"、治理机制从"碎片化管理"升级到"网格化治理"等内涵提升，一定程度上弥补了多层级治理理论与多中心治理理论在横纵向维度上的不足，体现"横向到边、纵向到底、全面覆盖"的整体性治理内涵。结合多层级治理理论与多中心治理理论，共同形成较为全面的现代治理理论体系。

第二节 协同理论

协同理论亦称为协同学或协和学，是在经济学、社会学、生物学、物理学等多学科研究与系统论、结构论、控制论、信息论等理论指导的基础上，逐渐形成并发展起来的新兴学科。协同理论在现实社会公共事务治理实践中不断得到检验并日趋完善，代表性的有弗里曼（Freeman）为代表的利益相关者理论、霍兰地（Holland）为代表的复杂适应系统理论、赫尔曼（Herman）与安索夫（Ansoff）为代表的协同治理理论，协同理论体系不断完善。

一、利益相关者理论

利益相关者理论脱胎于经济学和管理学，起源于20世纪初西方学者对"股东利益至上"公司管理理论的质疑，代表性人物弗里曼提出利益相关者指的是在组织目标实现过程中发挥作用或能够被其所影响的个体（Freeman，1984）。不同于传统的股东中心理论，利益相关者理论更加强调政府、消费者、供应商、社会组织等多元利益相关者的重要地位，不同利益相关者的作用与地位有所差异、并非均质（何平均，2018），核心在于要关注并协调好不同需求层次利益相关者的利益关系，进而获得资源最优配置、追求利益最大化（温素彬，2018）。利益相关者理论应用的前提和基础是对利益相关者进行相应的界定与分类。根据拥有资源的不同，利益相关者可划分为社会利益、所有权以及经济依赖相关者三类（Freeman，1994）。以影响决策的程度大小为分类标准，利益相关者可以分为直接与间接利益相关者两类（Frederick，1991）；根据是否存在交易合同关系可分为公众型与契约型利益相关者（Charkham，1992）；如果以联系的紧密程度或重要程度为划分依据，利益相关者又可以划分为首要和次要利益相关者（Clarkson，1995）。米切尔评分法是利益相关者分类研究中影响最大的分类方法，从合法性、紧急性以及权力性三个层面对利益相关者进行分类，潜在型利益相关者仅符合其中一个特征，预期型利益相关者符合上述三个特征的其中两个，确定型利益相关者符合上述三个特征（Mitchell，1997）。类似的，以主动性、紧急性以及重要性作为划分依据，利益相关者又可划分为边缘、蛰伏以及核心利益相关者（陈宏辉，2004）。

利益相关者理论的研究焦点主要集中在利益相关者的识别与确定及其动机分析、管理策略与管理计划的形成与制定等实际问题分析上。政府作为关键利益相关者，其角色定位是否明确直接决定着利益相关者整体利益最大化的实现与否（齐宝鑫，2018）；在利益相关者理论分析框架中纳入社会组织责任，分别从政府、公众以及社会组织等层面分析并构建高效的社会组织责任实现机制（吴磊，2017）。充分考虑并均衡不同利益相关者的地位、作用以及利益，促进利益共同体实现自身以及整体利益最大化（和学新，2019），如国家公园协调机制中要明确国家公园相关管理部门、地方政府、社区居民、经营者以及访客等核心利益主体（刘伟玮，2019）；在制度创业的不同发展阶段，针对多元化的利益相关者，开拓型制度创业者要采取具有差异性的制度创业策略（项国鹏，2017）；混改国企协调发展研究框架里不仅要将公司治理和内部控制整合在一起，同时更应该将政府、客户、供应商以及社会公众等外部利益相关者列入其中（李粮，2020）。

利益相关者理论中"利益相关者利益至上"的治理目标与我国乡村治理实践中共建共治共享指导思想高度契合，对于我国乡村振兴多元主体协同治理研究具有重要的理论指导意义。"共建"的重心旨在发现并构建乡村治理利益相关者网络，"共治"的核心在于促进各利益相关者参与、沟通与合作，"共享"则更加强调对乡村治理利益相关者多样化的利益诉求进行精准回应（周进萍，2018）。正是由于利益相关者理论对我国乡村治理问题具有重要的理论指导作用，已经被广泛应用到我国乡村治理过程的多个问题研究中，如农村环境治理（沈费伟，2016）、民族地区精准扶贫（顾海娥，2017）、农村社会化养老失灵（唐健，2019）、社区抗逆力提升（郑雨婷，2019）、田园综合体协调机制构建（孟祥丰，2020）等多方面乡村治理研究。因此，明确政府、村民、企业以及社会组织等利益相关者的角色定位，肯定不同利益相关者在经济、文化、生态以及社会利益等多方面存在不同利益诉求与行为导向的前提下，克服不同利益相关者之间的冲突与博弈状态，达成利益均衡共识，进一步培育并提升乡村振兴多元主体协同治理效应，进而提升乡村治理现代化水平。

分析可知，不断完善的利益相关者理论对于公共事务治理中多元主体的界定、分类与功能定位上均具有重要的理论指导作用。利益相关者理论打破单一主体治理理论，强调协同主体的多元化，重在厘清协同主体的角色定位与组织结构，能够很好地对利益相关者进行界定与分类，在乡村振兴多元主体协同治理研究中具有较好的理论适应性。但也应注意到，利益相关者理论更多强调的是协同主体多元化，奠定了协同理论的坚实基础，但尚未涉及多元主体能否协同、如何协同等研究范围，仍然存在一定的理论弊端。

二、复杂适应系统理论

系统理论作为复杂适应系统理论的基础，较早提出系统并不是若干要素的简单组合，而是若干相互联系的组成要素以特定结构形成的有机整体（钱学森，1990）。相较于传统的国家—社会二元理论，系统理论能够更好地适用于乡村治理问题研究（刘涛，2017）。系统理论视角下，乡村治理问题不仅限于政治系统的自我演化，单一主体或单一系统的治理与改进已经不能满足乡村治理系统的分化与其经济社会发展环境的丰富。从乡村治理系统的要素、结构与功能层面分析可知目前乡村治理的环绕系统结构较为清晰，但各基本系统仍然存在外部依赖性、短期阶段性以及浅层主观性等现实问题（叶强，2017）。依据乡村振兴多元主体协同治理过程中呈现的自主性与多样性，应从边缘到重心、从单向沟通到互动交流、从"标准化"到多样化、从控制到引导等方面提升乡村治理水平（陈强，2017）。尤其是乡村治理中的政社关系定位，要形成政社利益的依存观念、政社合作的契约观念、政社关系的全局观念，引导政府向引导者、推动者、供给者等角色转变，社会系统则向自我管理者、配合协作者等角色转变（杨博文，2017）。

20世纪90年代，复杂适应系统理论逐渐形成并发展，在传统系统理论的研究基础上，霍兰地（Holland，1992）着重提出复杂系统中的"适应性"特征，将复杂适应系统生成与演化过程中多元素、多功能、多层次等复杂性特征归结于系统主体的适应性，系统主体的动态适应性决定了适应系统的复杂动态性。其中，适应性一般意义上可以释义为系统主体根据自身不断学习并累积的经验主动变换其行为方式以满足并适应系统外部环境的发展要求，改变系统环境并不断推进系统的演化与发展（Holland，1992）。复杂适应系统理论正视复杂系统中系统自组织性、个体能动性、隐秩序等影响因素的关键作用，指出系统演化的基本动因源于系统内部多元主体之间、主体与外界环境之间持续的交互作用（仇保兴，2017）。金吾伦（2004）率先尝试在国家创新体系建设研究中探索运用复杂适应系统理论，对比研究后指出国家创新系统具备复杂适应系统的全部性质，强调复杂适应系统理论在国家创新体系建设研究中的成功运用，推动国家创新系统从构成观向生成观的内涵转变。此后，复杂适应系统理论被广泛运用到多层次的创新系统研究中，如绿色创新系统（方塑，2005）、企业创新系统（陆圆圆，2007）、区域创新系统（刘建华，2008）及集群创新系统（张永安，2008）等。进一步将复杂适应系统理论应用到更广泛的研究领域，如旅游地空间演化模式研究（杨仲元，2016）、区域创新驱动力研究（李丽，2016）、地方政府自我推进型治理创新研究（戴祥玉，2017）、文化产业集群发展研究（徐光志，2019）、城市社区韧性提升研究（周霞，2019）等。

随着乡村治理研究的不断深入，学者们开始并广泛关注乡村治理过程中的系统性、多变性与复杂性等特征。不同地区关于乡村治理的资源禀赋具有较大的差异性，治理主体多元、治理需求多样、治理环境多变，固化的乡村治理模式与单一的乡村治理机制已经无法满足村民对美好生活的向往。复杂适应系统理论中"适应性造就复杂性"的主要观点与乡村振兴多元主体协同治理研究高度契合，一是政府、村民、企业与社会组织等系统主体作为乡村治理机制的创新能动者，具有鲜明的自主性、关联性、适应性与自适应能力（刘洪，2004）；二是乡村治理多元主体协同治理机制的运行系统具有动态性、复杂性，基本符合复杂适应系统的"多样性""非线性"等基本特征；三是乡村治理系统主体的多元性与系统环境的动态性决定了治理过程的复杂性，一定程度上可以理解为系统主体之间、主体与外部环境之间交互作用的主动适应性是乡村振兴多元主体协同治理机制这一复杂适应系统演进的根本动力（戴祥玉，2017）；四是乡村振兴多元主体协同治理机制的可持续发展，还需要依据治理环境的动态演化、治理主体的协同合作等适应性发展以构建具有整体性、协调性、复杂性的现代化乡村治理体系。针对城市治理系统，侯汉坡（2013）认为分解式研究虽然能够深化对城市系统各组成要素的认识与理解，但无益于理解具有复杂性的整个城市系统；陈岩（2020）同样赞成复杂适应系统理论对城市社区治理创新研究的适用性，并提出发挥党建引领作用、创造公共价值以及发展"互联网＋"等创新城市社区治理路径。具体到乡村治理系统，复杂适应系统理论已经被尝试应用到传统村落演化适应发展研究（陈喆，2014）、"城中村"管理机制研究（孙梦水，2013）等多方面研究。

综上可知，在原有系统理论基础上，复杂适应系统理论着重提出"适应性"，是对传统系统理论体系的有效创新，在公共事务治理特别是不同层次创新系统治理实践中具有重要的理论指导作用。复杂适应系统理论将系统生成与演化过程中多元素、多功能、多层次等复杂性特征归结于系统主体的适应性，提出系统主体的动态适应性决定了适应系统的复杂动态性，乡村振兴多元主体协同治理过程中的动态性与复杂性、多元治理主体的参与行为与复杂适应系统理论中"适应性造就复杂性"的主要观点高度契合。复杂适应系统理论在肯定利益相关者理论中协同主体多元化等核心观点基础上，提出多元主体间、主体与环境之间会产生交互协同作用，研究重心聚焦在多元主体的主动适应性行为上，更多的是强调多元主体参与系统运作的积极性，却在一定程度上忽视了如何协调好多元主体的利益诉求并利用好其参与积极性等后续发展问题，同样存在一定的理论弊端。

三、协同治理理论

自 20 世纪 70 年代赫尔曼·哈肯创立协同学后，协同治理理论逐渐从自然科学领域进入到经济管理领域（Ansoff，1987），不断整合并延伸多中心治理、多层级治理以及网格化治理等经典理论中具有借鉴意义的主要观点，突破了传统意义上的一元化政府专制治理理论的限制与约束，创新发展多元主体协同治理的新兴治理模式。协同治理理论解决复杂性问题的优越性在于实现认识论哲学的成功转型，以多样性取代单一性的思维方式，追求多元主体共治，强调治理方式的民主化与科学化以及治理过程的自组织性，进而实现治理主体多元化与复杂治理系统的有效匹配（李文钊，2016）。协同治理理论主要包括协同效应、役使以及自组织等基本原理，其中协同效应是协同治理理论的重要研究内容，在组织主体协调与组织高级目标吻合的趋同下（Posemary，2006），复杂系统内部各个子系统内聚耦合、相互协调以产生"1 + 1 > 2"的协同效应，为形成有序整体系统提供持续驱动力（Haken，1988）；役使原理又称为支配原理，指的是序参量在协同治理系统中起到主导作用，既产生于各部分协作过程，又能够反过来支配系统中各部分行为，促进系统整体演化（何怡平，2016）；自组织原理指的是排除外界信息流、物质流以及能量流等注入的影响外，协同治理系统内部各子系统间具备内在性与自生性，能够自动形成一定的功能结构（胡云婷，2016）。

在批判碎片化治理的基础上，协同治理作为新兴治理模式逐渐形成并不断发展，主张通过政府层级之间以及政府与企业、社会组织等其他多元主体间的协同合作，不断提升治理能力与治理水平。随着乡村经济社会的不断发展，乡村治理整体环境逐渐复杂化、多样化，组织结构碎片化、价值理念碎片化与方法体系碎片化等传统乡村治理碎片化问题日渐显露（李宁，2019），与日俱增的乡村治理多样化需求与政府"治理有限"之间的现实矛盾成为当下乡村经济社会发展的内生性障碍（徐勇，2013）。在乡村治理过程中，治理主体所担负的应有责任及其职责范围存在复杂性、混乱性，容易引发权责混乱现象，利益交叉时产生的恶性争夺可能引致乡村治理的"脱钩"（Sanna，2015），可能出现治理主体分散化、治理内容同质化、治理途径单一化以及治理过程断续化等治理问题。乡村振兴多元主体协同治理要求乡村治理系统中多元主体在协同治理理论的引导下，有效寻求多元治理主体的协商与合作，触及多元主体之间的均衡融洽点，有赖于乡村振兴多元主体协同治理中动力生成机制、信息传导机制、组织协调机制与利益保障机制等机制的建立健全（王雪莹，2016）。各主体追求自身利益最大化是乡村协同治理的最大内部驱动力，文化是促进乡村协同治理长期而深远的推动力，通过政策引导、文化推动，构建动力驱动机制；大力推进5G、人工智能、工业互联网、数据中心等新基建项目的高效建设，构建多层次、宽领域的信息共享平台，构筑高效、畅通的信息传导与反馈机制；完善相关法律法规，统筹人力、物力、财力，实现宏观、中观、微观层次协调统一，健全组织协调机制；加强乡村振兴多元主体协同治理的顶层设计，树立共建共治共享的协同治理理念，明确政府、村民、企业与社会组织等多元主体在乡村治理中的功能定位，完善利益分享、成本分摊与多元补偿等利益保障机制（张立荣，2018），最终实现治理主体多元性、治理过程民主性、治理目标一致性等目标。

学者们普遍认为在乡村治理体系不断完善过程中，传统的政府一元治理模式将逐渐被多元主体协同治理体系所取代。建构乡村振兴多元主体协同治理的创新模式，均衡政府、村民、企业与社会组织等治理力量，实现多元主体治理能力的有效整合，提升乡村治理有效性，完善乡村治理"合作""竞争""制衡"机制，是当下乡村经济社会发展中亟待破解的现实命题（范逢春，2014）。综合已有文献研究，协同治理理论已经广泛运用于农业转移人口市民化成本分担机制（纪春艳，2016）、农村垃圾治理（杜德森，2020）、农村生态环境治理（罗福周，2019）、农村教育"技术治理"（黄巨臣，2018）、农村公共体育服务协同治理（张文静，2020）等大量农村公共事务治理中。分析可知，乡村协同治理存在"公开—监督""互动—协商"与"开放—共治"三种模式，是社会实际需求、信息技术发展与国家大力推动共同作用的结果（侣传振，2019）。其中，通过数据开放与资源共享，大数据等高新技术能够打破政府、村民、企业与社会组织等治理主体之间的层级障碍（王欣亮，2018），塑造一种交互式新兴多元治理模式，实现农村经济社会由单元治理走向协同治理（陈明，2019）。

综上所述，现有文献对协同治理理论已经有了较为深入的研究，也取得了丰富的研究成果，学者们密切关注协同治理理论的理论创新、内涵提升、机制构建以及实践运用等多方面研究，形成了较为系统的协同治理理论研究体系。将协同学与已有的系列治理理论有机合成，协同治理理论更多强调的是多元化的治理主体，协调性与合作性并存的治理系统，鉴于乡村治理中政府、村民、企业与社会组织等多元化治理主体及其组成的复杂适应系统与协同治理理论前提高度契合，将协同治理理论运用于乡村振兴多元主体协同治理研究。在发展完善过程中，协同治理理论不断整合多中心治理、多层级治理、网格化治理等多种治理理论的有益核心观点，在吸收利益相关者理论、复杂适应系统理论等协同理论核心观点的基础上，突破了传统意义上的一元化政府专制治理理论的限制与约束，创新发展多元主体协同治理的新兴治理模式。

第三节　其他相关理论

一、委托代理理论

委托代理理论是制度经济学中契约理论的关键内容，也是现代企业理论的主要组成部分。委托代理理论起源于企业管理，18 世纪以前，企业所有权拥有者一般会自己及其亲属亲自管理公司，因此不存在委托代理关系；而 18 世纪后，企业所有权拥有者由于没有充足的时间与精力来管理经营规模不断扩大的企业，因此出让部分经营管理权（李唐，2019），至此企业中所有权与经营权被迫部分分离，委托代理关系由此出现并逐渐被企业主乃至政府机构所接受。亚当·斯密（Adam Smith，1776）最早发现股份制公司中存在委托代理关系，公司经理即代理人使用公司股东即委托人而不是自己的钱财去经营管理企业，管理过程中总是存在"失责""浪费"等情况；伯利（Berle，1932）研究发现，公司股东无法对公司经理进行日常监督与控制，逐渐导致公司经理而不是公司股东成为公司经营管理的实际控制人。

针对委托人与代理人之间可能存在的信息不对称导致的道德风险与逆向选择等现实问题的委托代理理论在实践过程中不断快速发展。委托人与代理人的相关概念最早是罗斯（Ross，1973）在《代理的经济理论：委托人问题》一书中提及，提出委托代理双方可能由于信息不对称导致道德风险与逆向选择等问题发生，进而导致代理人不能严格按照委托人真实意愿实施行动的一系列委托代理问题；詹森和麦克林（Jensen and Mecking，1976）在此基础上提出"代理成本"这一概念，即确立并维持委托代理关系所花费的总成本；米尔里斯（Mirrless，1976）探讨了权力与激励的最优结构，建立了最基础的委托代理关系模型与分析框架，为委托代理理论的深入发展奠定了坚实基础。

委托代理理论的基本内容是解决契约不完善情况下，如何有效激励代理人按照委托人的真实意愿实施行动，通过控制委托代理关系中可能存在的信息不对称造成的道德风险与逆向选择等委托代理问题来减少对委托人可能造成的损害（韩晓敏，2021）。委托代理理论的假设前提，其一是"经济人"假设，委托人与代理人均遵循自身利益最大化的行为准则并实施一切能够实现自身利益最大化的行为；其二是委托人与代理人的利益追求不完全一致，是委托代理问题的本质所在；其三是委托人与代理人之间存在信息不对称，委托人无法对代理人的具体行为进行监督控制，代理人相对委托人拥有更多的信息优势，是委托代理问题的直接原因。由于委托代理双方的信息不对称，容易造成道德风险与逆向选择问题的发生，道德风险是指委托代理关系形成之后，代理人利用天然拥有的信息优势采取"隐蔽行为"以获取自身利益的行为，属于"事后行为"问题（王垒，2015）；而逆向选择是指建立委托代理关系之前，代理人就会利用自身拥有的信息优势通过"隐蔽信息"与委托人签订对自己相对有利的契约的行为，属于"事前行为"问题（王保玲，2019）。

随着委托代理理论在现实生活中的广泛运用，委托代理理论模型也在持续改进与完善。经典的委托代理理论模型主要分为三种：第一种是威尔逊、斯宾塞等人（Wilson and Spence，1973）提出的"状态空间模型化方法"；第二种是霍姆斯特姆（Holmstrom，1979）在米尔里斯（Mirrless）的模型基础上构建的委托代理理论数学模型，引入一阶条件方法，发展并完善"分布函数的参数化方法";第三种是张维迎(2004)提出的"一般化分布方法",构建包含隐藏信息模型的一般化模型。随着委托代理理论与其他理论以及其他学科的持续融合发展,不断审视"激励相容"与"参与约束条件"等前提条件,委托代理理论模型逐渐完善。鲁宾斯坦(Rubinstein,1979)和拉德纳(Radner,1981)研究发现基于委托代理双方保持的长期合作关系,委托人与代理人可以实现帕累托最优,基于单调似然率与凸性条件,建立"委托代理多阶段动态博弈模型";埃里卡(Erical,2000)提出新的动态激励模型,将经典的委托代理理论模型与马尔可夫(Markov)决策过程中的物理分析框架相结合,得到符合贝尔曼一般均衡法则的最优报酬方案;刘兵(2001)在分析棘轮效应一般分析框架的基础上,提出建立短期与长期利益、物质与声誉激励相结合的委托代理动态理论模型;汪贤裕(2001)为适应委托人追加多期投资的新情况发生,构建动态的委托代理规划理论模型。

我国对于委托代理理论的研究起步较晚,于20世纪90年代才开始关注运用委托代理理论来研究并解决国有企业的治理与改革问题,委托代理理论逐渐被广泛运用于我国经济发展、社会治理等现实实践中。张维迎(1996)认为国有企业中,企业产权的委托代理关系链条过长,容易造成监督控制不到位的现象发生,从而导致"内部人控制"行为;江孝感(2004)基于委托代理理论,分析中央政府与地方政府之间的相互关系,通过加入并持续调整概率约束参数,以优化委托代理理论模型,进而使得中央与地方政府间的委托代理关系趋于高效、合理;王慧霞(2010)建立委托代理双方互为约束条件的期望效用模型,以此揭示了双方合作的运作机理;冯根福(2012)基于非竞争状态博弈的分析框架,建立内生纳什均衡模型,研究提出管理者所有权水平上升能够在一定程度上提升公司绩效;熊灵芝(2019)以经典委托代理理论模型为基础,结合柯布道格拉斯生产函数理论,构建基于改进的委托代理理论模型的产业技术合作创新模型,研究新兴产业技术合作创新协调问题;伍莹莹(2019)基于委托代理理论的最优资本配置模型,引入经济资本对 EVA 进行修正,研究委托代理理论视角下经济增加值和经济资本的相互关系;吕静(2020)基于委托代理理论和激励机制,研究由公司推动的以消费者为中心的社区支持农业模式的发展机制。

乡村振兴多元主体协同治理过程中存在着复杂多样的委托代理关系,委托代理理论能够较好地运用于乡村振兴多元主体协同治理问题中。委托代理理论适用于公共部门,尤其是关于责任制的管理方面问题研究中,委托代理理论中代理双方的博弈分析以及信息不对称假设均能与乡村振兴多元主体协同治理研究相适应（杜传忠，2019）。首先，委托代理理论旨在研究委托代理双方的博弈问题，与乡村振兴多元主体协同治理中政府、村民、企业与社会组织等多元主体间的博弈分析高度契合（王丽娜，2020）。社会公众作为初始委托人，将乡村治理的权力委托给政府，政府作为代理人应当按照公众也就是初始委托人的意愿去履行双方达成的契约，提供更高质量的公共服务（丁波，2020）；政府内部会继续进行层层委托，自上而下形成多层级的委托代理关系，中央政府作为政府内部乡村治理的总委托人，将乡村治理的目标任务沿着行政链条不断向下委托给各级地方政府，省级政府既是中央政府乡村治理的代理人，同时也是市级政府乡村治理的委托人，市级政府同样承担着双重角色（董志霖，2020）。其次，委托代理理论基于信息不对称假设分析由此带来的委托代理问题，与乡村振兴多元主体协同治理中政府利用乡村治理系统中相对的信息优势，与社会公众间形成信息不对称，来应对社会公众即委托人的目标任务这一运行逻辑相适应（李代明，2018）。社会公众与政府间的委托代理关系要求各层级政府努力实现社会公众委托的乡村治理现代化的目标任务，但社会公众在乡村治理实践过程中的监督与控制权力十分有限，基于非完全信息博弈的委托代理关系很容易造成政府利用信息不对称这一相对信息优势来谋取自身利益最大化的委托代理问题。关于政府与民众间的委托代理关系及其可能产生的委托代理问题，我国学者已有广泛研究，如王晓荣（2018）立足政府服务与民众参与的契约关系本质，以及契约中体现出的委托代理关系的内在一致性，分析政府与民众间的委托代理关系本质；王丽娜（2020）通过分析地方政府绩效考核中各层级政府之间形成的委托代理关系及其动态博弈过程中产生的委托代理问题，研究委托代理理论视域下地方政府绩效考核目标偏离及矫治问题。

二、博弈论

1928年冯·诺依曼（Von Neumann）最早提出博弈论，提到关于非合作零和博弈的"最大最小定理"，直至1944年冯·诺依曼和莫根施特恩（Morgenstern）首次将博弈论的相关理论运用到经济活动中，其合著《博弈论和经济行为》一书中提出大多数经济行为都可以并应当运用博弈分析法，并提出标准型、扩展型与合作型等多种博弈类型的概念及分析方法，至此博弈理论初步形成。20世纪50年代，德雷舍和弗勒德（Dresher and Flood，1950）首次提出著名的"囚徒困境"博弈模型，揭示博弈过程中行为人往往更多关注的是如何实现自身利益最大化而不是集体利益最大化；随后，纳什（Nash，1950）利用不动点定理证明完全信息静态博弈过程中集体利益最大化即均衡点的存在，首次提出"纳什均衡"，对博弈论的后续发展发挥出关键的推动作用（王艳艳，2016）。1965年，泽尔腾（Selten，1965）针对完全信息动态博弈模型分析提出"子博弈完美纳什均衡"，随后哈萨尼（Harsanyi，1967）尝试研究不完全信息静态博弈模型，并提出"贝叶斯纳什均衡"，泽尔腾（Selten，1975）、克雷普斯和威尔逊（Kreps and Wilson，1982）、弗登博格和梯若尔（Fudenberg and Tirole，1991）在此基础上针对不完全信息动态博弈模型进行分析，研究得出"完美贝叶斯纳什均衡"。

　　按照不同的分类标准，博弈可分为多种博弈类型。根据博弈双方之间达成的契约对于博弈行为人是否存在有效约束力将博弈分为合作博弈与非合作博弈，如果存在有效约束力称之为合作博弈，反之则为非合作博弈（赵昌平，2020；王先甲，2020）；根据博弈双方支付函数的代数和是否为零分为零和博弈与非零和博弈，其中非零和博弈又可划分为常和博弈与变和博弈，零和博弈指的是所有博弈行为人的收益总和为零，常和博弈是指收益总和为非零的常数，变和博弈则指的是随着博弈行为人所选择的行为策略不同，收益总和的动态变化过程（张倩，2017；袁志刚，2020）；依据博弈双方对于对方的行为意向、战略安排等信息是否完全掌握分为完全信息博弈与非完全信息博弈，前者指的是博弈双方均能准确掌握对方的全部信息，若至少有一方博弈主体尚未完全掌握对方的所有信息，则称之为非完全信息，这与上述委托代理理论中信息不对称造成的委托代理问题在价值取向上高度契合（赵凯，2017；姚禄仕，2019）；根据博弈双方的行动顺序分为静态博弈与动态博弈，前者表示博弈过程中行为人同时行动或达到同时行动的行为效果，如"石头剪刀布"游戏，后者则表示博弈双方在采取行动时具有明确的先后顺序，如下围棋，动态博弈中比较常见但又很特殊的一种博弈类型是重复博弈，根据重复的次数又可划分为有限次重复博弈与无限次重复博弈（周涛，2020；张华泉，2020）。博弈类型多种多样，将两种根据不同划分标准得出的博弈类型融合，可得到更多的博弈分类，如完全信息静态博弈、不完全信息静态博弈、完全信息动态博弈、不完全信息动态博弈等。博弈论沿着数学模型改进与现实实践应用的方向不断完善与发展，依照从零和博弈到非零和博弈、从合作博弈到非合作博弈、从静态博弈到动态博弈、从完全信息博弈到非完全信息博弈的发展轨迹持续完善（孙连菊，2009）。

博弈论是运筹学、社会学等领域的重要理论，将现实生活中合作与竞争现象的数学分析方法与经典理论模型相结合，研究如何优化博弈双方的行为策略以实现集体利益最大化，逐渐被广泛运用于经济学、金融学、政治学、社会学等多学科研究中（张孜丞，2020）。以北京市郊铁路为例，基于博弈论对政府购买市郊铁路运输服务模式改进问题进行研究，提出改善政府购买运输服务合同、提供机制保障等政策建议（夏霄海，2019）；利用博弈论的分析逻辑研究上市公司与投资者之间的博弈关系，基于此提出财经媒体能够有效参与并改善信息披露中的信息不对称问题（王梓成，2020）；以博弈论为理论依据，构建港口群博弈模型，研究粤港澳大湾区港口群国际竞争力提升问题（欧电，2020）；运用博弈论的分析方法，从房地产评估机构与银行、房地产评估机构与房地产中介、房地产评估机构之间等多对博弈主体间构建博弈分析模型，研究房地产评估中的高估行为以期正确评估房地产价值（翟雪梅，2020）；以广州市南沙区的两个村庄为例，基于博弈论这一理论分析视角，研究留用地捆绑旧村改造困境问题（黎羽龙，2020）；通过将"非零和博弈"理论及其分析模型与传统村落保护村民参与这一现实实践相结合，以村民利益为核心，提出政府、村民以及第三方开发者等多元主体的动态参与模式（陈世森，2020）；借助重复博弈的分析方法，刻画基层自治背景下的人际互动，构建无管理者情形下的人际交互仿真模型、有管理者情形下不同管理策略设置下的人际交互仿真模型，展开重复博弈视角下基层社会自治的仿真研究（杨雯秀，2019）。

乡村振兴多元主体协同治理研究从参与主体、参与策略以及参与收益等方面都能较好符合博弈论的应用基础。首先，从乡村振兴多元主体协同治理的参与主体来看，在乡村治理过程中，政府、村民、企业与社会组织均能够在不同程度上参与乡村治理并承担相应的行为责任，各行为主体满足追求自身利益最大化的"经济人"假设，同时满足各行为主体的利益诉求方向不完全一致的假设前提，符合博弈论针对参与主体的前提要求（罗哲，2020；公茂刚，2021）；其次，就参与主体的行为策略来看，由于政府、村民、企业与社会组织等多元主体在乡村治理过程中的利益诉求有所差别，多元主体大概率采取不同的行为策略，通过与其他主体进行博弈获得收益以实现自身利益最大化（单双，2020；敖慧，2021）；最后，关于参与主体博弈后获得的参与收益，政府通过与村民、企业及社会组织进行博弈，获得最大化社会利益，村民与政府、企业及社会组织进行博弈，提高自身生产水平与生活水平、满足自身精神需求，企业通过与政府、企业及社会组织博弈，获得最大化企业利润与社会声誉，社会组织通过与政府、村民及企业博弈，获得最大化社会福利与社会声誉，各参与主体遵循自身利益最大化的行为准则，采取差异化的行为策略，获得差异化的博弈收益（周芳，2021；汤弘茜，2021）。在农村环境治理研究中，引入演化博弈理论分析框架，结合不同共生情景探讨农村环境治理 PPP 模式中多元主体共生需要满足的前提条件，提出以有效监管为重点提高政府治理执政能力，以提高收益为核心发挥村民主观能动性等对策建议（杜焱强，2019）；以宁乡市流沙河镇为例，对自发进行的农村土地流转、基层政府参与下的农村土地流转以及基层政府监督下的农村土地流转进行利益博弈分析，研究农村土地流转参与主体间的利益博弈（陈勇，2020）；基于中央政府、地方政府以及村民的互动行为，采用博弈分析方法，系统研究我国农村人居环境污染治理的制度安排，基于此提出相关制度的建立健全是农村人居环境有效治理的重要保障（廖卫东，2020）；政府、开发商、村集体组织以及村民之间存在复杂的利益关系，农村土地征收过程中，多元参与主体间的利益分配博弈失衡，容易造成征地冲突，提出完善土地产权制度和征地补偿制度、平衡利益主体博弈力量格局等对策建议（洪开荣，2020）。

三、结构功能主义

结构功能主义的思想起源于孔德（Comte）、斯宾塞（Spencer）和迪尔克姆（Durkheim）关于社会学领域的理论研究，孔德（Comte，1875）首次提出社会系统与生物有机体相似，是由多种要素组成的有机整体，且各组成要素间存在"普遍的和谐"；斯宾塞（Spencer，1925）通过比较生命有机体与社会系统之间的异同点，引入结构、同质性、异质性、功能、分化等一系列概念；迪尔克姆（Durkheim，1964）将社会结构分为低度分工但有强烈集体意识的"机械团结"与高度分工且相互依赖的"有机团结"两种类型，进一步发展了社会结构理论。帕森斯（Parsons，1951）整合并提出系统的结构功能主义理论，成为现代结构功能主义的创始人，他认为任何社会系统的存在与发展都必须满足适应（Adaption）、目标达成（Goal Gratification）、整合

（Integration）以及模式维持（Latency Pattern Maintenance）等多种功能要求，学者们将这一理论框架称之为 AGIL 分析框架。帕森斯（Parsons，1956）强调社会系统最终趋于均衡，AGIL 分析框架中四种必要功能条件的满足是社会系统能够保持其稳定性的关键基础。在后帕森斯时代，学者们对结构功能主义的研究视角与研究内容进行了广泛且有效地拓展与完善：洛克伍德（Lockwood，1964）提出"系统整合"与"社会整合"，前者是社会系统各组成要素间的相互整合，后者指的是行为人整合并进入社会，并指出帕森斯可能忽略了行为人对社会系统动态变迁的影响；默顿（Merton，1968）否认社会系统中所有功能都是外显的、正面的这一观点，引入"潜功能"与"负功能"等新兴功能概念，进一步丰富社会系统功能需求的内涵，前者指的是社会系统中潜在的、往往导致意料之外结果发生的功能，后者则指社会系统中负面的、可能会对系统运行造成负作用的功能。

帕森斯是现代结构功能主义的创始人与主要代表人物之一，默顿致力于改进并完善传统结构功能主义以推动其前进发展，同样是杰出的功能主义者，但两位代表人物的主要观点却有所差别（白萍，2010）。帕森斯主张的理论体系大体包括三个层次：一是社会行动理论，帕森斯认为社会生活主要体现在个人、群体、组织乃至整个社会系统在内的社会行为人所实施的社会行动上，只有掌握了社会行动，才能理解社会系统中所发生的社会现象（曹文，2015）；二是一般系统理论，帕森斯一直强调秩序、行动与共同价值体系在社会结构中的关键作用，整体社会系统的稳定运行与社会秩序的结构优化得益于社会行为人追求共同的价值体系（陈艳华，2013）；三是宏观功能理论，也就是 AGIL 分析框架的理论基础，帕森斯提出社会系统是包含环境适应、目标达成、整合与模式维持四项基本功能的完整结构功能体系，AGIL 分析框架中四种功能条件的满足是社会系统能够保持其稳定性的重要基础（苗玲君，2019）。默顿对早期结构功能主义的三个假设进行修正，提出"隐功能""负功能""功能替代"等功能概念：首先，默顿重新梳理 AGIL 分析框架中一系列功能的相关概念及其内在逻辑，提出社会系统中的功能是中性概念，既可以为正（正功能），也可以为负（负功能），有的能够凸显出来（显功能）而有的只能是隐藏在社会系统内部（隐功能），是可观测的客观结果，而不是主观臆想（汪天德，2010；钱大军，2021）；其次，实践性是默顿功能主义理论的首要的关键特征，他着重强调理论应与实践紧密结合，一方面要善于运用结构功能主义理论解决实际社会系统中的结构问题，另一方面在实践过程中要不断丰富、完善结构功能主义理论（白萍，2010）；最后，默顿将结构功能主义与越轨理论有机结合，提出多元主体基本遵循自身利益最大化的行为准则，常常采取不符合社会规范或是不利于社会整体利益最大化的行为以满足自身利益诉求、实现自身利益最大化，当个人利益与集体利益冲突时，越轨行为就会发生（时和兴，2013）。

结构功能主义在我国乡村治理实践中得到普遍认可与广泛运用，学者们关于结构功能主义 AGIL 分析框架与乡村治理实践的适应性及其应用基础展开广泛研究，成果较为丰硕。运用结构功能主义理论，对河北省美丽乡村建设现状进行深入研究，特别是文化模式维持系统的相关研究，提出乡村地区文化振兴在美丽乡村建设中具有加快经济转型、促进城乡融合发展的关键作用（高水，2018）；比较分析结构功能主义与协同治理理论的异同，演绎推导出多主体参与村域规划的 AGIL 分析框架，研究村域系统内部的要素构成以及各子系统间的相互作用关系（惠梦倩，2018）；依据结构功能主义 AGIL 分析框架，在适应阶段、目标达成阶段、整合阶段以及模式维持阶段分别对农民集体组织重构进行研究，同样致力于厘清农民集体组织系统内部各组织间的相互关系以及在其重构过程中各阶段功能条件的满足情况（陈亚杰，2020）；通过广东省南村与北村的比较，在结构功能主义视角下研究乡村治理体系的要素构成与运行逻辑，提出运行有效的乡村治理体系应包括治理制度、治理环境、治理文化与治理资源等构成要素（杨秋婷，2020）；以陕西省 C 县为例，研究结构功能主义视角下的驻村帮扶问题，提出巩固拓展脱贫攻坚成果时期，应及时校准并改进驻村帮扶模式以实现其系统功能的有效发挥（路晨磊，2020）。

乡村振兴多元主体协同治理与结构功能主义在内在逻辑与价值体系上实现有机耦合。作为国家治理体系的子系统，乡村振兴多元主体协同治理系统可以近似看成一个小的社会系统，并且充分满足结构功能主义中 AGIL 分析框架的基本功能条件（吕童，2021）。首先，乡村振兴多元主体协同治理是在乡村振兴战略背景下，以政府主导为核心，村民、企业与社会组织共同参与乡村治理，既涉及多元主体间的协调合作，也会与乡村治理中的经济环境、社会环境、文化环境等多种复杂环境发生交互作用，满足适应（A）功能条件（李静，2016；惠梦倩，2018）；其次，多元主体协同治理不仅需要政府能够发挥好主导作用，也需要村民、企业与社会组织积极发挥自身主观能动性，主动参与乡村治理，通过完成经济发展、社会稳定以及生态保护等多方面子目标，最终共同实现乡村治理现代化的战略目标，满足目标达成（G）功能条件（高水，2018；路晨磊，2020）；再次，乡村治理过程中，一方面需要政府、村民、企业与社会组织相互协作，共同参与乡村治理，另一方面也需要产业发展、文化传承、交通运输、生态资源等发展要素的整合与利用，获得资金、政策、人才等多方面资源支持，需要整合所有人力资源、资金资源、自然资源等各种可利用的所有资源以实现乡村治理现代化奋斗目标，满足整合（I）功能条件（张桐，2017；王杰，2020）；最后，乡村治理现代化的最终目标不仅仅是提高村民的收入水平，更多的是丰富村民的精神生活、满足村民对美好生活的需要，在乡村治理实践过程中，在原有乡村治理模式基础上不断改进创新，同时在新兴乡村治理模式被广泛接受的基础上，要让新兴乡村治理模式中的治理理念、治理内容、治理目标得到政府、村民、企业与社会组织等多元主体的认可，进而促使多元主体积极参与乡村治理，满足模式维持（L）功能条件（王文龙，2019；杨秋婷，2020）。

第四节 文献述评与研究问题提出

梳理并整合国内外相关文献，基于治理理论、协同理论两大理论体系以及委托代理理论、博弈论与结构功能主义等经典理论的起源、发展、完善、运用这一分析逻辑展开。首先，从多层级治理理论、多中心治理理论与网格化治理理论三大治理理论的理论创新、内涵提升、机制构建以及实践运用等方面进行国内外文献梳理与述评，发现多层级治理理论侧重于纵向维度上的多元主体协同效应分析，多中心治理理论则更强调横向维度，网格化治理较为全面，体现全面覆盖的整体性治理内涵，在公共事务治理实践中起到重要的理论指导作用；其次，针对以利益相关者理论、复杂适应系统理论以及协同治理理论为代表的协同理论进行国内外文献梳理与述评，可以看出利益相关者理论将关注点聚焦在协同主体多元化，复杂适应系统理论进一步强调多元主体的主动适应性行为，协同治理理论将协同学与治理理论相结合，不断整合多层级治理、多中心治理以及网格化治理等系统治理理论的有益核心观点，形成多理论整合的协同治理新思想，较好运用于公共事务治理实践；最后，选取委托代理理论、博弈论以及结构功能主义等经典理论作为补充，委托代理理论能够较好地反映出政府、村民、企业与社会组织等多元主体间的利益冲突，有助于理解并解决多元主体间相互协作共同治理乡村的现实障碍，博弈论旨在厘清乡村振兴多元主体协同治理运作机理，将政府、村民、企业与社会组织视为博弈行为人，通过对乡村治理多元主体间的博弈行为进行分析，研究乡村治理多元主体相互协作的运作机理，结构功能主义将乡村振兴多元主体协同治理视作完整的社会系统，将多元主体间以及多元主体与外界经济环境、政治环境、文化环境、交通环境等一系列复杂环境间的交互作用置于 AGIL 分析框架中，有利于全面分析乡村振兴多元主体协同治理现实困境与突破路径、进一步提升乡村振兴多元主体协同治理效应。

自国家治理体系与治理能力现代化战略目标提出以来，国家多次对乡村治理提出明确要求，有关乡村振兴与乡村治理方面的科学研究成为学术界重要的研究内容，现有文献对乡村治理已经有了较为深入的研究，也取得了许多研究成果。整合国内外相关研究文献，分析发现现有文献大多将研究重点集中在乡村治理的理论依据、现状描述、现实障碍以及提升路径等方面，主要概括为三个角度：其一，基于治理理论等理论研究阐述乡村治理的必要性与重要性；其二，根据客观数据或现实案例总结乡村治理的现实障碍并提出相应的政策建议；其三，明确政府、村民、企业与社会组织等多元主体在乡村治理过程中的重要作用并提出多元主体协同治理的观点。但上述研究普遍以定性研究与简单定量研究为主，虽然能够在一定程度上丰富乡村治理理论，为政府制定推动乡村治理政策提供借鉴与参考，但也存在一些可以改进与完善的方面：第一，明确政府、村民、企业与社会组织等多元主体在乡村振兴过程中协同治理必要性的基础上，将理论研究与机理分析有机结合起来共同阐述乡村振兴多元主体如何协同治理，在系统梳理相关理论的基础上，通过理论分析与梳理推导相结合的方式研究乡村振兴多元主体协同治理机制；第二，通过一系列定性分析与定量分析，基于客观数据，采取科学实证方法测度乡村振兴多元主体协同治理效应，客观描述其协同治理现状，基于数据分析发现多元主体协同治理现实障碍；第三，对协同治理效应展开深入研究，研究多元主体协同治理是否会因为时间、地区的不同而具有不同的协同效应，进行异质性分析；第四，进一步展开研究，打破定性研究的局限性，采取定性与定量分析相结合的研究方法，通过理论机制分析与实证模型构建研究协同治理效应的影响因素，使得研究内容更加系统全面。

通过参阅、梳理并整合大量国内外相关文献，在系统研究治理理论与协同理论两大理论体系的基础上，结合委托代理理论、博弈论以及结构功能主义等经典理论，有逻辑地展开乡村振兴多元主体协同治理的运行机理、效应评价、影响因素与提升路径等方面的相关研究。基于理论回顾与机理分析，对乡村振兴多元主体协同治理效应进行系统评价，对其协同效应进行区域异质性分析、时空演变分析、预测性分析以及敏感性分析，在此基础上探究协同治理效应的影响因素。本研究试图解决以下六个问题：在乡村治理主体的多元化参与机制中，如何定位并发挥好各参与主体的地位与作用形成良性互动？乡村振兴多元主体协同治理效应如何评价又该如何提高？多元主体协同治理是否会因为时间、地区的不同而具有差异性的协同效应？乡村振兴多元主体协同治理效应的未来发展趋势如何？协同治理效应的敏感性如何？又会受到哪些因素影响？

第二章　乡村振兴多元主体协同治理运作机理分析

乡村治理一直是我国国家治理中的重要事务。随着乡村振兴战略不断深入开展，乡村地区经济、政治、文化、社会、生态等方面的有效治理成为发展乡村、繁荣乡村的重要抓手。乡村治理是实现乡村振兴战略的重要途径，是夯实国家治理基础的关键一环，乡村治理体系和治理能力是否能够实现现代化，直接影响着国家治理体系和治理能力现代化的发展速度与发展质量。乡村治理是关系国计民生的重要事务，政府、村民、企业与社会组织等多元主体在乡村治理过程中各自担任何种角色与功能定位，各主体间又是如何协同以促进乡村振兴多元主体协同治理有效运作的？本章在介绍乡村振兴多元主体并对主体间协同治理进行博弈困境分析的基础上，以新经济增长模型与干中学模型为理论基础，基于柯布—道格拉斯生产函数，通过模型推演、数理推导、文献研究等方法演绎分析乡村振兴多元主体协同治理运作机理，以厘清乡村振兴多元主体协同治理理论机制与影响路径。

第一节　乡村振兴多元主体及其博弈困境分析

一、乡村治理多元主体

协同治理理论强调多元主体有机协同，在遵循平等协商治理理念的现实基础上，通过沟通、协商与合作等方式，平衡多元主体间的利益冲突，以实现乡村治理的现代化目标，进而形成多元主体共治格局，不仅能够有效化解乡村治理碎片化问题，而且能够加速实现乡村治理路径创新。因此，明确政府、村民、企业与社会组织等多元主体在乡村治理中扮演的治理角色与其功能定位，有利于厘清乡村振兴多元主体协同治理运作机理，发挥各主体在乡村治理中的治理优势，达成利益均衡共识，进一步培育并提升乡村振兴多元主体协同治理水平，早日实现乡村治理现代化战略目标。

政府作为乡村振兴多元主体协同治理中的主导者，参与乡村治理的顶层设计与政策制定，多渠道引导村民、企业与社会组织等多元主体参与乡村治理，以实现社会整体利益最大化。传统乡村治理模式中，"总体支配型"即一元化政府专制治理模式不但会增添乡村治理的治理成本，要求政府投入更多的财力、人力等，而且并没有实现乡村治理效果的跨越式提升（渠敬东，2009），政府势必做出相应的结构性改革，做出相应的"让权"与"放权"，创新乡村治理模式，以形成乡村振兴多元主体协同治理格局（贺雪峰，2015）。政府作为乡村振兴多元主体协同治理中的主导者，以"民本位"为出发点，实现由传统的管制型、全能型的政府向服务型、监督型政府转变（马丽娜，2018），不仅要聚合政府职能、构建内生治理协同机制，而且需要发挥好政府在乡村治理过程中的宏观调控作用，充分调动村民、企业与社会组织等多元主体参与乡村治理的主观能动性，关注其他治理主体的利益诉求，为其提供必要的政策、资金、场地以及培训指导等实际支持，形成相互信任、良好合作的伙伴关系，共同参与并相互协同以最大程度提升乡村治理效应。

村民作为乡村地区经济社会得以运行与发展的最小单元，是乡村地区经济、政治、社会、文化、生态等多方面振兴的广泛实践者，是乡村治理不断创新发展的主力军，积极参与乡村治理，实现增收致富。农民现代化的进程不断加快，逐渐由理念务虚向实践务实转变、由相对封闭向开放广阔转变（赵秀玲，2021）；与传统意义上"面朝黄土背朝天"的农民不同，新时代的村民眼界宽广，主动了解并基本掌握国家关于农业农村发展的现行政策与现代科技，适应新时代经济社会发展环境，敢于创新、勇于突破，在追求物质富裕、精神丰富的同时也会努力追求自我价值的实现，参与选举、决策、管理、监督等民主性活动（黄博，2020），积极参与乡村治理。与其他乡村治理主体享有平等的话语权与治理地位，村民要积极发挥自我服务、自我管理、自我教育等主观能动性作用（盖乾，2017），树立"主人翁"意识、端正"主人翁"态度，合理利用好各种诉求渠道，积极建言献策。强化村民自治能力，积极响应政府号召，广泛参与政府组织的职业技能培训与就业指导活动，主动配合政府工作；积极参与企业组织的生态治理、文化推广、政策宣讲等宣传活动、自主择业、积极就业，提高自身收入水平与生活水平的同时推动企业可持续发展；热情投身于社会组织开展的社会保障、法律援助、环境保护以及教育培训等公益活动，配合社会组织推动乡村地区基础设施建设，共同致力于乡村振兴多元主体协同治理。

企业作为重要的乡村治理参与主体之一，是乡村振兴多元主体协同治理中的关键助力者，提供大量的资金、人才、技术等生产要素向乡村地区流通聚集，以实现利润增收与形象提升。企业参与乡村治理，一是出于经济动机，依托乡村地区丰富的资源禀赋扩大企业经营规模与经营范围，提升企业发展质量，实现企业利润增收；二是受到政策激励，政府为参与乡村治理的企业提供大量的土地、人才、税收、贷款等政策上的支持与优惠，有效推动企业参与乡村治理；三是出于责任动机，积极承担企业自身所担负的社会责任，为村民提供更多的技能培训与就业岗位，帮助村民增收致富的同时提升企业自身形象（刘锦，2020）。因此，企业要积极响应政府号召，切实发挥好自身管理能力、技术设备、资金实力等多方面优势，一方面通过公私合营等模式为乡村地区经济社会发展提供公共产品与公共服务，丰富村民精神生活（陈书华，2016）；另一方面能够给当地村民提供更多的就业机会，提供农业种养殖、经营业务等方面的技术培训，增加村民物质财富；同时，企业可通过项目合作、服务购买等渠道与政府、社会组织取得密切联系，共同致力于乡村治理。

社会组织是乡村振兴多元主体协同治理中的重要服务者与关键补充者，广泛参与乡村治理，实现服务社会等功能价值。社会组织主要包括基金会、社会团体和社会服务机构等多种结构组织，农村社会组织具体包括农民专业合作社、家庭农场、文化体育组织、环保生态组织、医疗卫生组织等多种形式组织，内嵌志愿与合作等特征，主动开展一些经济扶持、社会保障、法律援助、环境保护、教育培训以及公共服务供给等志愿活动，在现行农村治理过程中发挥着不可忽视的作用，应当将其纳入乡村振兴多元主体协同治理机制中（詹国辉，2017），起到填补治理空位、弥补治理缺口的补充性作用。发挥好社会组织的中介作用，一定程度上缓解政府与其他治理主体沟通不畅、权力错位等现象，在生产协作、生活互助、社会治理等方面承担部分社会管理与社会服务的功能；为村民提供多样化的公共产品与公共服务，为村民开展各种形式的教育与引导活动，培育村民团结互助的合作精神，持续调节乡村地区政府、村民、企业等多元主体在经济社会等方面的矛盾和冲突，促进乡村地区经济社会良性发展（张照新，2019）；对接企业，协调多方资源、加快要素流动，让企业更了解乡村治理、更愿意参与乡村治理，进一步实现乡村振兴多元主体协同治理。

二、乡村振兴多元主体协同治理博弈困境分析

乡村治理涉及多方利益主体，多元主体间复杂多样而又相互联系的利益关系容易引起政治、经济、生态等多方面的摩擦与矛盾，使得多元主体陷入僵持困境难以形成多元主体协同治理的和谐局面。一方面，乡村治理包括政府、村民、企业与社会组织等多元主体，都是乡村治理过程中缺一不可的关键主体；另一方面，各主体所处角色、参与动机与其发挥的功能作用等方面都大不相同，如政府是乡村治理过程中的主导者与领导者，参与乡村治理的根本目的是促进社会集体利益最大化以实现共同富裕，主要作用在于根据乡村治理实践过程中的经验与不足以补充并完善下一步行动的规章制度与政策法规，以引导并保障村民、企业与社会组织等主体能够积极有效的参与乡村治理。因此，在讨论乡村振兴多元主体协同治理问题时，有必要将政府与村民、企业以及社会组织等主体结合起来综合分析乡村治理博弈困境。

（一）政府与村民间乡村治理博弈困境分析

1. 政府与村民间乡村治理的行为逻辑分析

政府与村民在乡村治理中的博弈均是基于"经济人"假设，遵循自身利益最大化的行为准则，选择差异化行为策略。村民作为乡村治理中的重要实践者，同样满足"经济人"假设，考虑更多的是关乎自身利益的衣食住行等现实问题，如生产生活水平是否得到提升、可支配收入水平是否有效提高、精神生活是否更加丰富多彩等，对于经济发展以外的乡村治理关注较少，特别是涉及公共管理问题，自身利益未受到侵犯与威胁时，村民可能不会主动参与乡村治理；而政府作为乡村治理过程中的主导者，要考虑全体人民对美好生活的需要，既要关注乡村振兴过程中经济与社会治理，又要兼顾政治、文化与生态等多方面治理内容，但受限于政府官员任期的限制，有可能出于"维稳"心理而选择不进行乡村治理。因此，政府与村民间复杂且差异化的行为策略导致双方在治理和不治理、主动参与和不主动参与的选择之间产生博弈。

2. 政府与村民间乡村治理的博弈分析

采取博弈分析模型，对政府与村民在乡村治理过程中的差异化行为进行单独分析与综合考量。政府与村民在乡村治理过程中均存在两种行为策略选择，政府可以选择治理乡村或不治理乡村，村民可以选择主动参与乡村治理或不主动参与乡村治理。假定在博弈分析模型中，政府选择治理乡村的概率是 a，不治理乡村的概率是 1 – a；村民选择主动参与乡村治理的概率是 b，不主动参与乡村治理的概率是 1 – b；政府治理乡村的治理成本是 C_1；村民主动参与乡村治理的参与成本是 C_2；政府对村民主动参与乡村治理的参与补偿是 R_1，对村民不主动参与乡村治理的基本补偿是 R_2（$R_1 > R_2$）；政府选择治理乡村将会得到的公信力是 U，不治理乡村将会得到的公信力为 0。政府与村民关于乡村治理的博弈策略分析矩阵见表 2 – 1。

表 2 – 1　　　　　　　　　　政府与村民乡村治理策略博弈

		政府	
		治理	不治理
村民	主动参与	$R_1 - C_2$，$U - C_1 - R_1$	$-C_2$，$-U$
	不主动参与	R_2，$U - C_1 - R_2$	0，0

基于表 2 – 1 可知，政府选择是否进行乡村治理、村民是否主动参与乡村治理是一个综合行为，既相互联系，又相互制约，需要进一步考虑双方混合策略下的博弈行为，此时：

政府的期望函数可表示为：

$$u_1 = ab(U - C_1 - R_1) + a(1 - b)(U - C_1 - R_2) \\ + b(1 - a)(-U) + 0 \qquad (2 - 1)$$

村民的期望函数可表示为：

$$u_2 = ab(R_1 - C_2) + a(1 - b)R_2 + b(1 - a)(-C_2) + 0 \qquad (2 - 2)$$

此时，政府与村民关于乡村治理的混合策略纳什均衡为：

$$a = \frac{C_2}{R_1 - R_2}, b = \frac{U - (C_1 + R_2)}{R_1 - R_2 - U} \qquad (2 - 3)$$

对于政府而言，根据 $a = \dfrac{C_2}{R_1 - R_2}$ 可知，村民主动参与乡村治理的参与成

本 C_2 越高，政府选择治理乡村的概率越大；政府对村民主动参与乡村治理的参与补偿 R_1 越小，政府选择治理乡村的概率越大；政府对村民不主动参与乡村治理的基本补偿 R_2 越大，政府选择治理乡村的概率越大。

针对村民来说，依据 $b = \dfrac{U - (C_1 + R_2)}{R_1 - R_2 - U}$ 可知，政府选择治理乡村得到的公信力 U 的影响路径较为复杂，取决于 $\dfrac{\partial b}{\partial U}$ 与 0 的大小关系，即 $R_1 - C_1 - 2R_2$ 与 0 的大小比较，如果 $R_1 - C_1 - 2R_2 > 0$，政府选择治理乡村得到的公信力越高，村民主动参与乡村治理的概率越大，反之越小；政府进行乡村治理的治理成本 C_1 越小，村民主动参与乡村治理的概率越大；政府对村民主动参与乡村治理的参与补偿 R_1 越小，村民主动参与乡村治理的概率越大；政府对村民不主动参与乡村治理的基本补偿 R_2 的影响路径较为复杂，取决于 $\dfrac{\partial b}{\partial R_2}$ 的大小关系，即 $2U - R_1 - C_1$ 与 0 的大小比较，如果 $2U - R_1 - C_1 > 0$，政府对村民不主动参与乡村治理的基本补偿越高，村民主动参与乡村治理的概率越大，反之越小。分析可知，村民是否选择主动参与乡村治理很大程度上取决于政府的行为选择。

由此可见，政府与村民在乡村治理过程中的最优策略组合是政府选择治理乡村，村民选择主动参与乡村治理。但与现实情况相匹配时发现政府与村民基于"经济人"假设，遵循自身利益最大化的行为准则选择行为策略时，政府是否选择治理乡村取决于村民主动参与乡村治理的参与成本、向村民提供的主动参与乡村治理的参与补偿与不主动参与乡村治理的基本补偿之间的利益衡量，参与成本越高、主动参与乡村治理的参与补偿越小或不主动参与乡村治理的基本补偿越大都有可能使得政府选择治理乡村的概率变大；对于村民而言，是否主动参与乡村治理更多取决于政府选择的行为策略，政府进行乡村治理的治理成本越小、向村民提供的主动参与乡村治理的参与补偿越小，村民主动参与乡村治理的概率越大。此外，政府选择治理乡村得到的公信力 U、政府对村民不主动参与乡村治理的基本补偿 R_2 同样能够对政府与村民的行为选择产生一定影响，根据不同情况，政府与村民选择不同的行为策略。因此，政府要积极开展乡村治理，制定具体可行的政策法规，设法降低乡村治理成本、加大补偿力度并逐渐提高公信力，村民才有可能主动参与到乡村治理中，推动乡村振兴多元主体协同治理。

(二) 政府与企业间乡村治理博弈困境分析

1. 政府与企业间乡村治理的行为逻辑分析

政府与企业在乡村治理的博弈分析模型中，同样基于"经济人"假设的理论前提。企业作为乡村治理中的重要助力者，面临是否积极参与乡村治理的行为选择时，企业优先考虑自身利益最大化，即积极参与乡村治理是否能够增加自身经济效益；政府作为乡村治理中的关键主导者，既能够积极制定政策法规，激励企业积极参与乡村治理，为乡村治理助力；也有可能为保证企业的高效生产以提高财政收入而降低对企业积极参与乡村治理的要求，使得企业参与乡村治理积极性不高。因此，政府与企业间关于乡村治理存在着一定的利益关联与利益摩擦，对于是否能够相互协同参与乡村治理取决于双方的策略选择。

2. 政府与企业间乡村治理的博弈分析

采取博弈分析模型，对政府与企业在乡村治理过程中的差异化行为进行单独分析与综合考量。政府与企业在乡村治理过程中均存在两种策略选择，政府可以选择治理乡村或不治理乡村，企业可以选择积极参与乡村治理或消极参与乡村治理。假定在博弈分析模型中，政府选择治理乡村的概率是 x，不治理乡村的概率是 $1-x$，企业选择积极参与乡村治理的概率是 y，消极参与乡村治理的概率是 $1-y$；政府进行乡村治理的治理成本是 C_1，企业积极参与乡村治理的参与成本是 C_2，政府对企业积极参与乡村治理的积极补偿是 R_1，企业正常收益是 R；政府对企业消极参与乡村治理的消极惩罚是 G_1，对企业破坏乡村治理行为的基本惩罚为 G_2，政府选择治理乡村将会得到的公信力是 U，不治理乡村得到的公信力为 0。政府与企业间的博弈策略分析矩阵见表 2-2。

表 2-2 政府与企业乡村治理策略博弈

		政府	
		治理	不治理
企业	积极参与	$R+R_1-C_2-G_2$, $U-C_1-R_1$	$R-C_2$, 0
	消极参与	$R-G_1-G_2$, $U-C_1+G_1$	R, 0

基于表 2-2 可知，政府选择是否进行乡村治理、企业是否积极参与乡村治理的行为选择同样是综合行为，彼此间的行为策略将会对对方的行为选择

造成较大的影响，需要进一步考虑双方混合策略下的博弈行为，此时：

政府的期望函数可表示为：

$$u_1 = xy(U - C_1 - R_1) + x(1 - y)(U - C_1 + G_1) + 0 + 0 \qquad (2-4)$$

企业的期望函数可表示为：

$$u_2 = xy(R + R_1 - C_2 - G_2) + x(1 - y)(R - G_1 - G_2)$$
$$+ y(1 - x)(R - C_2) + (1 - x)(1 - y)R \qquad (2-5)$$

此时，政府与企业关于乡村治理的混合策略纳什均衡为：

$$x = \frac{C_2}{R_1 + G_1}, y = \frac{U - C_1 + G_1}{G_1 + R_1} \qquad (2-6)$$

对于政府而言，根据 $x = \dfrac{C_2}{R_1 + G_1}$ 可知，企业积极参与乡村治理的参与成本 C_2 越高，政府选择治理乡村的概率越大；政府对企业消极参与乡村治理的消极惩罚 G_1 越小，政府选择治理乡村的概率越大；政府对企业积极参与乡村治理的积极补偿 R_1 越小，政府选择治理乡村的概率越大。

针对企业来说，依据 $y = \dfrac{U - C_1 + G_1}{G_1 + R_1}$ 可知，政府选择治理乡村得到的公信力 U 越高，则企业积极参与乡村治理的概率越大；政府进行乡村治理的治理成本 C_1 越小，企业积极参与乡村治理的概率越大；政府对企业积极参与乡村治理的积极补偿 R_1 越小，企业积极参与乡村治理的概率越大；政府对企业消极参与乡村治理的消极惩罚 G_1 的影响路径较为复杂，取决于 $\dfrac{\partial y}{\partial G1}$ 与 0 的大小关系，即 $R_1 - U + C_1$ 与 0 的大小比较，如果 $R_1 - U + C_1 > 0$，政府对企业消极参与乡村治理的消极惩罚 G_1 越大，企业积极参与乡村治理的概率越大，反之越小。分析可知，企业是否选择积极参与乡村治理很大程度上取决于政府的行为选择。

由此可见，政府与企业在乡村治理过程中的最优策略组合是政府选择治理乡村，企业选择积极参与乡村治理。基于现实情况可知，政府与企业遵从自身利益最大化原则选择是否参与乡村治理的行为策略时，政府的选择取决于企业积极参与乡村治理的参与成本、政府对企业消极参与乡村治理的消极惩罚与政府对企业积极参与乡村治理的积极补偿，企业积极参与乡村治理的参与成本越高、政府对企业消极参与乡村治理的消极惩罚越小、政府对企业积极参与乡村治理的积极补偿越小都有可能使得政府选择治理乡村的概率变大；对于企业而言，是否积极参与乡村治理更多取决于政府，政府选择治理乡村得到的公信力越高、政府进行乡村治理的治理成本越小、政府对企业积极参与乡村治理的积极补偿越小，企业积极参与乡村治理的概率越大。此外，政府对企业消极参与乡村治理的消极惩罚 G_1 同样能够对政府与企业的行为选择产生一定影响，根据不同情况，政府与企业会选择不同的行为策略。因此，政府要积极开展乡村治理，制定一系列具体可行的政策法规，设法降低乡村治理成本、加大补偿力度并逐渐提高公信力，给企业提供优惠与帮助，企业才有可能积极参与到乡村治理中，共同推动乡村振兴多元主体协同治理。

（三）政府与社会组织间乡村治理博弈困境分析

1. 政府与社会组织间乡村治理的行为逻辑分析

政府与社会组织在乡村治理过程中的博弈分析模型中依旧满足"经济人"假设的理论前提。社会组织作为乡村治理中的重要服务者与关键补充者，面临是否积极参与乡村治理的行为选择时，更多考虑的是自身利益最大化是否得到满足，即积极参与乡村治理是否能够增加自身的社会效益，能否为公众提供更多更优质的公共产品与公共服务，能否为政府排忧解难、推进政府政策高效实施，这些都将会影响到社会组织的行为策略选择；政府作为乡村治理过程中的主导者，一方面，能够积极制定政策法规，激励社会组织积极参与乡村治理，更好地为乡村治理提供优质的公共产品与公共服务；另一方面，也有可能为保证社会组织的独立性或其他能够提高财政收入与政府公信力等目的而降低对社会组织参与乡村治理的要求，导致社会组织在乡村治理过程中参与度不足的现象发生。因此，政府与社会组织间关于乡村治理存在着一定的利益关联与利益冲突，对于是否积极进行乡村治理取决于双方的策略选择。

2. 政府与社会组织间乡村治理的博弈分析

通过博弈分析模型对政府与社会组织关于乡村治理行为进行单独分析与综合考量。政府与社会组织关于乡村治理均存在两种策略选择，政府可以选择治理乡村或不治理乡村，社会组织可以选择积极参与乡村治理或消极参与乡村治理。假定在博弈分析模型中，政府选择治理乡村的概率是 α，不治理乡村的概率是 $1-\alpha$；社会组织选择积极参与乡村治理的概率是 β，消极参与乡村治理的概率是 $1-\beta$；政府进行乡村治理的治理成本是 C_1；社会组织积极参与乡村治理的参与成本是 C_2；政府对社会组织积极参与乡村治理的积极补偿是 R_1，对社会组织消极参与乡村治理的基本补偿是 R_2；社会组织的正常收益是 R；政府选择治理乡村将会得到的公信力是 U，不治理乡村将会得到的公信力是 0。政府与社会组织关于乡村治理的博弈策略分析矩阵见表 $2-3$。

表 $2-3$ 　　　　　　　　政府与社会组织乡村治理策略博弈

		政府	
		治理	不治理
社会组织	积极参与	$R+R_1-C_2$，$U-C_1-R_1$	$R-C_2$，$-U$
	消极参与	$R+R_2$，$U-C_1-R_2$	R，0

根据表 $2-3$ 可知，政府选择是否进行乡村治理、社会组织是否积极参与乡村治理的行为选择同样是综合行为，彼此间的行为策略选择也会对对方的行为选择产生较大的影响，需要进一步考虑双方混合策略下的博弈行为，此时：

政府的期望函数可表示为：

$$u_1 = \alpha\beta(U-C_1-R_1) + \alpha(1-\beta)(U-C_1-R_2)$$
$$+ \beta(1-\alpha)(-U) + 0 \qquad (2-7)$$

社会组织的期望函数可表示为：

$$u_2 = \alpha\beta(R+R_1-C_2) + \alpha(1-\beta)(R+R_2) + \beta(1-\alpha)(R-C_2)$$
$$+ (1-\alpha)(1-\beta)R \qquad (2-8)$$

此时，政府与社会组织的混合策略纳什均衡为：

$$\alpha = \frac{C_2}{R_1-R_2}, \beta = \frac{U-(C_1+R_2)}{R_1-R_2-U} \qquad (2-9)$$

对于政府而言，根据 $\alpha = \dfrac{C_2}{R_1-R_2}$ 可知，社会组织积极参与乡村治理的参与成本 C_2 越高，政府选择治理乡村的概率越大；政府对社会组织积极参与乡村治理的积极补偿 R_1 越小，政府选择治理乡村的概率越大；政府对社会组织消极参与乡村治理的基本补偿 R_2 越大，政府选择治理乡村的概率越大。

针对社会组织来说，依据 $\beta = \dfrac{U-(C_1+R_2)}{R_1-R_2-U}$ 可知，政府选择治理乡村将

会得到的公信力 U 的影响路径较为复杂，取决于 $\frac{\partial\beta}{\partial U}$ 与 0 的大小关系，即 $R_1 -$ $C_1 - 2R_2$ 与 0 的大小比较，如果 $R_1 - C_1 - 2R_2 > 0$，政府选择治理乡村得到的公信力越高，社会组织积极参与乡村治理的概率越大，反之越小；政府进行乡村治理的治理成本 C_1 越小，社会组织积极参与乡村治理的概率越大；政府对社会组织积极参与乡村治理的积极补偿 R_1 越小，社会组织积极参与乡村治理的概率越大；政府对社会组织消极参与乡村治理的基本补偿 R_2 的影响路径较为复杂，取决于 $\frac{\partial\beta}{\partial R_2}$ 与 0 的大小关系，即 $2U - R_1 - C_1$ 与 0 的大小比较，如果 $2U - R_1 - C_1 > 0$，政府对社会组织消极参与乡村治理的基本补偿越高，村民主动参与乡村治理的概率越大，反之越小。

　　由此可见，政府与社会组织在乡村治理过程中的最优策略组合是政府选择治理乡村，社会组织选择积极参与乡村治理。与现实情况相匹配可知，政府与社会组织遵从自身利益最大化原则选择是否参与乡村治理的行为策略时，政府的选择取决于社会组织积极参与乡村治理的参与成本与为社会组织提供的积极参与乡村治理的积极补偿、消极参与乡村治理的基本补偿，政府进行乡村治理的治理成本越高、为社会组织提供的积极参与乡村振兴的积极补偿越小或消极参与乡村振兴的基本补偿越大都有可能使得政府选择乡村治理的概率变大；对于社会组织而言，是否积极参与乡村治理更多取决于政府的行为策略选择，政府进行乡村治理的治理成本越小、为社会组织提供的积极参与乡村治理的积极补偿越小，社会组织积极参与乡村治理的概率越大。此外，政府选择治理乡村得到的公信力 U、政府对社会组织消极参与乡村治理的基本补偿 R_2 同样能够对政府与社会组织的行为选择产生一定影响，根据不同情况，政府与社会组织选择不同的行为策略。分析可知，社会组织是否选择积极参与乡村治理很大程度上取决于政府的行为选择。因此，政府要积极开展乡村治理，制定具体可行的政策法规，设法降低乡村治理成本、加大补偿力度并逐渐提高公信力，在保证社会组织独立性的同时引导社会组织积极参与乡村治理，为社会公众提供更多更优质的公共产品与公共服务，共同推动乡村振兴多元主体协同治理。

　　综上所述，乡村振兴多元主体均满足"经济人"假设前提，遵循自身利益最大化的行为准则，各自做出最利己的差异化行为选择，构成混合策略选择组合。政府作为乡村治理中的主导者，是村民、企业与社会组织等多元参与主体选择行为策略的重要前提与基本依据。只有政府积极推进乡村治理的实施，不断建立并完善相应的政策法规，鼓励、支持并引导村民、企业与社会组织积极参与乡村治理，才有可能建立健全乡村振兴多元主体协同治理体系、增强乡村振兴多元主体协同治理能力，在遵循多元主体自身利益最大化原则的基础上，实现社会整体利益最大化，进一步实现共同富裕。

第二节　乡村振兴多元主体协同治理运作机理分析

一、理论模型构建

新经济增长理论也被称为内生经济增长理论，强调技术进步在国民经济、地方经济以及企业经济增长中的关键作用，并非是资本投入或劳动力投入的简单增加，而是技术进步推动了系统经济的高质量发展。同时，新经济增长理论的延伸内容还强调经济发展中干中学的核心作用。新经济增长理论与干中学理论能够较好地运用到乡村振兴多元主体协同治理中，一方面，因为乡村振兴多元主体协同治理并非简单的强调资本投入或劳动力投入的数量增加，而是强调多元主体间的有机协同，对乡村治理体系的建立健全、乡村治理能力的培育提升有着更高的要求，本质上来说，是对乡村治理中的"技术进步"有着更迫切的要求；另一方面，乡村振兴多元主体协同治理并不是一蹴而就的，需要政府、村民、企业与社会组织等多元主体在实践中不断摸索，汲取前一阶段的经验与不足，在下一阶段中加以改进与完善，逐步提升乡村振兴多元主体协同治理效应，这与干中学理论的核心内容在价值取向上高度契合。因此，运用柯布—道格拉斯生产函数对乡村振兴多元主体协同治理运作机理进行推导分析，借鉴李春根等（2018）、王翠琴等（2018）等学者的相关研究，设定适用于本书的柯布—道格拉斯生产函数模型，其基本形式如下：

$$Y = A\ K^a L^b Z^c \qquad\qquad (2-10)$$

其中，Y 表示总产出，可以理解为乡村振兴多元主体协同治理综合协同效应；A 表示常数，K、L 分别代表资本投入量与劳动力投入量，为与政府对乡村治理效应提升的影响相区分，这里将 K、L 分别表示为除政府投入外的资本投入量与劳动力投入量，Z 则表示为包括政府的资本投入量与劳动力投入量在内的所有投入量，由于政府每年都会投入大量的资本、劳动、技术等生产要素，因此 K、L、Z 均为正值；a、b、c 分别代表资本增长、劳动增长以及政府投入增加对乡村振兴多元主体协同治理综合协同效应提升的贡献率，因此 a、b、c 均为正值。为便于下一步计算与分析，将式（2－10）左右两边分别取自然对数，运算结果如下所示：

$$\ln Y = \ln A + a\ln K + b\ln L + c\ln Z \qquad (2-11)$$

对式（2－11）左右两边分别进行全微分，同时假设不存在技术进步，可得：$\frac{1}{Y}dY = \frac{a}{K}dK + \frac{b}{L}dL + \frac{c}{Z}dZ$。其中，$\frac{dY}{Y}$ 表示经济增长率，$\frac{dK}{K}$ 表示除政府投入外的资本投入增长率，$\frac{dL}{L}$ 表示除政府投入外的劳动投入增长率，$\frac{dZ}{Z}$ 表示包括政府的资本投入量与劳动力投入量在内的所有投入增长率。为简化运算，令 $\frac{1}{Y} = \frac{dY}{Y}$，$\frac{1}{K} = \frac{dK}{K}$，$\frac{1}{L} = \frac{dL}{L}$，$\frac{1}{Z} = \frac{dZ}{Z}$，可得：

$$\frac{1}{Y} = \frac{a}{K} + \frac{b}{L} + \frac{c}{Z} = \frac{aLZ + bKZ + cKL}{KLZ} \qquad (2-12)$$

对式（2－12）左右两边分别取倒数，可得：

$$Y = \frac{KLZ}{aLZ + bKZ + cKL} \qquad (2-13)$$

为研究政府投入对乡村振兴多元主体协同治理综合协同效应的影响，即 Z 对 Y 的影响机制，对式（2－13）左右两边分别求一阶偏导，可得：

$$\frac{\partial Y}{\partial Z} = \frac{KL(aLZ + bKZ + cKL) - KLZ(aL + bK)}{(aLZ + bKZ + cKL)^2} = \frac{cK^2L^2}{(aLZ + bKZ + cKL)^2} > 0$$

$$(2-14)$$

由式（2－14）可知，增加政府投入量，即政府选择治理乡村，能够提升乡村振兴多元主体协同治理综合协同效应。

二、乡村振兴多元主体协同治理运作机理数理分析

(一)乡村振兴政府与村民协同治理运作机理数理分析

村民作为乡村治理中的最广大实践者,其主动融入乡村振兴多元主体协同治理中具有关键的理论研究意义与指导实践作用。基于"经济人"假设前提,村民是否主动参与乡村治理取决于参与后是否能够提高其自身利益使其利益最大化,而政府的行为选择同样遵循利益最大化行为准则,是否选择治理乡村取决于实施后能否使其利益最大化,如增加政府公信力等。就现实情况来说,一方面,村民参与乡村治理的主动性很大程度上取决于政府的行为策略选择,若政府关于乡村治理的政策宣讲力度较大、政策优惠与政策福利较丰厚、切实关心老百姓的生产生活水平与精神生活,那么村民很大可能会主动参与、积极融入乡村治理;另一方面,政府是否选择治理乡村也会在一定程度上考虑村民在乡村治理过程中的参与程度,若政府制定并推行的一系列政策法规得到村民的广泛认可与高度支持,村民参与度将会普遍提高,那么政府便会继续完善并颁发进一步的政策法规,逐步提高村民的生产生活水平、满足其对美好生活的需要进而提高政府公信力。因此,政府与村民在乡村治理过程中是相辅相成、缺一不可的行为主体,二者的有机结合能够提升乡村振兴多元主体协同治理综合协同效应。

根据上述梳理与推导结果,结合政府与村民对提升乡村振兴多元主体协同治理综合协同效应的运作机理,将式(2-10)完善为:

$$Y = AK^aL^bZ^cC^dX_1^{u_1} \qquad (2-15)$$

其中,遵循控制变量的原则,Y 表示总产出,可以理解为乡村振兴多元主体协同治理综合协同效应;A 表示常数,K、L 分别代表资本投入量与劳动力投入量,为与政府、村民对乡村振兴多元主体协同治理综合协同效应提升的影响相区分,这里将 K、L 分别表示为除政府投入、村民投入外的资本投入量与劳动力投入量,Z 表示为包括政府的资本投入量与劳动力投入量在内,但除去与村民相联系的所有投入量,C 表征包括村民的资本投入量与劳动力投入量在内,但除去与政府相联系的所有投入量,X_1 则代表政府与村民间相联系的协同投入量,由于政府每年都会投入大量的资本、劳动、技术等生产要素,村民也在不断增加劳动力、资本等投入,因此 K、L、Z、C、X_1 均为正

值；a、b、c、d、u₁分别代表资本增长、劳动增长、政府投入增加、村民投入增加以及政府与村民的协同投入增加对乡村振兴多元主体协同治理综合协同效应提升的贡献率，因此 a、b、c、d、u₁均为正值。为简便运算，对式（2-15）进行式（2-11）至式（2-13）的相似处理，运算结果如下所示：

$$Y = \frac{KLZCX_1}{aLZCX_1 + bKZCX_1 + cKLCX_1 + dKLZX_1 + u_1KLZC} \quad (2-16)$$

为研究村民投入对乡村振兴多元主体协同治理综合协同效应的影响，即 C 对 Y 的影响机制，对式（2-16）左右两边对 Y 关于 C 求一阶偏导，为简便运算，令$H_1 = aLZX_1 + bKZX_1 + cKLX_1 + u_1KLZ, J_1 = bKLZX_1$，由已知条件可知 H_1、J_1均为正值，可得：

$$\frac{\partial Y}{\partial C} = \frac{KLZX_1J_1}{(CH_1 + J_1)^2} > 0 \quad (2-17)$$

由式（2-17）可知，增加村民投入量，即村民主动参与乡村治理，能够提升乡村振兴多元主体协同治理综合协同效应。

进一步研究政府与村民在乡村治理过程中的协同运作机制，即 X_1 对 Y 的影响机制，对式（2-16）左右两边对 Y 关于 X_1 求一阶偏导，为简便运算，令$H_2 = aLZC + bKZC + cKLC + dKLZ, J_2 = u_1KLZC$，由已知条件可知 H_2、J_2均为正值，可得：

$$\frac{\partial Y}{\partial X_1} = \frac{KLZCJ_2}{(X_1H_2 + J_2)^2} > 0 \quad (2-18)$$

$$\frac{\partial Y}{\partial Z} + \frac{\partial Y}{\partial C} + \frac{\partial Y}{\partial X_1} > \frac{\partial Y}{\partial Z} + \frac{\partial Y}{\partial C} > \frac{\partial Y}{\partial Z}\left(\frac{\partial Y}{\partial C}\right) \quad (2-19)$$

由式（2-18）可知，政府与村民间相互联系的协同投入对于乡村振兴多元主体协同治理综合协同效应的提升具有正效应，即增加政府与村民间的协同投入，推动政府积极制定与实施乡村治理，激励村民主动融入并参与乡村治理，能够提升乡村振兴多元主体协同治理综合协同效应。根据式（2-14）、式（2-17）与式（2-18）可得式（2-19），分析式（2-19）中的第二个大于号可知，增加政府、同时增加村民在乡村治理中的投入量，与仅增加政府或村民的投入量相比，其对于乡村振兴多元主体协同治理综合协同效应的提升作用进一步显著；进而分析式（2-19）中的第一个大于号可得，增加政府与村民间的协同投入相较于仅增加政府与村民各自在乡村治理中的投入量，其对于乡村振兴多元主体协同治理综合协同效应的提升作用更加显著。由此可知，仅增加政府的投入量对于乡村振兴多元主体协同治理综合协同效应具有一定的提升作用，适当增加村民的投入量能够使得乡村振兴多元主体协同治理综合协同效应得到进一步提升，若政府与村民相互协作，增加政府与村民间的协同投入，将使得乡村振兴多元主体协同治理综合协同效应得到更大程度上的提升。

（二）乡村振兴政府、村民与企业协同治理运作机理分析

企业作为乡村治理中的重要助力者，能够提供大量的资金、人才、技术等生产要素，并使其向乡村地区流通聚集，以实现乡村地区增产增收、乡村居民生活富裕。企业参与乡村治理，同样满足"经济人"假设，一方面是出于经济动机，既能够充分利用乡村地区丰富的资源禀赋扩大企业自身生产经营范围与发展规模，又能够享受政府政策的优惠与支持，减少企业发展的扩张成本，以实现企业超额利润；另一方面是出于责任动机，不仅能够提升企业自身形象，使得村民乃至更广大消费者更加信赖企业，扩大其社会影响，又能够响应政府政策号召，履行其社会责任。在乡村治理过程中，企业的积极参与不仅能给乡村地区带来大量的资本投入与技术投入，为村民提供更多的技能培训与工作岗位，进而提高村民的生产生活水平，而且还能够积极响应政府号召，大力推动政府政策的有效实施，共同致力于乡村振兴多元主体协同治理综合协同效应的有效提升。因此，政府、村民与企业在乡村治理中是相辅相成、缺一不可的重要行为主体，三者的有机联结能够提升乡村振兴多元主体协同治理综合协同效应。

根据上述梳理与推导结果，结合政府、村民与企业对提升乡村振兴多元主体协同治理综合协同效应的运作机理，将式（2-10）完善为：

$$Y = A K^a L^b Z^c C^d Q^e X_1^{u_1} X_2^{u_2} \qquad (2-20)$$

与政府、村民协同治理运作机理分析原理一致，式（2-20）中，遵循控制变量的原则，K、L 分别代表资本投入量与劳动力投入量，为与政府、村民、企业对乡村振兴多元主体协同治理综合协同效应提升的影响相区分，这里将 K、L 分别表示为除政府、村民、企业投入外的资本投入量与劳动力投入量，Z 表示为包括政府的资本投入量与劳动力投入量在内，但除去与村民、企业相联系的所有投入量，C 表征包括村民的资本投入量与劳动力投入量在

内，但除去与政府、企业相联系的所有投入量，Q 表征包括企业的资本投入量与劳动力投入量在内，但除去与政府、村民相联系的所有投入量，X_1 则代表政府与村民间相联系的协同投入量，X_2 则代表政府、村民、企业间相联系的协同投入量，由于政府每年都会投入大量的资本、劳动、技术等要素，村民也在不断地提供劳动、资本等投入，企业同样会出于经济动机与责任动机向乡村地区增加一定的资本、技术等投入，因此 K、L、Z、C、Q、X_1、X_2 均为正值；a、b、c、d、e、u_1、u_2 分别代表资本增长、劳动增长、政府投入增加、村民投入增加、企业投入增加、政府与村民的协同投入增加以及政府、村民与企业的协同投入增加对乡村振兴多元主体协同治理综合协同效应提升的贡献率，因此 a、b、c、d、e、u_1、u_2 均为正值。为简便运算，对式（2-20）进行式（2-11）至式（2-13）的相似处理，可得：

$$Y = \frac{KLZCQX_1X_2}{\begin{array}{l}aLZCQX_1X_2 + bKZCQX_1X_2 + cKLCQX_1X_2 + dKLZQX_1X_2 + \\ eKLZCX_1X_2 + u_1KLZCQX_2 + u_2KLZCQX_1\end{array}} \quad (2-21)$$

为研究企业投入对乡村振兴多元主体协同治理综合协同效应的影响，即 Q 对 Y 的影响机制，对式（2-21）左右两边对 Y 关于 Q 求一阶偏导，为简便运算，令 $H_3 = aLZCX_1X_2 + bKZCX_1X_2 + cKLCX_1X_2 + dKLZX_1X_2 + u_1KLZCX_2 + u_2KLZCX_1$，$J_3 = eKLZCX_1X_2$，由已知条件可知 H_3、J_3 均为正值，运算结果如下所示：

$$\frac{\partial Y}{\partial Q} = \frac{KLZCX_1X_2J_3}{(QH_3 + J_3)^2} > 0 \quad (2-22)$$

由式（2-22）可知，增加企业投入量，即企业积极参与乡村治理，能够提升乡村振兴多元主体协同治理综合协同效应。

进一步研究政府、村民与企业在乡村治理中的协同运作机制，即 X_2 对 Y 的影响机制，对式（2-21）左右两边对 Y 关于 X_2 求一阶偏导，为简便运算，令 $H_4 = aLZCQX_1 + bKZCQX_1 + cKLCQX_1 + dKLZQX_1 + eKLZCX_1 + u_1KLZCQ$，$J_4 = u_2KLZCQX_1$，由已知条件可知 H_4、J_4 均为正值，可得：

$$\frac{\partial Y}{\partial X_2} = \frac{KLZCQX_1J_4}{(X_2H_4 + J_4)^2} > 0 \quad (2-23)$$

根据式（2-14）、式（2-17）、式（2-18）、式（2-22）与式（2-23），运算可得：

$$\frac{\partial Y}{\partial Z} + \frac{\partial Y}{\partial C} + \frac{\partial Y}{\partial Q} + \frac{\partial Y}{\partial X_1} + \frac{\partial Y}{\partial X_2} > \frac{\partial Y}{\partial Z} + \frac{\partial Y}{\partial C} + \frac{\partial Y}{\partial Q} \qquad (2-24)$$

$$\frac{\partial Y}{\partial Z} + \frac{\partial Y}{\partial C} + \frac{\partial Y}{\partial Q} + \frac{\partial Y}{\partial X_1} + \frac{\partial Y}{\partial X_2} > \frac{\partial Y}{\partial Z} + \frac{\partial Y}{\partial C} + \frac{\partial Y}{\partial Q} + \frac{\partial Y}{\partial X_1} > \frac{\partial Y}{\partial Z} + \frac{\partial Y}{\partial C} + \frac{\partial Y}{\partial X_1}$$

$$(2-25)$$

由式（2-23）可知，政府、村民与企业间相互联系的协同投入对于乡村振兴多元主体协同治理综合协同效应的提升具有正效应，即增加政府、村民与企业间的协同投入，推动政府积极制定与实施乡村治理，激励村民主动融入并参与乡村治理，支持并鼓励企业积极参与乡村治理，能够提升乡村振兴多元主体协同治理综合协同效应。根据式（2-24）可知，在乡村治理中，增加政府、村民与企业间的协同投入，促进三者间的有机协作，相较于三者间无相互联系的单独投入，其对于乡村振兴多元主体协同治理综合协同效应的提升作用更加显著；分析式（2-25）中的第二个大于号可知，在政府与村民有机结合的基础上，企业的融入更有利于提升乡村振兴多元主体协同治理综合协同效应；进而分析式（2-25）中的第一个大于号可得，企业与政府、村民间的高效协同融入相较于企业自身单纯的无效率融入相比，其对于乡村振兴多元主体协同治理综合协同效应的提升作用更加显著。由此可知，仅增加企业的投入量对于乡村振兴多元主体协同治理综合协同效应具有一定的提升作用，若使得企业与政府、村民高效融合、相互协作，增加政府、村民与企业间的协同投入，将使得乡村振兴多元主体协同治理综合协同效应得到更大程度的提升。

（三）乡村振兴政府、村民、企业与社会组织协同治理运作机理分析

社会组织作为乡村治理中最为关键的服务者与补充者，遵循自身利益最大化原则，积极参与乡村治理，既能够较大程度上履行自身担负的社会责任以进一步实现其社会价值，又能够为政府、村民以及企业参与乡村治理提供必要的服务与补充，对乡村振兴多元主体协同治理体系的建立健全起到完善补充的作用。在乡村治理中，社会组织的积极参与能够与政府、村民、企业互为补充，积极响应政府号召，并在一定程度上弥补政府管理缺失与不足之处；自愿开展一些利民惠民服务活动，努力丰富村民的精神文明生活、提高村民的生产生活水平；积极对接企业，发挥好政府与企业间的中介作用，与企业高效协作，加快要素高效流动与市场化配置。因此，政府、村民、企业

与社会组织在乡村治理中都是相辅相成、缺一不可的关键行为主体，四者的有机协同能够提升乡村振兴多元主体协同治理综合协同效应。

根据上述梳理与推导结果，结合政府、村民、企业与社会组织对提升乡村振兴多元主体协同治理综合协同效应的运作机理，将式（2－10）完善为：

$$Y = AK^aL^bZ^cC^dQ^eS^fX_1^{u_1}X_2^{u_2}X_3^{u_3} \qquad (2-26)$$

与政府、村民与企业协同治理运作机理分析原理一致，式（2－26）中，遵循控制变量的原则，K、L 分别代表资本投入量与劳动力投入量，为与政府、村民、企业与社会组织对乡村振兴多元主体协同治理综合协同效应提升的影响相区分，这里将 K、L 分别表示为除政府、村民、企业与社会组织投入外的资本投入量与劳动力投入量，Z 表示为包括政府的资本投入量与劳动力投入量在内，但除去与村民、企业与社会组织相联系的所有投入量，C 表征包括村民的资本投入量与劳动力投入量在内，但除去与政府、企业与社会组织相联系的所有投入量，Q 表征包括企业的资本投入量与劳动力投入量在内，但除去与政府、村民与社会组织相联系的所有投入量，S 表征包括社会组织的资本投入量与劳动力投入量在内，但除去与政府、村民与企业相联系的所有投入量，X_1 则代表政府与村民间相联系的协同投入量，X_2 则代表政府、村民、企业间相联系的协同投入量，X_3 则代表政府、村民、企业与社会组织间相联系的协同投入量，由于政府每年都会投入大量的资本、劳动、技术等要素，村民也在不断地提供劳动、资本等投入，企业同样会出于经济动机与责任动机向乡村地区增加一定的资本、技术等投入，社会组织经常开展一些利民惠民活动，不断增加技术、资本等投入，因此 K、L、Z、C、Q、X_1、X_2、X_3 均为正值；a、b、c、d、e、u_1、u_2、u_3 分别代表资本增长、劳动增长、政府投入增加、村民投入增加、企业投入增加、政府与村民、企业的协同投入增加、政府与村民、企业、社会组织的协同投入增加对乡村振兴多元主体协同治理综合协同效应提升的贡献率，因此 a、b、c、d、e、u_1、u_2、u_3 均为正值。为简便运算，对式（2－26）进行式（2－11）至式（2－13）的相似处理，运算结果如下所示：

$$Y = \frac{KLZCQSX_1X_2X_3}{\begin{array}{l} aLZCQSX_1X_2X_3 + bKZCQSX_1X_2X_3 + cKLCQSX_1X_2X_3 + dKLZQSX_1X_2X_3 \\ + eKLZCSX_1X_2X_3 + fKLZCQX_1X_2X_3 + u_1KLZCQSX_2X_3 \\ + u_2KLZCQSX_1X_3 + u_3KLZCQSX_1X_2 \end{array}}$$

$$(2-27)$$

为研究社会组织投入对乡村振兴多元主体协同治理综合协同效应的影响，即 S 对 Y 的影响机制，对式（2-27）左右两边对 Y 关于 S 求一阶偏导，为简便运算，令 $H_5 = aLZCQX_1X_2X_3 + bKZCQX_1X_2X_3 + cKLCQX_1X_2X_3 + dKLZQX_1X_2X_3 + eKLZCX_1X_2X_3 + u_1KLZCQX_2X_3 + u_2KLZCQX_1X_3 + u_3KLZCQX_1X_2$，$J_5 = fKLZCQX_1X_2X_3$，由已知条件可知 H_5、J_5 均为正值，可得：

$$\frac{\partial Y}{\partial S} = \frac{KLZCQX_1X_2X_3J_5}{(QH_5 + J_5)^2} > 0 \qquad (2-28)$$

由式（2-28）可知，增加社会组织投入量，即社会组织积极参与乡村治理，能够提升乡村振兴多元主体协同治理综合协同效应。

进一步研究政府、村民、企业与社会组织在乡村治理中的协同运作机制，即 X_3 对 Y 的影响机制，对式（2-27）左右两边对 Y 关于 X_3 求一阶偏导，为简便运算，令 $H_6 = aLZCQSX_1X_2 + bKZCQSX_1X_2 + cKLCQSX_1X_2 + dKLZQSX_1X_2 + eKLZCSX_1X_2 + fKLZCQX_1X_2 + u_1KLZCQSX_2 + u_2KLZCQSX_1$，$J_6 = u_3KLZCQSX_1X_2$，由已知条件可知 H_6、J_6 均为正值，可得：

$$\frac{\partial Y}{\partial X_3} = \frac{KLZCQSX_1X_2J_6}{(X_3H_6 + J_6)^2} > 0 \qquad (2-29)$$

根据式（2-14）、式（2-17）、式（2-18）、式（2-22）、式（2-23）、式（2-28）与式（2-29），可得：

$$\frac{\partial Y}{\partial Z} + \frac{\partial Y}{\partial C} + \frac{\partial Y}{\partial Q} + \frac{\partial Y}{\partial S} + \frac{\partial Y}{\partial X_1} + \frac{\partial Y}{\partial X_2} + \frac{\partial Y}{\partial X_3} > \frac{\partial Y}{\partial Z} + \frac{\partial Y}{\partial C} + \frac{\partial Y}{\partial Q} + \frac{\partial Y}{\partial S} \qquad (2-30)$$

$$\frac{\partial Y}{\partial Z} + \frac{\partial Y}{\partial C} + \frac{\partial Y}{\partial Q} + \frac{\partial Y}{\partial S} + \frac{\partial Y}{\partial X_1} + \frac{\partial Y}{\partial X_2} + \frac{\partial Y}{\partial X_3} > \frac{\partial Y}{\partial Z} + \frac{\partial Y}{\partial C} + \frac{\partial Y}{\partial Q} + \frac{\partial Y}{\partial S} + \frac{\partial Y}{\partial X_1} + \frac{\partial Y}{\partial X_2}$$

$$> \frac{\partial Y}{\partial Z} + \frac{\partial Y}{\partial C} + \frac{\partial Y}{\partial Q} + \frac{\partial Y}{\partial X_1} + \frac{\partial Y}{\partial X_2} \qquad (2-31)$$

由式（2-29）可知，政府、村民、企业与社会组织间协同投入对于乡村振兴多元主体协同治理综合协同效应的提升具有正效应，即增加政府、村民、企业与社会组织间的协同投入，推动政府积极制定与实施乡村治理，激励村民主动融入并参与乡村治理，支持并鼓励企业与社会组织积极参与乡村治理，能够提升乡村振兴多元主体协同治理综合协同效应。根据式（2-30）可知，在乡村治理中，增加政府、村民、企业与社会组织间的协同投入，促进多元主体间有机协同，相较于多元主体无相互联系的单独投入，其对于乡村振兴多元主体协同治理综合协同效应的提升作用更加显著；分析式（2 - 31）中的第二个大于号可知，在政府、村民与企业有机结合的基础上，社会组织的融入更有利于提升乡村振兴多元主体协同治理综合协同效应；进而分析式（2 - 31）中的第一个大于号可得，社会组织与政府、村民、企业间的高效协同融入与社会组织的无效率融入相比，前者对于乡村振兴多元主体协同治理综合协同效应的提升作用更加显著。整合上述分析可知，仅增加社会组织的投入量对于乡村振兴多元主体协同治理综合协同效应具有一定的正向促进作用，若使得社会组织与政府、村民、企业高效融合、相互协作，增加多元主体间的协同投入，能够显著提升乡村振兴多元主体协同治理综合协同效应。

综上所述，政府、村民、企业与社会组织都是乡村治理中至关重要的关键行为主体，各多元主体的积极参与、高效协同是乡村振兴多元主体协同治理能力提升与体系完善的根本。经过一定的理论模型构建与数理推导分析可知，在乡村治理中，激励政府、村民、企业与社会组织等行为主体广泛参与并不是推动乡村治理的最终手段与目标，引导各行为主体彼此之间相互协同、相辅相成，形成合力共同致力于乡村治理，以实现乡村振兴多元主体协同治理效应提升与体系完善，更好地推动乡村治理。

第三节　主要结论分析

本章在介绍乡村振兴过程中政府、村民、企业与社会组织等多元主体并对主体间协同治理进行博弈困境分析的基础上，以新经济增长模型与干中学模型为理论基础，基于柯布—道格拉斯生产函数，通过模型推演、数理推导、文献研究等方法演绎分析乡村振兴多元主体协同治理运作机理，以厘清乡村振兴多元主体协同治理理论机制与影响路径。

在乡村振兴多元主体协同治理过程中，政府、村民、企业与社会组织均是缺一不可的重要参与主体，遵循自身利益最大化的行为准则，在乡村振兴多元主体协同治理过程中发挥着差异化的功能作用。政府作为乡村振兴多元主体协同治理中的主导者，参与乡村治理的顶层设计与政策制定，多渠道引导村民、企业与社会组织等多元主体参与乡村治理，以实现社会整体利益最大化。村民作为乡村地区经济社会得以运行与发展的最小单元，是乡村地区经济、政治、社会、文化、生态等多方面振兴的最大实践者，是乡村治理不断创新发展的主力军，积极参与乡村治理，实现增收致富。企业作为重要的乡村治理参与主体之一，是乡村振兴多元主体协同治理中的关键助力者，提供大量的资金、人才、技术等生产要素向乡村地区流通聚集，以实现利润增收与形象提升。社会组织是乡村振兴多元主体协同治理中的重要服务者与关键补充者，广泛参与乡村治理，实现服务社会等功能价值。

将政府与村民、企业与社会组织两两分组进行博弈行为策略综合分析，博弈困境分析结果表明政府与村民、企业、社会组织在乡村治理过程中的最优策略组合是政府选择治理乡村，村民选择主动参与乡村治理，企业与社会组织选择积极参与乡村治理。政府与村民、企业与社会组织两两分组进行博弈行为策略综合分析结果表明政府是否选择乡村治理取决于村民主动参与乡村治理的参与成本、向村民提供的主动参与乡村治理的参与补偿与不主动参与乡村治理的基本补偿之间的利益衡量，参与成本越高、主动参与乡村治理的参与补偿越小或不主动参与乡村治理的基本补偿越大都有可能使得政府选择治理乡村的概率变大；取决于企业积极参与乡村治理的参与成本、政府对企业消极参与乡村治理的消极惩罚与政府对企业积极参与乡村治理的积极补偿，企业积极参与乡村治理的参与成本越高、政府对企业消极参与乡村治理的消极惩罚越小、政府对企业积极参与乡村治理的积极补偿越小都有可能使得政府选择治理乡村的概率变大；取决于社会组织积极参与乡村治理的参与成本与为社会组织提供的积极参与乡村治理的积极补偿、消极参与乡村治理的基本补偿，政府进行乡村治理的治理成本越高、为社会组织提供的积极参与乡村振兴的积极补偿越小或消极参与乡村振兴的基本补偿越大都有可能使得政府选择乡村治理的概率变大。对于村民而言，是否主动参与乡村治理更多取决于政府选择的行为策略，政府进行乡村治理的治理成本越小、向村民提供的主动参与乡村治理的参与补偿越小，村民主动参与乡村治理的概率越大。对于企业而言，是否积极参与乡村治理更多取决于政府，政府选择治理乡村得到的公信力越高、政府进行乡村治理的治理成本越小、政府对企业积极参与乡村治理的积极补偿越小，企业积极参与乡村治理的概率越大；此外，政府选择治理乡村的治理成本、政府对企业消极参与乡村治理的消极惩罚、政府选择治理乡村得到的公信力同样能够对政府与企业的行为选择产生一定影响，根据不同情况，政府与企业会选择不同的行为选择。对于社会组织而言，是否积极参与乡村治理更多取决于政府的行为策略选择，政府进行乡村治理的治理成本越小、为社会组织提供的积极参与乡村治理的积极补偿越小，社会组织积极参与乡村治理的概率越大。分析可知，村民是否主动参与乡村治理、企业与社会组织是否选择积极参与乡村治理很大程度上取决于政府的行为选择，相反，政府的行为策略选择同样受到村民、企业与社会组织等多元主体行为策略选择的较大影响。

　　基于新经济增长理论，依据柯布—道格拉斯生产函数进行数理推导，研究结果表明仅增加政府的投入量对于乡村振兴多元主体协同治理效应具有一定的提升作用，适当增加村民、企业、社会组织的投入量能够使得乡村振兴多元主体协同治理效应得到进一步提升，若使得政府与村民、企业、社会组织有机结合、相互协作，增加政府与村民、企业、社会组织间的协同投入，将使得乡村振兴多元主体协同治理效应得到更大程度上的提升。由式（2－19）中的第二个大于号可知，增加政府、同时增加村民在乡村治理中的投入量，与仅增加政府或村民的投入量相比，其对于乡村振兴多元主体协同治理综合协同效应的提升作用进一步显著；进而分析式（2－19）中的第一个大于号可得，增加政府与村民间的协同投入相较于仅增加政府与村民各自在乡村治理中的投入量，其对于乡村振兴多元主体协同治理综合协同效应的提升作用更加显著。分析式（2－25）中的第二个大于号可知，在政府与村民有机结合的基础上，企业的融入更有利于提升乡村振兴多元主体协同治理综合协同效应；进而分析式（2－25）中的第一个大于号可得，企业与政府、村民间的高效协同融入相较于企业自身单纯的无效率融入，其对于乡村振兴多元主体协同治理综合协同效应的提升作用更加显著。分析式（2－31）中的第二个大于号可知，在政府、村民与企业有机结合的基础上，社会组织的融入更有利于提升乡村振兴多元主体协同治理综合协同效应；进而分析式（2－31）中的第一个大于号可得，社会组织与政府、村民、企业间的高效协同融入相较于社会组织的无效率融入，前者对于乡村振兴多元主体协同治理综合协同效应的提升作用更加显著。

第三章　乡村振兴多元主体协同治理效应评价

第一节　乡村振兴多元主体协同治理效应评价模型构建

随着协同理论研究的不断深入，协同度测算模型逐渐多元化、系统化，如根据灰色系统理论而构建的灰色关联协同度评价模型，在经济学领域中利用系统间的经济距离或空间距离等特定距离而构建的距离型协同度或称之为变异系数协同度评价模型，以模糊隶属度为基础建立模糊隶属协调系数进一步构建模糊隶属函数协同度评价模型，从协同理论出发以序参量原理和役使原理为依据构建的复合系统协同度评价模型等。其中，复合系统协同度评价模型理论起源于协同理论，该理论认为大量的子系统能够在一定条件下相互融合组成一个复合系统，模型中的序参量原理与役使原理使得该模型能更好地适用于复杂的大型复合系统。本书研究的是乡村振兴多元主体协同治理效应，乡村治理是一个复杂的系统性问题，既包括经济、社会、政治、文化与生态等多方面治理内容，又涵盖政府、村民、企业与社会组织等多元主体，治理内容间相互关联，既有区别又有联系，治理主体在这些治理内容方面的作用路径同样具有一致性与差异性，因此，为研究乡村振兴多元主体协同治理这一包含多样化治理内容与多元化治理主体的复合系统问题，选取复合系统协同度评价模型对乡村振兴多元主体协同治理效应进行评价与分析。运用复合系统协同度评价模型，先确定序参量，计算子系统有序度，即维度有序度，然后根据复合系统协同度评价方法测算复合系统整体协同度，即综合协同效应，按此分析逻辑构建乡村振兴多元主体协同治理复合系统协同度评价模型。

一、维度有序度模型

（一）序参量有序度

假设乡村振兴多元主体协同治理是由若干维度所构成的一个复杂系统，令 $S = (S_1, S_2, S_3, \cdots, S_i, \cdots, S_n)$，其中$S_i$表示第 i 个维度，$i = 1, 2, 3, \cdots, n$。假设维度在发展过程中由若干序参量组成，令维度$S_i$的序参量为 $e_i = \{e_{i1}, e_{i2}, e_{i3}, \cdots, e_{ij}, \cdots, e_{im}\}$，其中 $m \geq 1$，$\beta_{ij} \leq e_{ij} \leq \alpha_{ij}$，$j = 1, 2, 3, \cdots, m$，且$\alpha_{ij}$、$\beta_{ij}$分别代表复合系统中稳定临界点上序参量分量$e_{ij}$的上限与下限，具体来说是维度$S_i$的第 j 个序参量分量的上限与下限。令$e_{i1}, e_{i2}, e_{i3}, \cdots, e_{ik}$为慢驰序参量或称为正向序参量，维度有序度随其取值的增大而提高，减小而降低；$e_{ik+1}, e_{ik+2}, e_{ik+3}, \cdots, e_{im}$为快驰序参量或称为负向序参量，维度有序度随其取值的增大而降低，减小而提高。那么，维度S_i的序参量分量e_{ij}的维度有序度计算公式为：

$$\mu_i(e_{ij}) = \begin{cases} \dfrac{e_{ij} - \beta_{ij}}{\alpha_{ij} - \beta_{ij}}, j \in [1, k] \\[2mm] \dfrac{\alpha_{ij} - e_{ij}}{\alpha_{ij} - \beta_{ij}}, j \in [k+1, m] \end{cases} \tag{3-1}$$

其中，$\mu_i(e_{ij})$ 代表维度S_i中序参量e_i的维度有序度，其取值范围为$\mu_i(e_{ij}) \in [0, 1]$，$\mu_i(e_{ij})$ 数值越大，表明维度S_i中各序参量分量有序度越高。

（二）维度有序度

由于维度有序度大小不仅取决于维度内各序参量内部有序度的大小，而且与各序参量之间的协作形式有着密切联系。因此，采取线性加权求和法进行集成，计算并定义维度S_i的有序度，计算公式如下：

$$\mu_i(e_i) = \sum_{j=1}^n \lambda_j \mu_i(e_{ij}), \lambda_j \geq 0, \sum_{j=1}^n \lambda_j = 1 \tag{3-2}$$

其中，$\mu_i(e_i)$ 即维度S_i的系统有序度，且$\mu_i(e_i)$ 数值越大，维度S_i的系统有序度就越高，反之越低。其中，λ_j代表相应维度中各序参量分量对应的权重值，反映各序参量e_{ij}在系统有序度中的重要程度。权重λ_j的确定既要考虑到系统的运行现状与未来发展趋势，又要综合考虑维度内各序参量间组合与协同形式的多样性与动态性，熵值法作为较为常用的多指标权重计算方法，能够较好地处理好这些复杂情况并客观地赋予各指标相应权重，因此选用熵值法以计算并确定各序参量的权重值。熵值法计算指标权重步骤如下：

第一，计算熵值。计算公式为：

$$H_j = -k \sum_{i=1}^{m} f_{ij} \ln f_{ij}, \quad j = 1, 2, \cdots, m \tag{3-3}$$

其中，H_j 表示第 j 个序参量分量指标的熵值，$k = \dfrac{1}{\ln m}$，$f_{ij} = \dfrac{X_{ij}}{\sum\limits_{i=1}^{m} X_{ij}}$，$X_{ij}$ 表示标准化处理后的序参量分量指标数据。如果 $f_{ij} = 0$，则定义 $\lim\limits_{f_{ij} \to 0} f_{ij} \ln f_{ij} = 0$，使得标准化值即使为 0 也有研究意义。

第二，计算熵权。计算公式如下：

$$\lambda_j = \frac{1 - H_j}{\sum\limits_{j=1}^{n} (1 - H_j)}, \quad j = 1, 2, \cdots, m \tag{3-4}$$

其中，λ_j 表示第 j 个序参量分量的熵权，$(1 - H_j)$ 代表熵值冗余度。

二、综合协同度模型

（一）综合协同有序度

假设在 T_0 时刻，维度 S_i 的有序度为 $\mu_i^0(e_i)$，当综合协同系统在维度相互作用下协同演变至 T_1 时刻，维度 S_i 的有序度转变为 $\mu_i^1(e_i)$。因此，在 T_0 至 T_1 这段时间内，定义 C 为各维度间即乡村振兴多元主体协同治理综合协同有序度，那么综合协同有序度模型可构建为：

$$C = \sqrt[n]{\prod_{i=1}^{n} \eta_i \left| \mu_i^1(e_i) - \mu_i^0(e_i) \right|} \tag{3-5}$$

其中，$i = 1, 2, \cdots, n$。$\mu_i^1(e_i) - \mu_i^0(e_i)$ 表示在 T_0 至 T_1 时间段内维度 S_i 有序度的变化幅度；$\eta_i = \dfrac{\min_i[\mu_i^1(e_i) - \mu_i^0(e_i) \neq 0]}{|\min_i[\mu_i^1(e_i) - \mu_i^0(e_i) \neq 0]|} = \begin{cases} 1, \mu_i^1(e_i) - \mu_i^0(e_i) \geqslant 0 \\ -1, \mu_i^1(e_i) - \mu_i^0(e_i) < 0 \end{cases}$，代表维度 S_i 有序度的变化方向，$\eta = 1$ 表明维度内部有序协同或正向协同，$\eta = -1$ 表明维度内部无序协同或不协同。综合协同有序度数值的取值范围为 $C \in [-1,$

1]，取值越接近1，表明综合协同有序度越高，反之越低。具体来说，当 C $\in[0,1]$时，C 值越大，综合协同有序度越高，反之越低；当 C$\in[-1,0]$时，该综合协同系统中至少有一个维度处于非有序状态，即 C 值越大，综合协同有序度越低，反之越高。综合协同有序度模型综合考虑所有维度的有序度演变情况，即使大部分维度有序度提升，但是只要有一个维度有序度提高或降低，与其他维度有序度存在较大差异性，那么整个综合协同系统会表现出有序度不高或无序状态。同时，该模型还能够反映出综合协同有序度的动态变化过程与发展趋势，为提升综合协同有序度进而提高其综合协同效应提供必要的参考与借鉴。

（二）综合协同匹配度

综合协同度与其有序度有着一定的区别，综合协同度不仅取决于系统内各维度内部以及维度间的有序程度，而且还与各维度间有序程度的差异性有关，差异性越大，各维度间匹配度越低，综合协同度越低，反之越高。因此，计算综合协同有序度的标准离差率，以此分析系统内各维度间有序程度的离散情况，计算公式如下：

$$D_i = \frac{\delta}{C^t(S_i)} = \frac{\sqrt{\sum_{t=1}^{T} \frac{\left[C^t(S_i) - C^*(S_i)\right]^2}{t-1}}}{C^t(S_i)} \qquad (3-6)$$

其中，t = 1，2，…，T；i = 1，2，…，n；D_i表示维度S_i有序程度的标准离差率，δ 代表各维度间有序程度的标准差，$C^t(S_i)$ 表示维度S_i在第 t 时刻的系统有序度，$C^*(S_i)$ 则代表维度S_i的平均系统有序度。系统有序度标准离差率衡量的是综合协同系统内各维度有序度相距其平均值的距离远近，因此，标准离差率D_i的数值越大，表明各维度有序度越离散，即各维度间有序度差异性较大，反之较小。

为评价研究乡村振兴多元主体协同治理综合协同匹配度，采用线性加权求和法对上述计算得到的综合协同有序度标准离差率进行处理分析，具体计算公式如下：

$$D = \sum_{i=1}^{n} \lambda_i (1 - D_i) = \sum_{i=1}^{n} \lambda_i \left(1 - \frac{\sqrt{\sum_{t=1}^{T} \frac{\left[C^t(S_i) - C^*(S_i)\right]^2}{t-1}}}{C^t(S_i)}\right) \quad (3-7)$$

其中，$t = 1, 2, \cdots, T; i = 1, 2, \cdots, n; D$ 代表的是综合协同匹配度，D_i 表示各维度有序度标准离差率，$(1 - D_i)$ 则代表各维度之间的有效匹配度，λ_i 代表各维度的权重数值大小，其他变量含义与式（3 − 6）中的变量含义一致，不再一一赘述。

（三）综合协同度

综合协同治理系统的有序程度与系统内各维度间有序程度的差异程度并不是独立存在的，二者之间存在着一些必然联系，前者会因后者的逐渐减小而提升，后者也会受前者的提升影响而逐渐降低，二者共同作用于综合协同度。因此，利用综合协同有序度与综合协同匹配度，计算乡村振兴多元主体协同治理系统综合协同度，其计算公式如下：

$$SE = C \times D = C \times \sum_{i=1}^{n} \lambda_i (1 - D_i)$$

$$= \sqrt[n]{\prod_{i=1}^{n} \eta_i \left| \mu_i^1(e_i) - \mu_i^0(e_i) \right|} \times \sum_{i=1}^{n} \lambda_i \left(1 - \frac{\sqrt{\sum_{t=1}^{T} \dfrac{\left[C^t(S_i) - C^*(S_i) \right]^2}{t - 1}}}{C^t(S_i)} \right)$$

$$(3 - 8)$$

其中，$t = 1, 2, \cdots, T; i = 1, 2, \cdots, n; C$ 表示综合协同有序度，D 代表综合协同匹配度。SE 代表综合协同度，其取值范围为 $SE \in [-1, 1]$，取值越接近 1，表明综合协同度越高，反之越低。具体来说，当 $SE \in [0, 1]$ 时，SE 值越大，综合协同度越高，反之越低；当 $SE \in [-1, 0]$ 时，该综合协同系统中至少有一个维度与其他维度有序度存在较大差异，即 SE 值越大，综合协同度越低，反之越高。综合协同度模型综合考虑所有维度的有序度及各维度间有序度的差异程度，即使所有维度有序度都有提升，只要有一个维度有序度提升幅度偏小或偏大，与其他维度间有序度存在较大差异，那么整个综合协同系统会表现出协同度不高或不协同状态。

基于经典文献的梳理研究，借鉴大多数学者关于协同度评价的划分标准（张博，2019；马慧，2019），结合乡村振兴多元主体协同治理的特殊性与复杂性，采用目前大多数国家和国际组织普遍采用的协同度等级划分标准，将乡村治理多元主体协同度进行科学划分，乡村振兴多元主体协同治理效应评价标准界定如表 3 − 1 所示。

表 3 - 1　　　　　　乡村振兴多元主体协同治理效应评价标准

等级范围	协同效应评价	说明
[-1, 0)	高度不协同	复合系统高度不协同，各子系统内部以及子系统间均表现出高度不协同状态，整个系统处于完全无序的发展阶段
[0, 0.2)	不协同	复合系统不协同，各子系统内部以及子系统间尚未形成协同发展态势，整个系统处于无序的发展阶段
[0.2, 0.4)	轻度不协同	复合系统轻度不协同，各子系统内部以及子系统间不协同，但程度较轻，整个系统基本处于无序的发展阶段
[0.4, 0.6)	基本协同	复合系统基本协同，各子系统内部以及子系统间基本协同，但协同程度不高，整个系统处于由无序向有序的发展阶段
[0.6, 0.8)	良好协同	复合系统良好协同，各子系统内部以及子系统间良好协同，且协同程度较高，整个系统处于良好有序的关键发展阶段
[0.8, 1]	高度协同	复合系统高度协同，各子系统内部以及子系统间彼此协调、高度协同，整个系统处于高度有序的高质量发展阶段

第二节　指标体系构建、数据的采集与处理

一、乡村振兴多元主体协同治理效应评价指标体系构建

（一）指标体系构建

为研究乡村振兴多元主体协同治理综合评价与影响因素，在明确乡村治理多元主体及其协作机理基础上，必须厘清乡村振兴过程中多元主体的协同治理路径，即乡村振兴多元主体协同治理究竟作用于乡村治理中哪些细分领域，又将实现乡村治理中哪些具体目标。因此，在明确乡村治理多元主体及其运作机理的前提下，以乡村治理体系各组成部分作为协同效应评价维度，构建乡村治理协同效应评价指标体系，以进一步对乡村振兴多元主体协同治理效应进行准确评价与科学分析。

乡村治理作为国家治理的关键内容，其内涵丰富，涵盖乡村地区经济、政治、文化、社会以及生态等多方面治理领域。自党的十八届三中全会以来，特别是党的十九届四中全会着重强调国家治理体系和治理能力现代化建设，

提出国家治理涉及政治、经济、文化、社会与生态文明等多个维度的制度安排（新华社，2019），物质文明、政治文明、精神文明、社会文明与生态文明的全方面、实质性提升是实现国家治理体系和治理能力现代化建设的重要前提（新华社，2017）。梳理乡村治理相关文献发现，大多学者也都认同乡村治理体系包括经济、政治、文化、社会以及生态等多维治理体系（陈明，2020；陶珊珊，2020），因此，本书以治理理论与协同理论两大理论体系为基础，结合委托代理理论、博弈论以及结构功能主义等经典理论，借鉴已有的相关乡村治理协同度评价指标体系，遵循合理性与可操作性等指标选取原则，构建包括经济、政治、文化、社会以及生态五大治理维度，共选取15 个序参量、56 个评价指标，共同构建乡村振兴多元主体协同治理效应评价指标体系。

关于评价指标、序参量以及各维度的权重计算，考虑到综合协同系统的运行现状与发展趋势、维度内各序参量间组合与协同形式的多样性与动态性，选用较为常用的熵值法确定本书中的指标权重，具体计算步骤在上述乡村振兴多元主体协同治理效应评价模型构建部分已有详细说明，在此不再赘述。维度、序参量以及评价指标权重结果见表 3 - 2，表内各维度、序参量以及评价指标括号内数值即为其权重赋值，综合权重指的是最小评价等级即评价指标自身权重乘以序参量权重再乘上维度权重，即为该评价指标在整个乡村振兴多元主体协同治理效应评价指标体系内的综合权重。

分析表 3 - 2 可知，维度权重值最高的是经济治理，达到 0.268，其次是社会治理，达到 0.233，表明经济治理与社会治理是乡村振兴多元主体协同治理中较为关键的治理内容；权重值得分最低的是文化治理，仅为 0.150，表明文化治理虽然已经引起重视，但仍有较大的发展空间，政治治理、生态治理权重值分别达到 0.175、0.184。

就维度内各序参量权重分布可知，经济治理 A 维度内，组织协同 A_2 序参量权重值最高，达到 0.465，其次为战略协同 A_1、机制协同 A_3，分别为0.311、0.224，表明战略机制协同情况下，组织实施方面的协同更为重要；政治治理 B 维度内，组织协同 B_2 序参量权重值依旧是最高的，达到 0.474，而战略协同 B_1 略高于机制协同 B_3 权重值 0.032，差距不大；文化治理 C 维度内，机制协同 C_3 权重值最高，达到 0.406，其次为组织协同 C_2、战略协同C_1，权重分布与经济治理 A、政治治理 B 大有不同；社会治理 D 维度内，权重分布依旧与经济治理 A、政治治理 B 相同，最高为组织协同 D_2，其次为

战略协同 D_1 与机制协同 D_3；生态治理 E 维度内，各序参量权重分布相差不多，权重值最高的组织协同 E_2 序参量权重值为 0.348，最低的是战略协同 E_1，达到 0.315，相差 0.033，表明生态治理中无论是战略机制还是组织实施都是十分重要的治理内容，均要制定详细方案、采取具体措施以治理乡村地区生态环境。

　　具体到评价指标综合权重，分析可知综合权重值最高的是"多元主体积极参与经济治理 a_2"，为 0.054，而综合权重值最低的是"社会组织协同企业与村民向政府建言献策，不断完善生态治理方面的政策法规 e_9"，仅为0.005，仅为评价指标 a_2 的 1/11，表明乡村振兴多元主体协同治理效应评价指标体系内，不同维度、不同序参量以及不同评价指标的权重值不同，重要程度也不同，要有的放矢，根据重要程度的高低有计划的实施乡村治理，以实现乡村治理现代化，其他评价指标的综合权重值见表 3-2。

表 3-2　　　　　　　　乡村振兴多元主体协同治理效应评价指标体系

复合系统	子系统	序参量	评价指标	综合权重
乡村振兴多元主体协同治理复合系统	经济治理 A（0.268）	战略协同 A_1（0.311）	多元主体经济治理目标一致、职责清晰 a_1（0.348）	0.029
			多元主体积极参与经济治理 a_2（0.652）	0.054
		组织协同 A_2（0.465）	政府为村民提供资金扶持、帮助就业 a_3（0.152）	0.019
			政府为企业、社会组织提供融资、土地、培训等支持 a_4（0.119）	0.015
			村民积极参与企业、社会组织协同政府开展的职业技能培训与就业帮扶活动 a_5（0.102）	0.013
			村民协同政府、企业与社会组织挖掘乡村发展潜能，积极参与乡村特色产业发展 a_6（0.201）	0.025
			企业与社会组织协同政府积极开展职业技能培训与就业帮扶活动，提供免费经营业务培训，帮助村民就业 a_7（0.169）	0.021
			企业与社会组织协同政府充分利用乡村资源禀赋，发展特色产业，增加村民经济收入并拉动当地经济增长 a_8（0.257）	0.032
		机制协同 A_3（0.224）	经济治理中，多元主体相互信任机制协同 a_9（0.453）	0.027
			经济治理中，多元主体冲突解决机制协同 a_{10}（0.264）	0.016
			经济治理中，多元主体信息共享机制协同 a_{11}（0.283）	0.017

复合系统	子系统	序参量	评价指标	综合权重
乡村振兴多元主体协同治理复合系统	政治治理 B (0.175)	战略协同 B_1 (0.279)	多元主体政治治理目标一致、职责清晰 b_1 (0.426)	0.021
			多元主体积极参与政治治理 b_2 (0.574)	0.028
		组织协同 B_2 (0.474)	乡村振兴多元主体协同治理有利于乡村地区民主法治建设 b_3 (0.159)	0.013
			多元主体协同治理坚持党的领导 b_4 (0.122)	0.010
			政府积极制定并完善相关政策法规，修订村规民约，对企业与社会组织给予一定的政策优惠 b_5 (0.121)	0.010
			政府能有效协调与村民、企业与社会组织间的利益关系和矛盾冲突 b_6 (0.108)	0.009
			村民自觉履行村规民约，能够寻求并采纳政府、企业与社会组织关于农村公共事务的意见 b_7 (0.201)	0.017
			村民对本村的政务村务公开、乡村干部廉洁感到满意 b_8 (0.083)	0.007
			企业与社会组织能够协同政府向村民进行政策宣讲，宣传党的主张、执行党的决定 b_9 (0.114)	0.009
			村民、企业与社会组织的有机融入能够对政府工作起到一定的监督作用 b_{10} (0.092)	0.008
		机制协同 B_3 (0.247)	政治治理中，多元主体相互信任机制协同 b_{11} (0.308)	0.013
			政治治理中，多元主体冲突解决机制协同 b_{12} (0.426)	0.018
			政治治理中，多元主体信息共享机制协同 b_{13} (0.265)	0.011
	文化治理 C (0.150)	战略协同 C_1 (0.218)	多元主体文化治理目标一致、职责清晰 c_1 (0.428)	0.014
			多元主体积极参与文化治理 c_2 (0.572)	0.019
		组织协同 C_2 (0.376)	政府开展宣传教育活动引导村民、企业、社会组织积极参与乡村治理 c_3 (0.130)	0.007
			政府协同企业与社会组织积极开展形式多样的文化建设活动 c_4 (0.201)	0.011
			村民积极参与政府、企业与社会组织开展的文化建设活动 c_5 (0.226)	0.013
			村民对本村乡村两级公共文化服务感到满意 c_6 (0.223)	0.013
			企业与社会组织协同政府为乡村地区文化设施建设与文艺演出等提供资金、场地、技术等支持 c_7 (0.219)	0.012

续表

复合系统	子系统	序参量	评价指标	综合权重
乡村振兴多元主体协同治理复合系统	文化治理 C（0.150）	机制协同 C_3（0.406）	文化治理中，多元主体相互信任机制协同 c_8（0.324）	0.020
			文化治理中，多元主体冲突解决机制协同 c_9（0.313）	0.019
			文化治理中，多元主体信息共享机制协同 c_{10}（0.363）	0.022
	社会治理 D（0.233）	战略协同 D_1（0.325）	多元主体社会治理目标一致、职责清晰 d_1（0.609）	0.046
			多元主体积极参与社会治理 d_2（0.391）	0.030
		组织协同 D_2（0.411）	政府积极制定并完善乡村地区医疗保障、社会养老等保障制度 d_3（0.325）	0.031
			村民积极参保，与亲邻好友互帮互助，协同政府、企业与社会组织共同营造良好的社会氛围 d_4（0.146）	0.014
			企业与社会组织协同政府加强乡村地区交通、供水供电等基础设施建设 d_5（0.251）	0.024
			企业与社会组织协同政府为经济困难家庭提供慈善捐助与生活援助 d_6（0.175）	0.017
			社会组织协同企业与政府向村民提供形式多样的卫生医疗、法律咨询等志愿服务 d_7（0.104）	0.010
		机制协同 D_3（0.264）	社会治理中，多元主体相互信任机制协同 d_8（0.339）	0.021
			社会治理中，多元主体冲突解决机制协同 d_9（0.299）	0.018
			社会治理中，多元主体信息共享机制协同 d_{10}（0.362）	0.022
	生态治理 E（0.184）	战略协同 E_1（0.315）	多元主体生态治理目标一致、职责清晰 e_1（0.562）	0.033
			多元主体积极参与生态治理 e_2（0.438）	0.025
		组织协同 E_2（0.348）	政府为乡村地区生态治理投入大量的资金、技术与政策支持 e_3（0.157）	0.010
			政府在村民、企业与社会组织中广泛开展环境保护教育宣传与政策宣讲活动 e_4（0.182）	0.012
			村民积极响应号召，使用清洁燃料、卫生厕所，自觉保护环境、主动参与生态治理 e_5（0.203）	0.013
			村民协同政府与社会组织监督企业进行环保整改，共同推进生态治理 e_6（0.109）	0.007
			企业协同政府、村民与社会组织推进农业生产清洁化、农村废弃物资源化，以修复并保护生态环境 e_7（0.151）	0.010
			企业与社会组织协同政府向村民宣讲环保政策，普及环保设备与环保措施 e_8（0.112）	0.007

续表

复合系统	子系统	序参量	评价指标	综合权重
乡村振兴多元主体	协同治理复合系统 生态治理E（0.184）	组织协同 E_2（0.348）	社会组织协同企业与村民向政府建言献策，不断完善生态治理方面的政策法规 e_9（0.085）	0.005
		机制协同 E_3（0.337）	生态治理中，多元主体相互信任机制协同 e_{10}（0.312）	0.019
			生态治理中，多元主体冲突解决机制协同 e_{11}（0.394）	0.024
			生态治理中，多元主体信息共享机制协同 e_{12}（0.294）	0.018

（二）指标体系内涵解释

"治理体系"是"治理能力现代化"的基础和保障，"治理能力现代化"是"治理体系"的结果和目标，要想高效实现治理能力现代化战略目标，首要前提是建立健全科学、有效的"治理体系"。

推动宏观经济科学高效治理，既是实现国家治理体系和治理能力现代化的核心要求，也是构建高水平、现代化社会主义市场经济体制的关键环节（穆虹，2020）。党的十九届五中全会从全局性的战略高度，系统安排宏观经济治理体系的建立健全，整体设计宏观经济治理体系的总体框架及其分工层次，突出强调多元治理主体、多样治理手段的协调配合，因此选取经济治理作为乡村振兴多元主体协同治理效应评价指标体系中重要的评价维度之一。战略是实现某种目标而制定的大规模、全方位的长期行动计划，具有全局性、综合性，经济战略是对经济全局发展的统筹谋划，多元主体战略协同是乡村经济协同治理的根本，提出从"多元主体经济治理目标一致、职责清晰 a_1"与"多元主体积极参与经济治理 a_2" 2 个指标以评价乡村地区经济治理战略协同效应。为评价乡村地区经济治理中多元主体参与并组织实施的协同效应，基于各多元主体的身份特征与职能作用，设计"政府为村民提供资金扶持、帮助就业 a_3""政府为企业、社会组织提供融资、土地、培训等支持 a_4""村民积极参与企业、社会组织协同政府开展的职业技能培训与就业帮扶活动 a_5""村民协同政府、企业与社会组织挖掘乡村发展潜能，积极参与乡村特色产业发展 a_6""企业与社会组织协同政府积极开展职业技能培训与就业帮扶活动，提供免费经营业务培训，帮助村民就业 a_7""企业与社会组织协同政府充分利用乡村资源禀赋，发展特色产业，增加村民经济收入并拉动当地经济增长 a_8"等 6 个指标综合评价乡村地区经济治理组织协同效应。在战略引领与组织协同的前提下，还需要机制的创新与协同，主要包括相互信任机制、冲突解决机制、信息共享机制等，集中体现在经济治理中各多元主体沟通效率、冲突解决、信息交流与共享等方面，共设计"经济治理中，多元主体相互信任机制协同 a_9""经济治理中，多元主体冲突解决机制协同 a_{10}""经济治理中，多元主体信息共享机制协同 a_{11}"3 个指标综合评价乡村地区经济治理机制协同效应。

政治治理是乡村治理的核心，政治治理现代化是乡村治理现代化的重中之重，是乡村地区由传统专制转变为现代民主的具体政治目标，既受经济治理现代化的制约，又对经济治理现代化有着影响较大的反作用（杜飞进，2016）。遵循政治发展规律、建立高效协同的政治体制是政治治理现代化的必然要求，是乡村治理现代化的重要方面，因此选取政治治理作为乡村振兴多元主体协同治理效应评价指标体系中关键的评价维度之一。为对乡村振兴多元主体协同治理综合协同系统中各维度内多元主体协同治理效应进行科学评价，人为地减小指标噪声、提高各维度内多元主体协同效应的可比性与其结果的可靠性和科学性，政治治理维度内同样选取战略协同、组织协同与机制协同 3 个序参量进行评价分析。战略协同序参量中，基于不同的治理内容，设计"多元主体政治治理目标一致、职责清晰 b_1"与"多元主体积极参与政治治理 b_2"2 个指标以评价乡村地区政治治理战略协同效应；组织协同序参量内，依据政治治理特定的治理内容、多元主体各自的身份特征，共设计"乡村振兴多元主体协同治理有利于乡村地区民主法治建设 b_3""多元主体协同治理坚持党的领导 b_4""政府积极制定并完善相关政策法规，修订村规民约，对企业与社会组织给予一定的政策优惠 b_5""政府能有效协调与村民、企业与社会组织间的利益关系和矛盾冲突 b_6""村民自觉履行村规民约，能够寻求并采纳政府、企业与社会组织关于农村公共事务的意见 b_7""村民对本村的政务村务公开、乡村干部廉洁感到满意 b_8""企业与社会组织能够协同政府向村民进行政策宣讲，宣传党的主张、执行党的决定 b_9""村民、企业与社会组织的有机融入能够对政府工作起到一定的监督作用 b_{10}"8 个指标分别评价乡村地区政治治理组织协同效应；机制协同中，遵循与经济治理机制协同效应评价指标选取相一致的分析逻辑，设计"政治治理中，多元主体相互信任机制协同 b_{11}""政治治理中，多元主体冲突解决机制协同 b_{12}""政治治理中，多元主体信息共享机制协同 b_{13}"3 个指标综合评价乡村地区政治治理机制协同效应。

　　文化是乡村治理的对象，也是乡村治理的手段与工具，文化治理既包括对文化领域进行治理，又涵盖以文化的方式进行治理，是国家治理体系的重要组成部分，加强乡村文化治理是构建"自治、法治、德治"相结合的乡村治理体系的重要途径（汪倩倩，2020）。加强乡村文化治理，培育良好家风、文明乡风、淳朴民风，是全面建设社会主义现代化强国的核心目标，是推进乡村精神文明高水平建设的具体要求，因此选取文化治理作为乡村振兴多元主体协同治理效应评价指标体系中重要的评价维度之一。文化治理维度内序参量的选择依据与上述经济治理与政治治理中的分析逻辑相一致，同样选取战略协同、组织协同与机制协同 3 个序参量进行评价分析。战略协同序参量中，基于文化治理特有的治理内容，设计"多元主体文化治理目标一致、职责清晰 c_1"与"多元主体积极参与文化治理 c_2"2 个指标以评价乡村地区文化治理战略协同效应；组织协同序参量内，依据文化治理内容的多样性、多元主体各自身份特征的差异性，共设计"政府开展宣传教育活动引导村民、企业、社会组织积极参与乡村治理 c_3""政府协同企业与社会组织积极开展形式多样的文化建设活动 c_4""村民积极参与政府、企业与社会组织开展的文化建设活动 c_5""村民对本村乡村两级公共文化服务感到满意 c_6""企业与社会组织协同政府为乡村地区文化设施建设与文艺演出等提供资金、场地、技术等支持 c_7"5 个指标评价乡村地区文化治理组织协同效应；机制协同中，遵循与上述经济治理、政治治理中机制协同效应评价指标选取相一致的分析逻辑，设计"文化治理中，多元主体相互信任机制协同 c_8""文化治理中，多元主体冲突解决机制协同 c_9""文化治理中，多元主体信息共享机制协同 c_{10}"3 个指标综合评价乡村地区文化治理机制协同效应。

　　社会治理制度是国家治理体系的关键内容，社会治理能力是国家治理能力的重心所在，改革创新乡村社会治理，推进乡村社会治理向系统化、科学化发展，进一步打造全体公民共建共治共享的社会治理格局（张锋，2020）。加强和创新乡村社会治理是适应乡村社会发展的必然要求，是应对乡村现代化转型的现实需要，是社会治理理论和实践的创新发展，因此选取社会治理作为乡村振兴多元主体协同治理效应评价指标体系中重要的评价维度之一。社会治理维度内序参量的选择同样依据上述经济治理、政治治理等维度中的分析逻辑，依然选取战略协同、组织协同与机制协同 3 个序参量进行评价分析。战略协同序参量中，基于社会治理特有的治理内容，设计"多元主体社会治理目标一致、职责清晰 d_1"与"多元主体积极参与社会治理 d_2"2 个指标以评价乡村地区社会治理战略协同效应;组织协同序参量内,依据社会治理内容的多样性、多元主体各自身份特征的差异性,共设计"政府积极制定并完善乡村地区医疗保障、社会养老等保障制度 d_3""村民积极参保,与亲邻好友互帮互助,协同政府、企业与社会组织共同营造良好的社会氛围 d_4""企业与社会组织协同政府加强乡村地区交通、供水供电等基础设施建设 d_5""企业与社会组织协同政府为经济困难家庭提供慈善捐助与生活援助 d_6""社会组织协同企业与政府向村民提供形式多样的卫生医疗、法律咨询等志愿服务 d_7"5 个指标分别评价乡村地区社会治理组织协同效应;机制协同中,遵循与上述经济治理、政治治理等维度中机制协同效应评价指标选取相一致的分析逻辑,设计"社会治理中,多元主体相互信任机制协同 d_8""社会治理中,多元主体冲突解决机制协同 d_9""社会治理中,多元主体信息共享机制协同 d_{10}"3 个指标综合评价乡村地区社会治理机制协同效应。

生态治理关系着人民群众的切身利益,生态治理现代化以生态治理的治理理念、治理体系与治理能力现代化为核心内容,是传统生态治理的创新与超越,是生态治理发展的必然趋势(张利民,2020)。推进乡村生态治理发展,加强乡村生态环境防治与乡村生态修复,是解决生态环境问题和提升生态文明建设水平的根本路径,因此选取生态治理作为乡村振兴多元主体协同治理效应评价指标体系中关键的评价维度之一。生态治理维度内序参量的选择依旧依据上述经济治理、政治治理等维度中的分析逻辑,同样选取战略协同、组织协同与机制协同 3 个序参量进行评价分析。战略协同序参量中,基于生态治理特有的治理内容,设计"多元主体生态治理目标一致、职责清晰 e_1"与"多元主体积极参与生态治理 e_2"2 个指标以评价乡村地区生态治理战略协同效应;组织协同序参量内,依据生态治理内容的多样性、多元主体各自身份特征的差异性,共设计"政府为乡村地区生态治理投入大量的资金、技术与政策支持 e_3""政府在村民、企业与社会组织中广泛开展环境保护教育宣传与政策宣讲活动 e_4""村民积极响应号召,使用清洁燃料、卫生厕所,自觉保护环境、主动参与生态治理 e_5""村民协同政府与社会组织监督企业进行环保整改,共同推进生态治理 e_6""企业协同政府、村民与社会组织推进农业生产清洁化、农村废弃物资源化,以修复并保护生态环境 e_7""企业与社会组织协同政府向村民宣讲环保政策，普及环保设备与环保措施 e_8"社会组织协同企业与村民向政府建言献策，不断完善生态治理方面的政策法规 e_9"7 个指标分别评价乡村地区生态治理组织协同效应；机制协同中，遵循与上述经济治理、政治治理等维度中机制协同效应评价指标选取相一致的分析逻辑，设计"生态治理中，多元主体相互信任机制协同 e_{10}""生态治理中，多元主体冲突解决机制协同 e_{11}""生态治理中，多元主体信息共享机制协同 e_{12}"3 个指标综合评价乡村地区生态治理机制协同效应。

二、数据的采集与处理

（一）数据采集

1. 研究样本说明

作为全国农业大省，安徽省同样也是农村改革的主要发源地。因此，安徽省一直把全省的工作重心放在"三农"问题的解决上，大力弘扬敢为人先、改革创新的大包干精神，在农村改革深化进程中充分发挥示范引领作用。根据农业农村部相关文件，新认定的全国乡村治理示范乡镇、全国乡村治理示范村名单中，全国共有 99 个乡（镇）被评为全国乡村治理示范乡镇，998 个村被评为全国乡村治理示范村，其中安徽省淮北市濉溪县濉溪镇等 5 个乡镇，以及合肥市庐江县石头镇笏山村等 50 个村入围，分别占全国乡村治理示范乡镇总数的 5.051%、全国乡村治理示范村总数的 5.010%。根据《中国统计年鉴 2020》可知，截至 2019 年底，全国共有 38755 个乡镇，安徽省共有 1498 个乡镇，占据全国乡镇数的 3.865%；就年末人口数来看，全国共有 140005 万人，安徽省共有 6366 万人，占据全国人口数的 4.547%；细分到乡村人口数，全国乡村人口数占全国总人口数的 39.400%，安徽省乡村人口数占全省总人口数的 44.188%，明显大于全国农村人口占比。① 综上所述，安徽省乡村人口数较全国平均水平偏多，其乡镇数占全国乡镇总数的 3.865%，但全国乡村治理示范乡镇占比却达到 5.051%，可见安徽省乡村治理难度较大，但仍取得了良好成效，其成功经验值得推广与借鉴，具有较强的代表性。因此，选取安徽省及其所辖的 16 个市为代表，以更好地研究乡村振兴多元主

---

① 参见国家统计局. 中国统计年鉴 2020 [M]. 北京：中国统计出版社，2020.

体协同治理效应，为其他省市乃至全国推进乡村治理实践提供参考。

2. 调查问卷设计

基于指标选取的科学性、合理性以及数据可得性，本书主要采用课题组在安徽省范围内以问卷调查与深度访谈方式获取的微观调研数据。为更具体地区分各多元主体在乡村治理中的不同作用与评价，结合上节所构建的乡村振兴多元主体协同治理效应评价指标体系，以经济、政治、文化、社会、生态5个治理维度为基础，设计兼具合理性与可操作性的调查问卷，分别向政府、村民、企业与社会组织等多元主体发放并收集调查问卷。政府、村民、企业与社会组织等多元主体的调查问卷中，既有相同或相似的题项设置，也有针对不同治理主体所设计的相区别的题项。第一大类问题，即基本情况，每份问卷都包括受访者的一些个人信息与其对乡村治理的基本态度，如受访者的年龄、性别、政治面貌、居住所在地、受教育程度、对乡村治理的了解程度、满意程度及对其发展前景的看法等；就不同治理主体，设计符合其行为特征的题项，如政府问卷中，设计并收集受访者的政治面貌、工作履历、所属单位以及工作年限等基本信息，村民问卷中，更多了解的是村民家庭人口情况、收入来源与收入水平、支出用途与支出水平、对乡村治理的需求与态度等，企业问卷中，设置受访者所在企业的经济类型、行业类型、经济规模、想要参与或已经参与的乡村治理渠道与活动等，社会组织问卷中，更针对其主体特征设计了题项以了解受访者所在社会组织的组织类型、注册身份、成立时间、经济规模、参与乡村治理的主要途径与开展形式等情况。第二大类问题，即与其他主体协同治理情况，细分为自身认知、与其他主体协同治理情况，如政府问卷中，从政府基本认知情况、与村民协同治理情况、与企业协同治理情况、与社会组织协同治理情况等角度进行细分并设计具体题项，其他主体问卷设计逻辑与之相似，不再一一赘述。第三大类问题，即乡村振兴多元主体协同治理效应评价，根据乡村振兴战略规划与实施进展，结合《国家乡村振兴战略规划（2018～2022年）》，划分出乡村振兴实施前（2018年前）、乡村振兴取得重要进展（2018～2020年）、乡村振兴取得重大突破（2021～2022年）3个时间阶段，以动态评价乡村振兴多元主体协同治理效应。

3. 数据采集与描述性统计分析

由于调查范围较广，调查群体较大，结合数据可得性与时效性，主要采取了线上调查的方式发放问卷，于2019年、2020年两年间通过问卷星软件对调查问卷进行发放与扩散，最终共收集 2997 份问卷，经有效性检验并剔除无效问卷后共获得 2941 份（其中合肥市 341 份、芜湖市 284 份、蚌埠市 256 份、淮南市 166 份、马鞍山市 174 份、淮北市 168 份、铜陵市 145 份、安庆市 183 份、黄山市 148 份、滁州市 165 份、阜阳市 179 份、宿州市 136 份、六安市 153 份、亳州市 147 份、池州市 154 份、宣城市 142 份）有效问卷，有效率达到 98.131%，保证了最终获取并分析的调研数据真实性、有效性。为明确受访者的身份，保证其填写符合身份特征的问卷并收集数据，在设计调查问卷时通过问卷星软件技术支持，对受访者身份进行逻辑设置以实现题目跳转，以确保选择不同身份的受访者填写符合其身份特征的问卷，提高问卷有效性。

通过对有效的问卷数据进行样本总体基本特征描述性统计分析，其结果表明在 2941 位受访者中，政府问卷共有 786 份，占总问卷数的 26.726%，村民、企业与社会组织问卷数分别有 1242 份、698 份与 215 份，分别占总问卷数的 42.231%、23.733%、7.310%，一定程度上保证了受访者的身份多样性，进一步保证乡村治理主体多元性，其中，村民问卷占比最高，社会组织问卷占比最低。对样本总体的基本体征进行描述性统计分析可知，受访者以男性为主，占总问卷数的 58.348%；年龄主要集中于 18~60 岁，其中 31~45 岁年龄段占比最高，达到 34.852%；受教育程度普遍中等偏上，初高中学历高达 35.430%，其次为大专与本科、研究生及以上，小学及以下学历水平受访者占比最低，仅为 17.375%；受访者以群众与中共党员为主，占比共计 82.149%。具体到乡村振兴多元主体协同治理基本情况了解与认知，受访者对乡村振兴多元主体协同治理以了解与一般了解为主，占比共计 69.806%，非常了解、不太了解以及没听说过的人数占比相对较少，分别为 11.323%、12.547%、6.324%，表明目前乡村振兴多元主体协同治理已有一定程度的推广与宣传，且普及程度较深，有利于提高各多元主体对乡村治理的了解程度与参与程度；受访者大多认为乡村振兴多元主体协同治理重要或非常重要，人数占比共计 71.710%，对乡村振兴多元主体协同治理效应评价较高，一般及以上评价的人数占据总问卷数的 77.661%，认为其发展前景广阔，是未来发展趋势的人数占比最高，达到 51.853%，可见多元主体普遍认同乡村振兴多元主体协同治理的重要性与必要性并看好其发展前景，主观上有利于提高各多元主体在乡村振兴多元主体协同治理中的积极性并发挥其主体作用，样本总体基本特征描述性统计结果见表 3-3。

表3-3　　　　　　　　　样本总体基本体征描述性统计

指标	选项	人数（人）	占比（%）	指标	选项	人数（人）	占比（%）
身份	政府	786	26.726	受教育程度	小学及以下	511	17.375
	村民	1242	42.231		初中、高中（包括中专、职高、技校等）	1042	35.430
	企业	698	23.733		大专、本科	830	28.222
	社会组织	215	7.310		研究生及以上	558	18.973
性别	男	1716	58.348	政治面貌	中共党员	992	33.730
	女	1225	41.652		共青团员	262	8.909
年龄	18岁以下	39	1.326		民主党派	158	5.372
	18~30岁	896	30.466		无党派人士	105	3.570
	31~45岁	1025	34.852		群众	1424	48.419
	46~60岁	840	28.562	评价乡村振兴多元主体协同治理重要程度	非常重要	1075	36.552
	60岁以上	142	4.828		重要	1034	35.158
对乡村振兴多元主体协同治理了解程度	非常了解	333	11.323		一般	454	15.437
	了解	1220	41.482		不太重要	255	8.671
	一般	833	28.324		没必要	122	4.148
	不太了解	369	12.547	评价乡村振兴多元主体协同治理效应高低	非常高	452	15.369
	没听说过	186	6.324		高	1084	36.858
评价乡村振兴多元主体协同治理发展前景	前景广阔	1525	51.853		一般	748	25.434
	前景一般	1075	36.552		不太高	513	17.443
	前景堪忧	249	8.467		很低	144	4.896
	不关注	92	3.128				

注：样本总量n=2941。

为更好地区分并明确乡村治理多元主体的基本特征、了解与认识乡村治理的基本情况，本书在此分别对政府、村民、企业与社会组织样本总体进行描述性统计，具体分析结果见表3-4至表3-7。

表3-4 政府样本总体基本体征描述性统计

指标	选项	人数（人）	占比（%）	指标	选项	人数（人）	占比（%）
性别	男	536	68.193	受教育程度	小学及以下	146	18.575
	女	250	31.807		初中、高中（包括中专、职高、技校等）	210	26.718
年龄	18岁以下	0	0.000		大专、本科	285	36.260
	18~30岁	169	21.501		研究生及以上	145	18.448
	31~45岁	239	30.407	毕业学校	高中	211	26.845
	46~60岁	313	39.822		普通高校	269	34.224
	60岁以上	65	8.270		各级党校	153	19.466
政治面貌	中共党员	588	74.809		其他	153	19.466
	共青团员	21	2.672	所学专业	经管类	295	37.532
	民主党派	10	1.272		理工科	153	19.466
	无党派人士	7	0.891		其他	338	43.003
	群众	161	20.483	工作履历	基层选拔	374	47.583
所属单位	发改委	177	22.519		下派空降	169	21.501
	人社局	104	13.232		综合任职	143	18.193
	民政局	122	15.522		其他	101	12.850
	经信委	120	15.267	所在职位	县级机关科级以上干部	89	11.323
	农委	82	10.433		县级机关科员	105	13.359
	文化局	50	6.361		乡镇科级以上干部	121	15.394
	环保局	41	5.216		乡镇科员	167	21.247
	交通局	38	4.835		村主干	158	20.102
	教育局	37	4.707		村干部两委成员	97	12.341
	其他	16	2.036		其他	49	6.234

注：政府样本量 n=786。

表 3 - 5　　　　　　　　村民样本总体基本体征描述性统计

指标	选项	人数（人）	占比（%）	指标	选项	人数（人）	占比（%）
年龄	18 岁以下	196	15.781	性别	男	712	57.327
	18~30 岁	440	35.427		女	530	42.673
	31~45 岁	390	31.401	家庭劳动力人口数	0 人	115	9.259
	46~60 岁	164	13.205		1 人	229	18.438
	60 岁以上	52	4.187		2 人	356	28.663
受教育程度	小学及以下	264	21.256		3 人	254	20.451
	初中、高中（包括中专、职高、技校等）	488	39.291		4 人	172	13.849
	大专、本科	353	28.422		4 人以上	116	9.340
	研究生及以上	137	11.031	政治面貌	中共党员	278	22.383
家庭年人均纯收入	0.35 万元以下	32	2.576		共青团员	234	18.841
	0.35 万（含）~0.5 万元	233	18.760		民主党派	128	10.306
	0.5 万（含）~1 万元	521	41.948		无党派人士	111	8.937
	1 万元及以上	457	36.795		群众	490	39.452
主要收入来源	种植业	264	21.256	主要支出用途	衣食保障	537	43.237
	养殖业	293	23.591		文化教育	442	35.588
	务工收入	772	62.158		医疗健康	395	31.804
	资产收益扶贫的分红收入	189	15.217		农业生产	353	28.422
	政府提供的生活保障性资金	132	10.628		其他用途	256	20.612
	其他收入	165	13.285				

注：样本总量 n = 1242。

表 3 - 6   **企业样本总体基本体征描述性统计**

指标	选项	人数（人）	占比（%）	指标	选项	人数（人）	占比（%）
性别	男	414	59.312	受教育程度	小学及以下	0	0.000
	女	284	40.688		初中、高中（包括中专、职高、技校等）	211	30.229
年龄	18 岁以下	0	0.000		大专、本科	344	49.284
	18～30 岁	269	38.539		研究生及以上	143	20.487
	31～45 岁	251	35.960	所在职位	高层管理者	59	8.453
	46～60 岁	145	20.774		中层管理者	178	25.501
	60 岁以上	33	4.728		普通员工	428	61.318
政治面貌	中共党员	269	38.539		其他	32	4.585
	共青团员	79	11.318	经济类型	国有经济	129	18.481
	民主党派	19	2.722		集体经济	81	11.605
	无党派人士	21	3.009		私营经济	150	21.490
	群众	310	44.413		个体经济	185	26.504
行业类型	种植业、养殖业等农业	117	16.762		联营经济	50	7.163
	机械制造等工业	96	13.754		股份制经济	59	8.453
	住宿业、旅游业等服务业	109	15.616		外商投资经济	25	3.582
	农业与服务业融合	148	21.203		其他经济	20	2.865
	工业与服务业融合	85	12.178	经济规模	50 万元及以下	122	17.479
	农业与工业融合	65	9.312		50 万～100 万元	178	25.501
	三产融合	50	7.163		100 万（含）～500 万元	327	46.848
	其他	28	4.011		500 万元及以上	71	10.172

注：样本总量 n = 698。

表 3 - 7　　　　　　　　　社会组织样本总体基本体征描述性统计

指标	选项	人数（人）	占比（%）	指标	选项	人数（人）	占比（%）
性别	男	110	51.163	受教育程度	小学及以下	44	20.465
	女	105	48.837		初中、高中（包括中专、职高、技校等）	62	28.837
年龄	18 岁以下	0	0.000		大专、本科	76	35.349
	18～30 岁	61	28.372		研究生及以上	33	15.349
	31～45 岁	87	40.465	组织类型	农民专业合作社	51	23.721
	46～60 岁	46	21.395		家庭农场	42	19.535
	60 岁以上	21	9.767		村（居）委和社团	78	36.279
政治面貌	中共党员	61	28.372		民办非企业	16	7.442
	共青团员	25	11.628		事业单位	18	8.372
	民主党派	16	7.442		其他	11	5.116
	无党派人士	9	4.186	注册身份	社会团体	67	31.163
	群众	104	48.372		基金会	27	12.558
成立时间	5 年以内	61	28.372		社会服务机构	57	26.512
	5～10 年	91	42.326		尚未注册	20	9.302
	10～15 年	46	21.395		登记备案	25	11.628
	15 年以上	17	7.907		其他	19	8.837
持有社工师等专业资格的人数占比	0	5	2.326	经济规模	2 万元以下	18	8.372
	(0, 1/3]	106	49.302		2 万（含）～5 万元	25	11.628
	(1/3, 1/2]	57	26.512		5 万（含）～10 万元	59	27.442
	(1/2, 2/3]	27	12.558		10 万（含）～20 万元	72	33.488
	(2/3, 1]	21	9.767		20 万元及以上	41	19.070

注：样本总量 n = 215。

由表 3 - 4 可知，在 786 份政府问卷中，68.193% 的受访者为男性，年龄主要集中在 31～60 岁，以 46～60 岁年龄段为主，占比高达 39.822%；政治面貌高度集中于中共党员，占比达到 74.809%，这与政府这一治理主体的职业特征有着一定联系，也能够在一定程度上发挥并体现出中共党员在积极参与乡村治理过程中的先锋模范带头作用。就受访者教育经历与任职履历情况来看，受访者受教育程度主要集中在初高中、大专与本科教育阶段，占比共计62.978%，研究生及以上高学历的受访者占比为 18.448%，且主要集中在年龄介于 18～45 岁的受访者中，表明政府官员受教育程度普遍偏高，能够更好地履行职责、发挥作用以有效推动乡村治理，而小学及以下学历水平的人数占比达到 18.575%，主要分布在年龄在 46 岁以上的受访者中，表明受访者受教育程度与其适学年龄阶段的生活水平与教育水平有着密切联系，间接表明了提升乡村地区教育水平、加快乡村治理的重要性与迫切性；受访者毕业学校以普通高校为主，其次为高中、各级党校，所学专业以经管类为主，其他选项占比高达 43.003%，主要受小学及以下、初高中等学历受访者影响，与上述受教育程度的描述性统计分析结果一致；受访者大多从基层选拔，占比高达 47.583%，来源于各个政府单位，以发改委、民政局、经信局为主，所在职位以乡镇科员与村主干为主，其工作履历、工作性质与职责范围更贴近乡村治理，更有利于获取较为准确、有效的乡村振兴多元主体协同治理评价微观调研数据。

依据表 3-5 可知，在 1242 份村民问卷中，受访者以男性为主，与样本总体分布结果基本保持一致；年龄主要集中在 18～45 岁，60 岁以上人数占比仅为 4.187%，这与其接受新事物能力不足有关；受教育程度集中分布在初高中学历阶段，高达 39.291%，整体受教育程度略低于政府官员，且政治面貌多以群众为主，高达 39.452%。由表 3-5 可知，村民家庭劳动力人口数主要以 2 人为主，占比达到 28.663%，家庭无劳动力的受访者占比为 9.259%，其经济水平与生活水平相对较低，是乡村治理中经济治理与社会治理的重点对象；村民家庭年人均纯收入主要集中在 0.5 万元及以上，占比高达 78.743%，年人均纯收入低于 0.35 万元的受访者占比仅为 2.576%，进一步说明我国精准扶贫工作取得显著成效，巩固拓展脱贫攻坚成果、推进其与乡村振兴有效衔接显得更加必要；分析村民主要收支情况发现，主要收入来源以务工收入为主，占比高达 62.158%，其次为养殖业与种植业等传统农业，以资产收益扶贫的分红收入与政府提供的生活保障性资金为主要收入来源的人数占比分别为 15.217%、10.628%，主要支出用途中占比最高的是衣食保障，其次为文化教育、医疗健康与农业生产，表明乡村地区义务教育、医疗保障水平逐步提高，相关花费占比持续减少，乡村地区关于教育、医疗等方面的进一步综合治理显得尤为重要。需要说明的是，主要收入来源与主要支出用途相对广泛，问卷中设置为多选题，答案不唯一，因此这两类指标的各选项占比加总超过 1。

由表 3-6 可知，在 698 份企业问卷中，受访者以男性为主，占比为 59.312%，与样本总体分布结果基本一致；年龄主要集中在 18～45 岁，政治面貌以中共党员与群众为主；受访者以企业普通员工居多，其次为中层管理者与高层管理者，能够更好地收集到处于不同职位上的受访者针对乡村治理的不同眼界与态度；受教育程度以大专与本科为主，占比高达49.284%，小学及以下学历水平人数为0，整体受教育程度略高于政府，明显高于村民。针对受访者所在企业进行统计分析发现，受访者所在企业行业类型丰富广泛，第一产业、第二产业、第三产业以及产业融合行业均有涉及，其中农业与服务业即第一产业与第三产业相融合的企业占比最高，为21.203%，除其他选项外，第一、第二、第三产业相融合的企业占比最低，只有7.163%，表明受访企业通过技术进步与改革创新已经实现一定程度上的产业融合，但融合程度还有待进一步提升，以便更好、更有效地参与乡村治理；经济类型以国有经济、私营经济、个体经济为主，经济规模主要集中在100万（含）~500万元，占比高达46.848%，表明受访企业经济类型广泛丰富，且经济规模较大的企业，更具有实力与机会参与乡村治理。

由表3－7可知，在215份社会组织调查问卷中，受访者男女比例相当，各约占50%，年龄高度集中在31~45岁，政治面貌以群众为主、中共党员次之，受教育程度普遍集中在大专与本科，整体分布与样本总体基本一致。分析发现，社会组织成立时间广泛集中在10年以内，其中成立5~10年的发展型社会组织数占比最高，达到42.326%，与刚刚起步的成立时间在5年以内的社会组织相比，其发展相对稳定、成熟，与成立已有10年甚至10年以上的成熟型社会组织相比，其拥有更多的发展潜力与发展活力，其发展需求与乡村治理高度契合；受访的社会组织以村（居）委和社团、农民专业合作社以及家庭农场为主，注册身份以社会团体与社会服务机构居多，更贴近乡村治理，调查数据更具有代表性；持有社工师等专业资格的人数占比介于0~1/3内居多，占社会组织总体问卷数的49.302%，既在一定程度上保证了社会组织的专业性，又能够为其增添发展活力，以更积极地参与乡村治理；相较于企业，社会组织的经济规模普遍偏小，经济规模占比最高的是10万~20万元，占比达到33.488%，其次为5万（含）~10万元以及20万元及以上，这与受访社会组织的组织类型多以资金规模较小的农民专业合作社与家庭农场为主有着一定联系，也受大多数社会组织非营利的组织性质与服务社会等组织目标的影响，可见社会组织在乡村治理中与政府、村民特别是企业相互协同的必要性与迫切性。

（二）数据处理

基于理论分析和模型构建，结合乡村振兴多元主体协同治理实际，共选取经济、政治、文化、社会与生态五大治理维度，设计包含15个序参量、56个评价指标的李克特五级量表，构建乡村振兴多元主体协同治理效应评价指标体系，一方面满足模型构建与协同效应评价中对受访者判断与态度等主观问题的测度需要，另一方面有利于结合相应的定性分析进一步展开一定的定量研究，使得研究结果更加丰富、科学。在调查问卷中，受访者根据主观感受与自主判断对各个题项按照同意程度在1~5中选择整数进行回答，"5"代表"完全同意"，"3"代表"不确定"，"1"代表"完全不同意"，"2"与"4"则代表一定程度上的不同意或同意。

由于调查对象范围较广，涉及政府、村民、企业与社会组织等多元主体，且评价指标中多为综合性评价指标，不仅包括多元主体对其自身的行为判断与主观感受，而且涵盖各多元主体对其他主体参与乡村治理的主观态度与满意程度，因此需要对不同主体问卷中相同或相似题项进行复合处理并得到最终的协同效应评价指标数值，以评判乡村振兴多元主体协同治理效应。

等权重法是重要的权重计算方法之一，其核心观点认为各组成要素对研究总体同等重要，应用到本书评价指标数值的处理问题中，一方面，从政府、村民、企业与社会组织等多元主体的职能特征来看，不宜区分各多元主体的重要程度，政府、村民、企业与社会组织等多元主体都是乡村治理过程中重要的治理主体；另一方面，目前还没有一套统一、客观且被广泛接受并使用的乡村振兴多元主体协同治理效应评价指标体系，很难评价政府、村民、企业与社会组织等多元主体在乡村治理中重要作用的差异程度。

综合上述分析，本书选用等权重法综合计算不同主体问卷中相同或相似题项的量表数值，得到一个综合数值以代表评价指标的评价数值，如政府问卷中关于经济治理参与情况的题项中，受访者对"您认为当地政府积极参与乡村经济治理"这一题项的态度是同意，按李克特五级量表法赋值为4，在村民、企业与社会组织等主体问卷中，该类主体受访者对"您认为当地政府积极参与乡村经济治理"这一题项的态度是非常同意、同意、一般，按李克特五级量表法分别赋值为5、4、3，那么按照等权重法进行加权平均计算可得政府积极参与乡村经济治理的评价数值为4，同样可得村民、企业与社会组织积极参与乡村经济治理的评价指标，再一次选用等权重法对各多元主体积极参与乡村经济治理的评价指标进行加权平均，最终计算得到的综合数值即为"多元主体积极参与经济治理 a_2"这一评价指标的测度数值，其他评价指标的定量计算方法与之一致，不再赘述，各评价指标描述性统计结果见表3-8。

表 3 - 8　　　　　乡村振兴多元主体协同治理评价指标描述性统计

复合系统	子系统	序参量	评价指标	均值	综合权重
乡村振兴多元主体协同治理复合系统	经济治理 A	战略协同 A_1	多元主体经济治理目标一致、职责清晰 a_1	3.931	1.021
			多元主体积极参与经济治理 a_2	3.582	1.134
		组织协同 A_2	政府为村民提供资金扶持、帮助就业 a_3	4.022	0.928
			政府为企业、社会组织提供融资、土地、培训等支持 a_4	3.909	0.916
			村民积极参与企业、社会组织协同政府开展的职业技能培训与就业帮扶活动 a_5	4.123	1.293
			村民协同政府、企业与社会组织挖掘乡村发展潜能，积极参与乡村特色产业发展 a_6	4.206	1.301
			企业与社会组织协同政府积极开展职业技能培训与就业帮扶活动，提供免费经营业务培训，帮助村民就业 a_7	3.727	1.524
			企业与社会组织协同政府充分利用乡村资源禀赋，发展特色产业，增加村民经济收入并拉动当地经济增长 a_8	4.005	1.625
		机制协同 A_3	经济治理中，多元主体相互信任机制协同 a_9	3.724	2.012
			经济治理中，多元主体冲突解决机制协同 a_{10}	3.628	1.931
			经济治理中，多元主体信息共享机制协同 a_{11}	3.042	1.614
	政治治理 B	战略协同 B_1	多元主体政治治理目标一致、职责清晰 b_1	4.075	0.929
			多元主体积极参与政治治理 b_2	3.925	1.015
		组织协同 B_2	乡村振兴多元主体协同治理有利于乡村地区民主法治建设 b_3	3.874	1.041
			多元主体协同治理坚持党的领导 b_4	4.158	0.929
			政府积极制定并完善相关政策法规，修订村规民约，对企业与社会组织给予一定的政策优惠 b_5	4.281	0.832
			政府能有效协调与村民、企业与社会组织间的利益关系和矛盾冲突 b_6	4.022	0.825
			村民自觉履行村规民约，能够寻求并采纳政府、企业与社会组织关于农村公共事务的意见 b_7	3.211	1.392
			村民对本村的政务村务公开、乡村干部廉洁感到满意 b_8	3.452	1.521

复合系统	子系统	序参量	评价指标	均值	综合权重
乡村振兴多元主体协同治理复合系统	政治治理B	组织协同 B_2	企业与社会组织能够协同政府向村民进行政策宣讲，宣传党的主张、执行党的决定 b_9	3.025	1.627
			村民、企业与社会组织的有机融入能够对政府工作起到一定的监督作用 b_{10}	2.943	1.636
		机制协同 B_3	政治治理中，多元主体相互信任机制协同 b_{11}	3.183	1.213
			政治治理中，多元主体冲突解决机制协同 b_{12}	3.329	1.422
			政治治理中，多元主体信息共享机制协同 b_{13}	3.021	1.121
	文化治理C	战略协同 C_1	多元主体文化治理目标一致、职责清晰 c_1	3.950	1.021
			多元主体积极参与文化治理 c_2	2.931	1.224
		组织协同 C_2	政府开展宣传教育活动引导村民、企业、社会组织积极参与乡村治理 c_3	3.281	0.729
			政府协同企业与社会组织积极开展形式多样的文化建设活动 c_4	3.294	0.912
			村民积极参与政府、企业与社会组织开展的文化建设活动 c_5	3.188	0.721
			村民对本村乡村两级公共文化服务感到满意 c_6	3.827	0.743
			企业与社会组织协同政府为乡村地区文化设施建设与文艺演出等提供资金、场地、技术等支持 c_7	3.018	0.924
		机制协同 C_3	文化治理中，多元主体相互信任机制协同 c_8	3.175	0.915
			文化治理中，多元主体冲突解决机制协同 c_9	3.273	0.934
			文化治理中，多元主体信息共享机制协同 c_{10}	3.362	0.843
	社会治理D	战略协同 D_1	多元主体社会治理目标一致、职责清晰 d_1	4.082	0.832
			多元主体积极参与社会治理 d_2	4.360	0.789
		组织协同 D_2	政府积极制定并完善乡村地区医疗保障、社会养老等保障制度 d_3	4.219	1.032
			村民积极参保，与亲邻好友互帮互助，协同政府、企业与社会组织共同营造良好的社会氛围 d_4	3.992	1.384
			企业与社会组织协同政府加强乡村地区交通、供水供电等基础设施建设 d_5	3.629	1.521

续表

复合系统	子系统	序参量	评价指标	均值	综合权重
乡村振兴多元主体协同治理复合系统	社会治理 D	组织协同 D_2	企业与社会组织协同政府为经济困难家庭提供慈善捐助与生活援助 d_6	3.482	1.482
			社会组织协同企业与政府向村民提供形式多样的卫生医疗、法律咨询等志愿服务 d_7	2.958	1.392
		机制协同 D_3	社会治理中，多元主体相互信任机制协同 d_8	3.248	1.031
			社会治理中，多元主体冲突解决机制协同 d_9	3.042	1.133
			社会治理中，多元主体信息共享机制协同 d_{10}	3.521	1.142
	生态治理 E	战略协同 E_1	多元主体生态治理目标一致、职责清晰 e_1	3.925	1.021
			多元主体积极参与生态治理 e_2	4.183	1.143
		组织协同 E_2	政府为乡村地区生态治理投入大量的资金、技术与政策支持 e_3	4.091	0.924
			政府在村民、企业与社会组织中广泛开展环境保护教育宣传与政策宣讲活动 e_4	3.827	0.892
			村民积极响应号召，使用清洁燃料、卫生厕所，自觉保护环境、主动参与生态治理 e_5	3.271	0.884
			村民协同政府与社会组织监督企业进行环保整改，共同推进生态治理 e_6	2.879	1.342
			企业协同政府、村民与社会组织推进农业生产清洁化、农村废弃物资源化，以修复并保护生态环境 e_7	3.011	1.245
			企业与社会组织协同政府向村民宣讲环保政策，普及环保设备与环保措施 e_8	3.528	1.328
			社会组织协同企业与村民向政府建言献策，不断完善生态治理方面的政策法规 e_9	2.914	1.326
		机制协同 E_3	生态治理中，多元主体相互信任机制协同 e_{10}	3.109	1.219
			生态治理中，多元主体冲突解决机制协同 e_{11}	3.211	1.121
			生态治理中，多元主体信息共享机制协同 e_{12}	3.042	1.118

注：样本总量 n = 2941。

第三节 维度有序度评价分析

一、乡村振兴多元主体协同治理效应维度有序度评价分析

根据上述构建的乡村振兴多元主体协同治理效应评价指标体系，按照模型构建部分介绍的协同效应评价方法，对安徽省及其16个地级市关于经济治理、政治治理、文化治理、社会治理以及生态治理五大治理维度进行有序度测度与评价，具体评价结果见表3-9。

表3-9 乡村振兴多元主体协同治理维度有序度评价

地区	经济治理	政治治理	文化治理	社会治理	生态治理
合肥市	0.902	0.783	0.711	0.921	0.724
芜湖市	0.856	0.635	0.583	0.832	0.756
蚌埠市	0.845	0.793	0.548	0.696	0.653
淮南市	0.639	0.736	0.653	0.582	0.575
马鞍山市	0.756	0.621	0.624	0.655	0.546
淮北市	0.635	0.672	0.712	0.682	0.582
铜陵市	0.641	0.585	0.633	0.724	0.573
安庆市	0.595	0.821	0.715	0.639	0.711
黄山市	0.522	0.703	0.801	0.597	0.805
滁州市	0.538	0.522	0.712	0.632	0.543
阜阳市	0.704	0.484	0.643	0.616	0.632
宿州市	0.636	0.519	0.618	0.628	0.601
六安市	0.591	0.792	0.532	0.643	0.544
亳州市	0.605	0.528	0.515	0.584	0.625
池州市	0.632	0.627	0.602	0.611	0.702
宣城市	0.585	0.525	0.564	0.614	0.536
安徽省	0.668	0.647	0.635	0.666	0.632

（一）经济治理维度有序度

由表 3 – 9 可知，安徽省经济治理维度有序度整体水平较高，平均值达到 0.668，是 5 个维度有序度中最高的，进而表明安徽省乡村振兴多元主体协同治理经济治理有序度较高，政府加快制定经济发展方面的政策法规，企业与社会组织积极参与乡村地区经济治理，村民也能够主动参与并积极融入乡村地区经济治理。具体到各地级市经济治理维度有序度，比较分析结果表明合肥市最高，有序度为 0.902，这与其作为省会城市的资源禀赋丰富、政策实施行动力强等有着直接关系；其次为芜湖市与蚌埠市，分别为 0.856、0.845，与合肥市差距较小，与其多年来拥有并不断增强的较为雄厚的经济基础有关；黄山市最低，仅为 0.522，与合肥市相差 0.380，差值占据黄山市的 72.797%，差距较大，可能受其复杂的地形地貌、较单一的经济来源等影响。

（二）政治治理维度有序度

根据表 3 – 9 评价结果可知，安徽省政治治理维度有序度整体水平中等偏上，平均值达到 0.647，在 5 个维度中处于中间地位，表征安徽省乡村振兴多元主体协同治理政治治理有序程度一般，政府、村民、企业与社会组织等多元主体已经注意到乡村地区政治治理的重要性，开展并取得了一定程度的乡村地区政治治理成效。具体到各地级市政治治理维度有序度，比较分析结果表明安庆市最高，有序度达到 0.821；阜阳市最低，仅为 0.484，与安庆市相差 0.337，差值占据阜阳市的 69.628%，差距较大；有序度仅次于安庆市的是蚌埠市、六安市，分别为 0.793、0.792；合肥市位列第四，有序度达到 0.783，与安庆市相差 0.038，在 16 个地级市中处于上游地位。

（三）文化治理维度有序度

对表 3 – 9 分析可知，安徽省文化治理维度有序度整体水平一般，处于中等偏下水平，平均值为 0.635，仅略高于生态治理维度有序度，表明安徽省乡村振兴多元主体协同治理文化治理有序程度仅为一般水平，相较于安徽省丰富的文化资源，乡村地区文化治理仍有很大的发展空间。具体到安徽省 16 个地级市文化治理维度有序度，比较分析结果表明黄山市最高，高达 0.801，这与其丰富的自然资源、深厚的文化底蕴有着很大关联；亳州市最低，仅为 0.515，与黄山市相差 0.286，差值占据亳州市的 55.534%。相对于经济治理与政治治理而言，各地级市间差距较小，可能是因为文化底蕴相对深厚的地级市尚未形成乡村文化多元主体有序治理的有效格局，而文化底蕴相对薄弱或是文化资源相对稀缺的地级市未将乡村治理重心放在文化治理上，最终导致安徽省乡村地区文化治理整体上有序度不高，各地级市间差距较小。

（四）社会治理维度有序度

依据上述分析逻辑展开研究，安徽省社会治理维度有序度总体上较高，平均值达到0.666，略低于经济治理维度，表明安徽省乡村振兴多元主体协同治理社会治理有序度较高，政府、村民、企业与社会组织等多元主体能够积极并有序参与基础设施、社会福利等方面的社会治理。具体到安徽省16个地级市社会治理维度有序度的分析，对比发现合肥市最高，高达0.921，甚至高于合肥市经济治理维度有序度，再次证明合肥市作为省会城市对乡村地区社会治理的高度重视与有效实施，与有效的经济治理协同为政治治理、文化治理以及生态治理奠定坚实基础；其次为芜湖市、铜陵市，有序度分别为0.832、0.724，均明显高于安徽省平均值；淮南市社会治理维度有序度最低，仅为0.582，与合肥市相差0.339，差值占据淮南市的58.247%，差距较大。

（五）生态治理维度有序度

由表3-9可知，安徽省生态治理维度有序度整体水平较低，平均值仅为0.632，是5个维度有序度中得分最低的，表征安徽省乡村振兴多元主体协同治理生态治理有序度不高，乡村地区生态治理可能已经引起政府、村民、企业与社会组织等多元主体的重视并已经实施了一些必要措施，但尚未形成多元主体有序参与乡村地区生态治理的良好治理格局，相比较而言，乡村地区生态治理是安徽省乡村振兴多元主体协同治理的突出短板，需要引起各多元主体的高度重视。具体到安徽省各地级市生态治理维度有序度，对比分析发现黄山市最高，达到0.805，这与黄山市自然资源丰富、生态保护得当等坚实的生态基础有关，同时发现黄山市还是文化治理维度有序度最高、但经济治理维度有序度最低的地级市，表明黄山市虽然能够有序开展文化治理与生态治理，但尚未能够将丰富的文化资源与坚实的生态基础转化为经济资源，经济治理尚未形成有序治理格局；宣城市最低，有序度为0.536，与黄山市相差0.269，差值占据宣城市的50.187%，与其他维度有序度相比，各地级市间差距相对较小。

二、乡村振兴多元主体协同治理维度有序度评价时间序列分析

为进一步深入了解乡村振兴多元主体协同治理维度有序度评价的动态变化，依据乡村振兴战略规划与实施进展，结合《国家乡村振兴战略规划（2018～2022年）》，划分出乡村振兴实施前（2018年前）、乡村振兴取得重要进展（2018～2020年）、乡村振兴取得重大突破（2021～2022年）3个时间段，进行乡村振兴多元主体协同治理维度有序度评价时间序列分析，具体分析结果如图3-1至图3-5所示。

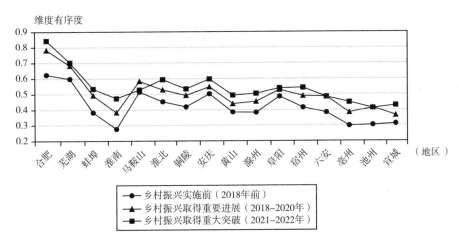

图3-1 乡村振兴多元主体协同治理经济治理维度有序度时间序列分析

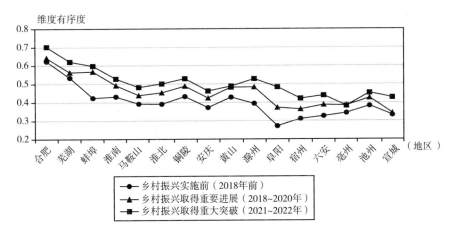

图3-2 乡村振兴多元主体协同治理政治治理维度有序度时间序列分析

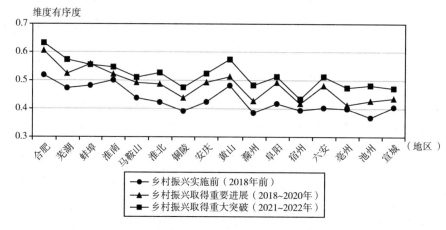

图 3-3　乡村振兴多元主体协同治理文化治理维度有序度时间序列分析

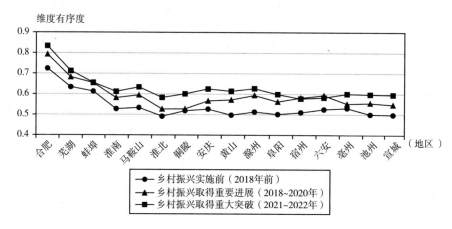

图 3-4　乡村振兴多元主体协同治理社会治理维度有序度时间序列分析

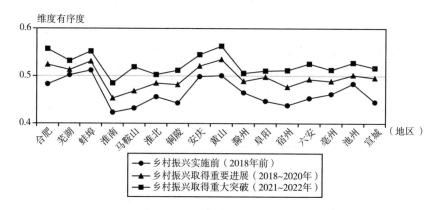

图 3-5　乡村振兴多元主体协同治理生态治理维度有序度时间序列分析

（一）经济治理维度有序度

为更加清晰地对乡村振兴多元主体协同治理维度有序度进行时间序列分析，突出乡村振兴多元主体协同治理经济治理维度有序度的动态发展趋势，采取折线图的形式呈现16个地级市3个时间段的经济治理维度有序度动态变化趋势，具体分析结果如图3-1所示。

分析图3-1可知，安徽省乡村振兴多元主体协同治理经济治理维度有序度逐年提高，但各地级市间差距明显，有序度分布在0.2~0.9。随着乡村振兴规划的深入实施，安徽省乡村振兴多元主体协同治理经济治理维度有序度明显提升，特别是乡村振兴取得重要进展（2018~2020年）阶段，相较于乡村振兴实施前（2018年前）阶段提升最为明显，进而表明乡村振兴战略的正确性与重要性；乡村振兴取得重大突破（2021~2022年）阶段的经济治理维度有序度最高，进而表明乡村振兴战略前景光明、受到多元主体的充分信任。具体到各地级市经济治理维度有序度的时间序列分析，乡村振兴战略实施的每个重要阶段，作为省会城市的合肥市经济治理维度有序度均为最高，与上述截面数据分析结果基本一致；值得注意的是，马鞍山市在乡村振兴取得重大突破（2021~2022年）阶段的经济治理维度有序度低于乡村振兴取得重要进展（2018~2020年）阶段，需要引起高度重视；池州市与宣城市经济治理维度有序度相对较低，但仍呈现逐年提升的良好发展态势，具有较大的发展潜力。

（二）政治治理维度有序度

为明晰乡村振兴多元主体协同治理政治治理维度有序度的时间序列分析结果，同样采取折线图形式呈现16个地级市3个时间段的政治治理维度有序度变化趋势，具体分析结果如图3-2所示。

分析图3-2可知，安徽省乡村振兴多元主体协同治理政治治理维度有序度整体上呈现逐年提升的良好发展态势，且地级市间差距相对较小，有序度分布在0.2~0.8。随着乡村振兴规划的广泛实施与进一步深入，安徽省乡村振兴多元主体协同治理政治治理维度有序度逐年提升，特别是乡村振兴取得重要进展（2018~2020年）阶段，提升幅度较明显；乡村振兴取得重大突破（2021~2022年）阶段的政治治理维度有序度最高，这与经济治理维度有序度时间序列分析结果一致。具体到各地级市的政治治理维度有序度时间序列分析，乡村振兴战略实施的每个关键发展阶段，合肥市政治治理维度有序度均为最高，这与上述截面数据分析结果一致；阜阳市提升速度最快，乡村振兴实施前（2018年前）阶段是16个地级市中政治治理维度有序度最低的，经过乡村振兴战略的有效实施，排名逐渐上升至第9名，这与阜阳市高度重视并采取有力措施加快补足乡村治理进程中的突出短板有关；亳州市、池州市与宣城市政治治理维度有序度相对较低，但仍呈现逐年提升的良好发展态势。

（三）文化治理维度有序度

为明晰乡村振兴多元主体协同治理文化治理维度有序度的时间序列分析结果，依旧采取折线图形式呈现16个地级市3个时间段的文化治理维度有序度变化趋势，具体分析结果如图3-3所示。

分析图3-3可知，安徽省乡村振兴多元主体协同治理文化治理维度有序度同样呈现逐年提升的良好发展态势，且提升速度较稳定，是5个维度中有序度提升速度最为稳定的，各地级市间差距相对较小，有序度分布在0.3~0.7。安徽省乡村振兴多元主体协同治理文化治理维度有序度逐年提升，且提升速度较稳定，进而证明乡村地区文化治理不是一蹴而就的，也不能急于求成，需要持续性投入时间与精力对乡村地区文化资源进行科学治理。具体到各地级市的文化治理维度有序度时间序列分析，乡村振兴战略实施的每个阶段，合肥市文化治理维度有序度均为最高，与前3个维度分析结果略有不同，合肥市增长速度略显缓慢，且与其他地级市的差距相对较小；黄山市、安庆市文化治理维度有序度相对较高，仅次于合肥市，这与黄山市的西递和宏村、安庆市的黄梅戏等丰富的自然资源与文化资源密切相关；池州市文化治理维度有序度提升相对明显，乡村振兴实施前（2018年前）阶段位列安徽省末位，经过不断的改革与治理，利用自身特有的文化资源，乡村振兴取得重大突破（2021~2022年）阶段排名上升至全省第12名，提升明显；宿州市文化治理维度有序度同样呈现逐年提升的良好发展态势，但提升速度较为缓慢。

（四）社会治理维度有序度

为明晰乡村振兴多元主体协同治理社会治理维度有序度时间序列分析结果，采取折线图形式呈现16个地级市3个时间段的社会治理维度有序度变化趋势，具体分析结果如图 3 - 4 所示。

分析图 3 - 4 可知，安徽省乡村振兴多元主体协同治理社会治理维度有序度相对较高，是 5 个维度中有序度最高的，且逐年提升，各地级市间差距相对较小，有序度分布在 0.4 ~ 0.9。与经济治理和政治治理不同，安徽省乡村振兴多元主体协同治理社会治理维度有序度在乡村振兴取得重要进展（2018 ~ 2020 年）阶段提升较明显，这与乡村振兴战略着重强调社会民生，并且受到多元主体的充分信任与积极参与有关；乡村振兴实施前（2018 年前）阶段，社会治理维度有序度相对最低，可能是因为乡村振兴战略尚未实施；乡村振兴取得重大突破（2021 ~ 2022 年）阶段提升较缓慢，可能受到乡村振兴战略实施与推进过程中遇到的发展瓶颈与发展困境有关。具体到各地级市的社会治理维度有序度时间序列分析，乡村振兴战略实施的每个阶段，与经济治理和政治治理维度有序度时间序列分析结果一致，合肥市社会治理维度有序度均为最高；淮北市在乡村振兴实施前（2018 年前）与乡村振兴取得重要进展（2018 ~ 2020 年）两个阶段，社会治理维度有序度排名靠后，随着乡村振兴战略的不断深入，其社会治理取得重大突破与决定性进展，在乡村振兴取得重大突破（2021 ~ 2022 年）阶段前进 2 名；宿州市乡村振兴多元主体社会治理维度有序度先上升后略有下降，在乡村振兴取得重大突破（2021 ~ 2022 年）阶段居全省末位。

（五）生态治理维度有序度

为明晰乡村振兴多元主体协同治理生态治理维度有序度时间序列分析结果，采取折线图形式呈现 16 个地级市 3 个时间段的生态治理维度有序度变化趋势，具体分析结果如图 3 - 5 所示。

分析图 3 - 5 可知，安徽省乡村振兴多元主体协同治理生态治理维度有序度同样呈现逐年提升的良好发展态势，各地级市间差距相对较小，有序度分布在 0.4 ~ 0.6，是 5 个维度中差距最小的。安徽省乡村振兴多元主体协同治理生态治理维度有序度逐年提升，且提升速度较稳定，从乡村振兴实施前（2018 年前）阶段到乡村振兴取得重大突破（2021 ~ 2022 年）阶段，生态治理维度有序度都有稳定提升，表明安徽省积极响应中央号召，越来越重视生态治理，正在有计划地稳步提升安徽省乡村地区生态文明水平。具体到各地级市的生态治理维度有序度时间序列分析，与经济治理、政治治理和社会治理等维度有序度时间序列分析结果不同，乡村振兴战略实施的每个阶段，合肥市生态治理维度有序度不再是全省最高，从乡村振兴实施前（2018 年前）阶段在省内排名第六，逐渐提升，在乡村振兴取得重大突破（2021～2022年）阶段，排名已上升至全省第二，侧面证明合肥市已经开始高度重视乡村地区的生态治理问题，并开始实施有力的政策法规稳步提升其生态治理水平；关注各阶段排名靠前的地级市，蚌埠市在乡村振兴实施前（2018 年前）阶段排名第一，乡村振兴取得重要进展（2018～2020 年）阶段与乡村振兴取得重大突破（2021～2022 年）阶段生态治理维度有序度最高的是黄山市，表明生态治理维度与其他维度略有不同，各地级市自身的生态治理基础差异性较小，投入更多的财力、物力与人力，实施更有效的治理举措，才能使得生态治理维度有序度明显提升；淮南市生态治理维度有序度整体水平较低，基本上 3个阶段均处于安徽省末位，但仍呈现逐年提升的良好发展态势。

第四节　综合协同效应评价分析

一、乡村振兴多元主体协同治理综合协同效应评价分析

依据上述各维度有序度评价分析结果，结合协同效应评价指标体系与评价方法，对安徽省及其 16 个地级市关于乡村振兴多元主体协同治理综合协同有序度、综合协同匹配度及综合协同效应进行单独测算与综合评价，具体评价结果如表 3－10 所示。

表 3－10　　　　乡村振兴多元主体协同治理综合协同效应评价

地区	综合协同有序度	综合协同匹配度	综合协同度	排名
合肥市	0.833	0.912	0.760	1
芜湖市	0.761	0.862	0.656	2
蚌埠市	0.730	0.853	0.622	3
淮南市	0.639	0.813	0.520	6
马鞍山市	0.658	0.871	0.573	4
淮北市	0.661	0.783	0.517	7
铜陵市	0.643	0.821	0.528	5
安庆市	0.690	0.683	0.471	11

续表

地区	综合协同有序度	综合协同匹配度	综合协同度	排名
黄山市	0.670	0.758	0.508	8
滁州市	0.590	0.802	0.473	10
阜阳市	0.630	0.692	0.436	12
宿州市	0.611	0.709	0.433	13
六安市	0.627	0.764	0.479	9
亳州市	0.583	0.726	0.423	14
池州市	0.641	0.623	0.399	15
宣城市	0.575	0.682	0.392	16
安徽省	0.659	0.772	0.509	-

由表 3 - 10 可知，安徽省乡村振兴多元主体协同治理效应整体水平一般，各地级市间差距较大。第一，分析安徽省乡村振兴多元主体协同治理综合协同有序度，整体发展呈有序态势，平均值为 0.659，与各维度有序度相比，处于中等有序发展状态。其中，合肥市综合协同有序度最高，为 0.833，高于平均值 0.174；其次为芜湖市、蚌埠市，综合协同有序度分别为 0.761、0.730；宣城市最低，仅为 0.575，与合肥市相差 0.258，差值约占宣城市的 44.870%，略低于平均值，相差 0.084，差距相对较小。第二，分析乡村振兴多元主体协同治理综合协同匹配度，安徽省整体水平较高，平均值达到 0.772，表明综合协同整体匹配度较高，进而说明安徽省乡村振兴多元主体协同治理各维度有序度差异性较小，分布较为集聚，有利于多元主体协同治理。其中，合肥市综合协同匹配度最高，高达 0.912，这与合肥市经济治理、社会治理维度有序度位居安徽省各地级市之首，同时政治治理、文化治理以及生态治理维度有序度也位居前列有着密切联系；其次为马鞍山市、芜湖市，分别为 0.871、0.862，略低于合肥市；池州市最低，仅为 0.623，与合肥市相差 0.289，差值占据池州市的 46.388%，差距相对较小，略低于平均值 0.149。第三，分析安徽省乡村振兴多元主体协同治理综合协同效应，安徽省整体协同程度一般，平均值达到 0.509，处于基本协同发展阶段，各维度内部以及维度间基本协同，但协同程度不高，整个系统处于由无序向有序的发展阶段。其中，合肥市综合协同度依旧位居榜首，达到 0.760，处于良好协同的发展阶段，是合肥市综合协同有序度与匹配度均位居前列的综合结果；其次为芜湖市、蚌埠市，分别为 0.656、0.622，明显低于合肥市，但也隶属于良好协同

的发展阶段，仍有很大的发展空间；宣城市最低，仅为 0.392，协同程度表现
为轻度不协同，与合肥市相差 0.368，差值占据宣城市的 93.878%，接近一倍，
与安徽省平均值相差 0.117，差值占据宣城市的 29.847%，差距很大。

二、乡村振兴多元主体协同治理综合协同效应评价时间序列分析

在对经济治理、政治治理、文化治理、社会治理以及生态治理五大治理
维度进行维度有序度时间序列分析的基础上，对乡村振兴多元主体协同治理
综合协同效应进行时间序列分析，随着乡村振兴战略的不断深入实施，研究
乡村振兴多元主体协同治理综合协同效应评价的动态变化。为明晰乡村振兴
多元主体协同治理综合协同效应评价时间序列分析结果，采取与维度有序度
时间序列分析结果同样的折线图形式呈现 16 个地级市 3 个时间段的乡村振兴
多元主体协同治理综合协同效应评价变化趋势，具体分析结果如图 3-6
所示。

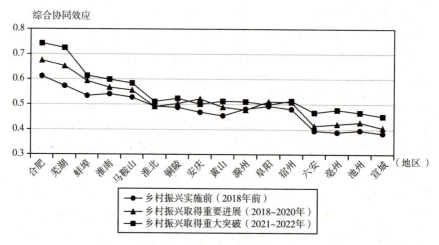

图 3-6　乡村振兴多元主体协同治理综合协同效应评价时间序列分析

分析图 3-6 可知，安徽省乡村振兴多元主体协同治理综合协同效应整体
上呈现逐年提升的良好发展态势，且提升幅度也逐年增大，但各地级市间差
距较大。安徽省乡村振兴多元主体协同治理综合协同效应逐年提升，从乡村
振兴实施前（2018 年前）阶段至乡村振兴取得重大突破（2021~2022 年）
阶段都有着明显提升，且提升速度加快，从乡村振兴取得重要进展（2018~
2020 年）阶段开始提升幅度逐渐增大，乡村振兴取得重大突破（2021~2022

年）阶段提升幅度最大，表明安徽省乡村振兴多元主体协同治理综合协同效
应越来越强，多元治理主体间的沟通联系不断增强，乡村振兴战略取得了良
好成效。具体到各地级市乡村振兴多元主体协同治理综合协同效应评价的时
间序列分析结果，在乡村振兴战略实施的每个阶段，合肥市均占全省首位，
且每个相邻阶段间的提升幅度远大于安徽省平均值，表明合肥市乡村振兴多
元主体协同治理综合协同效应良好，能够给其他地级市提供较好的借鉴与参
考；宣城市乡村振兴多元主体协同治理综合协同效应相对较低，乡村振兴取
得重大突破（2021~2022 年）阶段以前的两个阶段里，均居全省末位；池州
市乡村振兴多元主体协同治理综合协同效应虽也呈现逐年提升的发展趋势，
但增速相对缓慢，由乡村振兴实施前（2018 年前）的全省第 13 名下降至乡
村振兴取得重大突破（2021~2022 年）阶段的全省第 14 名，导致其在乡村
振兴取得重大突破（2021~2022 年）阶段协同治理综合协同效应虽有一定提
升，但仍处于安徽省末游。

第五节　主要结论分析

　　维度有序度评价分析结果表明乡村振兴多元主体协同治理维度有序度分
析结果表明安徽省经济治理维度有序度整体水平较高，平均值达到 0.668，
是 5 个维度有序度中最高的，各地级市中合肥市经济治理维度有序度最高，
其次是芜湖市与蚌埠市，黄山市最低；政治治理维度有序度整体水平中等偏
上，平均值达到 0.647，在 5 个维度中处于中间地位，各地级市中安庆市政
治治理维度有序度最高，其次是蚌埠市、六安市，阜阳市最低；文化治理维
度有序度整体水平一般，处于中等偏下水平，平均值为 0.635，仅略高于生
态治理维度有序度，各地级市差距相对较小，黄山市文化治理维度有序度最
高，亳州市最低；社会治理维度有序度总体上较高，平均值达到 0.666，略
低于经济治理维度，各地级市中合肥市社会治理维度有序度最高，其次为芜
湖市、铜陵市，淮南市最低；生态治理维度有序度整体水平较低，平均值仅
为 0.632，是 5 个维度有序度中得分最低的，各地级市差距相对较小，黄山
市生态治理维度有序度最高，宣城市最低。

　　维度有序度时间序列分析结果表明安徽省乡村振兴多元主体协同治理
各维度有序度动态变化呈现差异化发展趋势，有的提升较快、有的提升较

稳定,各地级市间差距也呈现差异化分布特征。安徽省乡村振兴多元主体协同治理经济治理维度有序度逐年提高,但各地级市间差距明显,有序度分布在0.2~0.9,乡村振兴取得重大突破(2021~2022年)阶段的经济治理维度有序度最高;乡村振兴战略实施的每个重要阶段,作为省会城市的合肥市经济治理维度有序度均为最高,池州市与宣城市经济治理维度有序度相对较低,但仍呈现逐年提升的良好发展态势,具有较大的发展潜力。安徽省乡村振兴多元主体协同治理政治治理维度有序度整体上呈现逐年提升的良好发展态势,且地级市间差距相对较小,有序度分布在0.2~0.8,乡村振兴取得重大突破(2021~2022年)阶段的政治治理维度有序度最高;乡村振兴战略实施的每个关键发展阶段,合肥市政治治理维度有序度均为最高,阜阳市提升速度最快,亳州市、池州市与宣城市政治治理维度有序度相对较低,但仍呈现逐年提升的良好发展态势。安徽省乡村振兴多元主体协同治理文化治理维度有序度同样呈现逐年提升的良好发展态势,且提升速度较稳定,是5个维度中有序度提升速度最为稳定的,各地级市间差距相对较小,有序度分布在0.3~0.7;乡村振兴战略实施的每个阶段,合肥市文化治理维度有序度均为最高,与前2个维度分析结果略有不同,合肥市增长速度略显缓慢,且与其他地级市的差距相对较小,宿州市文化治理维度有序度同样呈现逐年提升的良好发展态势,但提升速度较为缓慢。安徽省乡村振兴多元主体协同治理社会治理维度有序度相对较高,是5个维度中有序度最高的,且逐年提升,各地级市间差距相对较小,有序度分布在0.4~0.9,乡村振兴取得重要进展(2018~2020年)阶段提升较明显;乡村振兴战略实施的每个阶段,与经济治理和政治治理维度有序度时间序列分析结果一致,合肥市社会治理维度有序度均为最高,宿州市乡村振兴多元主体社会治理维度有序度先上升后略有下降,在乡村振兴取得重大突破(2021~2022年)阶段居全省末位。安徽省乡村振兴多元主体协同治理生态治理维度有序度同样呈现逐年提升的良好发展态势,各地级市间差距相对较小,有序度分布在0.4~0.6,是5个维度中差距最小的;乡村振兴战略实施的每个阶段,合肥市生态治理维度有序度不再是全省最高,从乡村振兴实施前(2018年前)阶段在省内排名第六,逐渐提升,在乡村振兴取得重大突破(2021~2022年)阶段,排名已上升至全省第二,淮南市生态治理维度有序度整体水平较低,基本上3个阶段均处于安徽省末位,但仍呈现逐年提升的良好发展态势。

综合协同效应分析结果表明安徽省乡村振兴多元主体协同治理效应整体水平一般，各地级市间差距较大。分析安徽省乡村振兴多元主体协同治理综合协同效应，安徽省整体协同程度一般，平均值达到0.509，处于基本协同发展阶段，各维度内部以及维度间基本协同，但协同程度不高，整个系统处于由无序向有序的发展阶段；其中，合肥市综合协同度依旧位居榜首，达到0.760，处于良好协同的发展阶段；依次为芜湖市、蚌埠市，分别为0.656、0.622，同样隶属于良好协同的发展阶段，且存在很大的发展空间；宣城市最低，仅为0.392，协同程度表现为轻度不协同，与合肥市乃至安徽省平均值之间的差距很大。

综合协同效应时间序列分析结果表明安徽省乡村振兴多元主体协同治理综合协同效应整体上呈现逐年提升的良好发展态势，且提升幅度也逐年增大，但各地级市间差距较大。安徽省乡村振兴多元主体协同治理综合协同效应逐年提升，从乡村振兴实施前（2018年前）阶段至乡村振兴取得重大突破（2021~2022年）阶段，每个阶段都有着明显提升，且提升速度逐渐加快；具体到各地级市乡村振兴多元主体协同治理综合协同效应评价的时间序列分析结果，在乡村振兴战略实施的每个阶段，合肥市均占全省首位，且每个相邻阶段间的提升幅度远大于安徽省平均值，宣城市乡村振兴多元主体协同治理综合协同效应相对较低，乡村振兴取得重大突破（2021~2022年）阶段以前的所有阶段中，均居全省末位；池州市乡村振兴多元主体协同治理综合协同效应虽然也呈现逐年提升的发展趋势，但增速相对缓慢。

第四章 乡村振兴多元主体协同治理效应区域异质性分析

第一节 区域划分与区域概况

根据河流阻隔与地形地貌等差异将安徽省划分为皖北地区、皖中地区与皖南地区。与其他省份的地理状况相比,安徽省最大的特点在于全省被淮河与长江这两条大河分成相对均匀的 3 个地区,以淮河为边界,将安徽省淮河以北的蚌埠市、淮南市、宿州市、淮北市、亳州市、阜阳市六市划分为皖北地区,地形以平原为主,是安徽省乃至全国范围内农产品主产区的集中地,拥有相对丰富的煤炭资源,如淮南煤田与淮北煤田(姚晓洁,2020;陈晓华,2020);以长江为界限,将安徽省长江以南的黄山市、宣城市、池州市、铜陵市、芜湖市、马鞍山市、安庆市七市划分为皖南地区,地形以山地丘陵为主,如黄山市的黄山、池州市的九华山(吴磊,2019;江厚庭,2020);安徽省淮河以南至长江以北的合肥市、六安市、滁州市三市称之为皖中地区。需要特别说明的是,这其中合肥市是安徽省的省会城市,经济社会发展相对完善;安庆市全境已全部加入皖南国际文化旅游示范区,故不再列入皖中地区(杨成林,2014)。

皖北地区,即安徽省北部地区,东靠江苏,南接皖南,西连河南,北望山东,地势以平原为主,地势平坦,处于南上北下、东进西出的战略要地,是安徽省主要的一带一路经过地区。皖北地区发展前景广阔,受惠于淮河生态经济带、一带一路、长江三角洲地区区域规划、皖北振兴等多种国家主体功能区规划,已经成为华东地区主要的经济增长级之一。皖北地区主要包括蚌埠市、淮南市、宿州市、淮北市、亳州市、阜阳市六市,各市均具有各具特色的资源禀赋,乡村振兴多元主体协同治理情况也具有一定的差异性。蚌埠市位于安徽省东北部,是安徽省主要的综合性工业基地,重要的综合交通枢纽，是合芜蚌自主创新综合配套改革试验区与中国（安徽）自由贸易试验区蚌埠片区的重要组成部分；蚌埠市建立集体经济股份合作社，完善农村集体资产股份权能，构建以家庭经营为基础、合作与联合为纽带、社会化服务为支撑的立体式、复合型现代农业经营体系，以全面深化农村改革推动乡村振兴。淮南市地处安徽中北部，煤炭资源优势突出、分布集中，是国家重要的能源城市，安徽省主要的工业城市；淮南市坚持自治为基、坚持法治为本、坚持德治为要，大力推进特色村寨建设，积极搭建桥梁平台，为本土企业与外地相关企业进行有效对接创造条件，形成"治理有效"共建共治共享的乡村治理新秩序，切实推动乡村振兴多元主体协同治理。宿州市地处安徽省北部，素有安徽省北大门之称，是皖苏鲁豫四地交汇区域的新兴中心城市，坚持乡村振兴与新型城镇化双轮驱动，围绕乡村振兴"人、地、钱"等要素供给，提出推动城乡融合发展、推进城乡基本公共服务均等化，落实各方责任、动员社会参与，有序实现乡村振兴。淮北市地处安徽省东北部，位于皖、苏、豫三省交界处，煤炭资源丰富，同样是国家重要的能源城市，是长三角城市群、淮海经济区、徐州都市圈等经济发展区中的城市；淮北市发展休闲农业，大力推动农旅融合，多元化发展乡村产业，持续培优做强"淮优"农产品公共品牌，走出一条独具淮北特色的乡村振兴之路。亳州市位于安徽省西北部，是国家历史文化名城，是我国主要的中药材集散中心，同时也是长三角城市群中的城市、皖北旅游中心城市；亳州市加大乡村治理力度，引导村民共同参与美丽乡村建设与乡村治理，积极发挥乡村振兴公益岗和志愿者作用，扎实有序推进乡村振兴多元主体协同治理。阜阳市位于安徽省西北部，是东部地区产业转移过渡带、中原经济区东部门户城市，颍上县八里河风景区为国家 AAAAA 级风景区，阜阳剪纸、颍上花鼓灯等均列入国家非物质文化遗产名录；阜阳市大力发展苗木花卉、畜牧水产养殖等特色农业，推动规模经营，不断增强农业科技创新能力，加快完善水、电、路、信息等基础设施建设，真正把实施乡村振兴战略落到实处。

　　皖南地区，即安徽省南部地区，地形以山地丘陵为主，生态环境优良，文化底蕴深厚，自然人文景观丰富且一脉相承，是安徽省主要的经济和旅游中心。2009 年安徽省已批准设立"皖南国际旅游文化示范区"，这是安徽省推行的继"合芜蚌自主创新综合配套改革试验区""皖江城市带承接产业转移示范区"之后，又一个能够大力推动安徽区域经济协调发展的重点示范区，突出反映皖南地区文化旅游、公共服务、人民生活等方面转型发展的迫切要求。以长江为界限，将安徽省长江以南的黄山市、宣城市、池州市、铜陵市、芜湖市、马鞍山市、安庆市七市划分为皖南地区，各市均具有差异化的资源禀赋与乡村治理基础，乡村振兴多元主体协同治理情况也具有一定的差异性。黄山市位于安徽省最南端，地处皖浙赣三省交界处，既是徽商故里，又是徽剧、徽菜、徽派建筑、徽派盆景等徽文化的重要发祥地，境内的黄山是世界自然与文化双遗产，西递与宏村均为世界文化遗产；黄山市大力培育茶叶、茶干等特色优势农业产业，初步形成与山区生态建设相适应的特色产业体系，先后实施农药集中配送体系建设、畜禽粪污资源化利用等农业绿色发展行动，加快实现农业发展绿色转型，全面深化农村集体资产股份制改革、农村土地"三权分置"等各项改革，加快推进乡村振兴多元主体协同治理。宣城市位于安徽省东南部，是皖江城市带承接产业转移示范区一翼，G60 科创走廊中心城市，中国文房四宝之乡；宣城市优先发展农业农村，全面推进乡村振兴，坚持农村基层党组织领导地位，着力引导农村党员发挥先锋模范带头作用，健全组织体系、完善制度机制，多措并举，分类施策，建立相对完善、稳定的乡村治理制度体系，确保人员到位、责任到位、效果到位，促进农业高质高效、农村宜居宜业。池州市位于安徽省南部，中国华东地区，长江下游南岸，是长江流域重要的滨江港口城市、国家森林城市，是中国佛教四大名山之一的九华山所在地，拥有大批国家级非物质文化遗产与源远流长的佛教文化、茶文化；池州市注重发挥山、水、土、气等优势，加快建设现代化农产品结构，大力扶持乡村休闲旅游产业发展，继续扩大农村集体资产股份合作制改革试点，基本完成农村承包地确权登记颁证任务，为推进乡村振兴多元主体协同治理提供坚实基础。铜陵市位于安徽省中南部，中国华东地区，长江下游城市，铜资源丰富，坐拥"黄金水道"长江岸线 142.6 千米，是一座新兴工贸港口城市，是长江经济带重要节点城市、皖江城市带主轴线城市；铜陵市推进机制体制创新，进一步巩固深化农村土地制度改革、完善农村基本经营制度，大力培训新型职业农民、鼓励各类人才返乡到村创新创业，建立实施乡村振兴战略领导责任制，鼓励、引导村民、企业与社会组织积极参与乡村治理。芜湖市位于安徽省东南部，中国华东地区，长江下游城市，位于合芜蚌国家自主创新示范区，是华东重要的科研教育基地和工业基地、全国综合交通枢纽、G60 科创走廊中心城市；芜湖市加快转型升级步伐，实现产业提质增效，以点带面、示范引领，推动"三只松鼠""紫约蓝莓"等龙头企业与当地旅游、文化、康养等领域的深度融合，在资金投入、人才选派与产业发展等方面予以重点支持，全面推进农村地区乡村振兴多元主体协同治理。马鞍山市位于安徽省东南部，中国华东地区，长江下游城市，是皖江经济带的核心城市之一，是皖南国际旅游文化示范区重要节点城市、全国文明城市、国家森林城市；马鞍山市深入推进农村环境"三大革命"与环境整治，统筹山水林田湖草系统治理，促进"一产向后延、二产两头联、三产连前端"，大力推动农村一二三产业融合发展，做强"一县一特"，大力培育产业特色镇，深入实施农产品加工业"五个一批"工程，加大龙头企业培育，加强"三农"人才队伍建设，有序推进乡村振兴多元主体协同治理。安庆市位于安徽省西南部，长江下游北岸城市，西接湖北，南邻江西，是长三角区域重点城市、长江三角洲中心区 27 城之一，是黄梅戏形成和发展的地方，是国家级历史文化名城；安庆市通过农业供给侧结构性改革，推动规模化、特色化的现代农业产业集群发展转型升级，不断"调优""调绿"，推动农业供需关系在更高水平上实现新的平衡，创新发展"村党支部＋合作社＋基地＋农民"的乡村治理模式，助力乡村振兴多元主体协同治理。

　　皖中地区，即安徽省中部地区，淮河以南、长江以北，虽然处在江淮平原上，但大别山与江淮丘陵占据了一半以上的土地面积，历史悠久，是南北、东西的文化交汇地带，是安徽省重要的政治中心、文化中心、经济中心与旅游中心。皖中地区虽然在地理划分上仅包括 3 个地级市，但合肥市作为安徽省的省会城市，受惠于皖江城市带承接产业转移示范区、"一带一路"、长三角城市群、长江经济带等多种国家主体功能区规划，发展前景广阔。与传统的皖中地区划分有所差别的是，现在普遍承认的皖中地区划分中，由于安庆市全境已加入皖南国际文化旅游示范区，安庆市不再划入皖中地区，而是划入皖南地区，因此皖中地区主要包括合肥市、六安市、滁州市三市，各市资源禀赋极具特色，乡村振兴多元主体协同治理情况也具有一定的差异性。合肥市位于安徽省中部，为安徽省省会城市，在华东地区，处于江淮之间，是长三角城市群副中心城市、综合性国家科学中心，是国家重要的现代制造业基地、综合交通枢纽，是"一带一路"和长江经济带战略双节点城市、G60科创走廊中心城市、皖江城市带核心城市、合肥都市圈中心城市，是安徽省重要的政治中心、经济中心与文化中心；合肥市广泛开展道路建设、互联网基础设施建设、供水设施建设与绿色提升等工程，在全省率先实现乡镇生活污水处理厂（设施）建设全覆盖、乡镇地区城乡生活垃圾处理市场化处理全覆盖，全面提升区域人居环境，着力发展都市现代农业，深入推进农业供给侧结构性改革，大力推动休闲农业与乡村旅游发展，积极开展盘活农村闲置宅基地，推进农村集体产权制度深入改革，推动农业高质量发展，激发乡村治理新活力。六安市位于安徽省中西部，大别山北麓，地势西南高峻，东北低平，形成山地、丘陵、平原三大自然区域，位于长江三角洲经济区西翼，是长三角城市群成员城市、陆路交通运输枢纽城市；六安市突出抓好农业全要素、全产业的提升，同步推进工业现代化与农业现代化，形成良性的城乡融合发展格局，大力培育农产品品牌，着力培育新型经营主体，积极加快农业科技创新推广，不断延长产业链、提升价值链，多方位促进乡村振兴多元主体协同治理。滁州市位于安徽省中东部，市域跨长江、淮河两大流域，南据长江，东控京杭大运河，地形以丘陵与平原为主，是皖江城市带承接产业转移示范区重要城市、长江三角洲中心区 27 城之一、南京"一小时都市圈"主要成员城市；滁州市抓好粮食和重要农产品生产供给，强化现代农业科技创新和准备支撑，推进现代农业经营体系建设，加快推进农业现代化，加强乡村公共基础设施建设，提升农村基本公共服务水平，强化乡村振兴投入保障，助推乡村振兴多元主体协同治理。

第二节　维度有序度区域异质性分析

一、维度有序度区域异质性分析

根据已构建的乡村振兴多元主体协同治理效应评价指标体系（见表3-2），依旧采用复合系统协同度评价模型，对安徽省及其三大区域关于经济治理、政治治理、文化治理、社会治理以及生态治理五大治理维度进行有序度测度与评价，具体评价结果见表4-1。

表4-1　　乡村振兴多元主体协同治理维度有序度区域异质性评价

地区	经济治理	政治治理	文化治理	社会治理	生态治理
皖中地区	0.677	0.689	0.645	0.722	0.623
皖南地区	0.655	0.634	0.646	0.654	0.661
皖北地区	0.673	0.619	0.615	0.621	0.611
安徽省	0.668	0.647	0.635	0.666	0.632

(一) 经济治理维度有序度

由表 4-1 可知，安徽省经济治理维度有序度整体水平较好，平均值达到 0.668，是 5 个维度有序度中最高的，进而表明安徽省乡村振兴多元主体协同治理经济治理有序度较高，政府加快制定经济发展方面的政策法规，企业与社会组织积极参与乡村地区经济治理，村民也能够主动参与并积极融入乡村地区经济治理。具体到三大区域经济治理维度有序度，比较分析结果表明皖中地区最高，经济治理维度有序度为 0.677，这与其包括了作为安徽省省会城市、经济中心，经济基础雄厚、经济发展动力强劲的合肥市有着重要联系；其次是皖北地区，经济治理维度有序度略低于皖中地区，为 0.673，与皖中地区仅相差 0.004，这与皖北地区多为拥有丰富工业资源禀赋的工业城市有关；最后是皖南地区，经济治理维度有序度达到 0.655，与皖中地区、皖北地区分别相差 0.022、0.018。总体来说，安徽省三大区域乡村振兴多元主体协同治理经济治理维度有序度差距较小，安徽省经济发展较为均衡。

(二) 政治治理维度有序度

根据表 4-1 异质性分析结果可知，安徽省政治治理维度有序度整体水平中等偏上，平均值达到 0.647，在 5 个维度中处于中间地位，表征安徽省乡村振兴多元主体协同治理政治治理有序程度一般，政府、村民、企业与社会组织等多元主体已经注意到乡村地区政治治理的重要性，开展并取得了一定程度的乡村地区政治治理成效。具体到三大区域政治治理维度有序度，比较分析结果表明皖中地区最高，政治治理维度有序度为 0.689，同样受安徽省省会城市、政治中心的合肥市的较大影响，远远大于其他两个区域；其次是皖南地区，政治治理维度有序度为 0.634，与皖中地区相差 0.055，差距相对较大；最后是皖北地区，政治治理维度有序度达到 0.619，与皖中地区、皖南地区分别相差 0.070、0.015。总体来说，安徽省三大区域间乡村振兴多元主体协同治理政治治理维度有序度差距较大，其中皖中地区的政治治理维度有序度远远高于皖南地区与皖北地区，而皖南地区与皖北地区差距相对较小。

(三) 文化治理维度有序度

对表 4-1 分析可知，安徽省文化治理维度有序度整体水平一般，在 5 个维度中处于中等偏下水平，平均值为 0.635，仅略高于生态治理维度有序度，表明安徽省乡村振兴多元主体文化治理有序程度仅为一般水平，相较于安徽省丰富的文化资源，乡村地区文化治理仍有很大的发展空间。具体到三大区域文化治理维度有序度，比较分析结果表明皖南地区最高，文化治理维度有序度为0.646，这与其组成城市中包括拥有黄山、西递与宏村等多种非物质文化遗产的黄山市、拥有黄梅戏的安庆市、拥有九华山的池州市等密切相关；其次是皖中地区，略低于皖南地区，文化治理维度有序度为0.645，仅与皖南地区相差0.001，差距很小；最后是皖北地区，文化治理维度有序度达到0.615，与皖南地区、皖中地区分别相差0.031、0.030。总体来说，安徽省三大区域间乡村振兴多元主体协同治理文化治理维度有序度差距较小，其中皖南地区与皖中地区基本没有差距，且皖北地区与二者的差距也相对较小。

（四）社会治理维度有序度

依据上述分析逻辑对表4-1展开研究可知，安徽省社会治理维度有序度总体上较高，平均值达到0.666，略低于经济治理维度，表明安徽省乡村振兴多元主体社会治理有序度较高，政府、村民、企业与社会组织等多元主体能够积极并有序参与基础设施、社会福利等方面的社会治理。具体到三大区域社会治理维度有序度，比较分析结果表明皖中地区最高，社会治理维度有序度为0.722，同样受安徽省省会城市、经济中心与政治中心且社会环境相对和谐的合肥市的较大影响，远远大于其他两个区域；其次是皖南地区，社会治理维度有序度为0.654，与皖中地区相差0.068；最后是皖北地区，社会治理维度有序度仅为0.621，与皖中地区、皖南地区分别相差0.101、0.033，差距很大。总体来说，安徽省三大区域间乡村振兴多元主体协同治理社会治理维度有序度差距较大，是5个维度中三大区域间维度有序度差距最大的，表明安徽省社会治理水平总体不均。

（五）生态治理维度有序度

分析表4-1可知，安徽省生态治理维度有序度整体水平较低，平均值仅为0.632，是5个维度有序度中得分最低的，表征安徽省乡村振兴多元主体生态治理有序度不高，乡村地区生态治理可能已经引起政府、村民、企业与社会组织等多元主体的重视并已经实施了一些必要措施，但尚未形成多元主体有序参与乡村地区生态治理的良好治理格局，相比较而言，乡村地区生态治理是安徽省乡村振兴多元主体协同治理的突出短板，需要引起各多元主体

的高度重视。具体到三大区域生态治理维度有序度，比较分析结果表明皖南
地区最高，生态治理维度有序度为 0.661，这与其组成城市中包括黄山的黄
山市、天柱山的安庆市、九华山的池州市等密切相关；其次是皖中地区，生
态治理维度有序度为 0.623，与皖南地区相差 0.038，主要是因为六安市位于
大别山腹地，占据了大别山的 2/3，且合肥市有大蜀山与大蜀山国家森林公
园组成的 AAAA 级旅游景区，滁州市也有琅琊山风景名胜区、狼巷迷谷、韭
山洞等自然景观；最后是皖北地区，生态治理维度有序度仅为 0.611，与皖
南地区、皖中地区分别相差 0.050、0.012。总体来说，安徽省三大区域间乡
村振兴多元主体协同治理生态治理维度有序度差距较大，其中皖南地区明显
优于皖中地区，皖中地区明显优于皖北地区，安徽省生态治理水平总体不均。

二、维度有序度区域异质性时间序列分析

为进一步深入了解乡村振兴多元主体协同治理维度有序度区域异质性的
动态变化，依据乡村振兴战略规划与实施进展，结合《国家乡村振兴战略规
划（2018 – 2022 年）》，划分出乡村振兴实施前（2018 年前）、乡村振兴取得
重要进展（2018~2020 年）、乡村振兴取得重大突破（2021~2022 年）3 个
时间段，进行乡村振兴多元主体协同治理维度有序度区域异质性时间序列分
析，具体分析结果如图 4 – 1 至图 4 – 5 所示。

（一）经济治理维度有序度

为更加清晰、细致地对乡村振兴多元主体协同治理维度有序度区域异质
性进行时间序列分析，突出乡村振兴多元主体协同治理经济治理维度有序度
区域异质性的动态发展趋势，采取折线图的形式呈现皖中地区、皖南地区与
皖北地区三大区域于 3 个时间段的经济治理维度有序度动态变化趋势，具体
分析结果如图 4 – 1 所示。

由图 4 – 1 可知，安徽省乡村振兴多元主体协同治理经济治理维度有序度
逐年提高，但各区域间差距较大，有序度分布在 0.3~0.7。随着乡村振兴规
划的深入实施，安徽省乡村振兴多元主体协同治理经济治理维度有序度明显
提升，特别是乡村振兴取得重要进展（2018~2020 年）阶段，相较于乡村振
兴实施前（2018 年前）阶段提升最为明显，进而表明乡村振兴战略的正确性
与重要性。具体到各区域间经济治理维度有序度的时间序列分析，乡村振兴

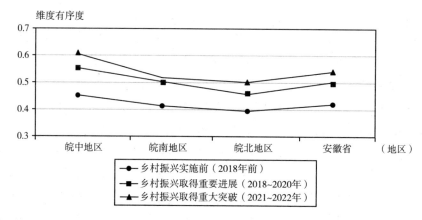

图 4 - 1 乡村振兴多元主体协同治理经济治理维度有序度区域异质性时间序列分析

战略实施的每个重要阶段，包含省会城市即合肥市的皖中地区经济治理维度
有序度均为最高，且明显高于皖南地区与皖北地区，与上述截面数据分析结
果基本一致；皖南地区在乡村振兴战略实施的每个重要阶段均处于皖中地区
与皖北地区之间，而皖北地区始终与皖中地区与皖南地区存在一定差距。值
得注意的是，虽然皖中地区、皖南地区与皖北地区之间的经济治理维度有序
度存在一定差距，但三大区域间的差距不断缩小，安徽省经济治理趋于均衡。

（二）政治治理维度有序度

为明晰乡村振兴多元主体协同治理政治治理维度有序度区域异质性的时
间序列分析结果，同样采取折线图的形式呈现皖中地区、皖南地区与皖北地
区三大区域于 3 个时间段的政治治理维度有序度动态变化趋势，具体分析结
果如图 4 - 2 所示。

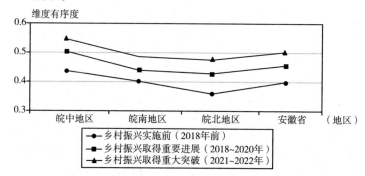

图 4 - 2 乡村振兴多元主体协同治理政治治理维度有序度区域异质性时间序列分析

分析图 4 - 2 可知，安徽省乡村振兴多元主体协同治理政治治理维度有序度整体上呈现逐年提升的良好发展态势，提升速度较稳定，是 5 个维度中有序度提升速度最为稳定的，且区域间差距相对较小，有序度分布在 0.3 ~ 0.6。随着乡村振兴规划的广泛实施与进一步深入，安徽省乡村振兴多元主体协同治理政治治理维度有序度逐年提升，特别是乡村振兴取得重要进展（2018~2020 年）阶段，提升幅度较明显。具体到各区域间政治治理维度有序度的时间序列分析，乡村振兴战略实施的每个重要阶段，包含作为安徽省省会城市、政治中心的合肥市的皖中地区政治治理维度有序度均为最高，且明显高于皖南地区与皖北地区，与上述截面数据分析结果基本一致；皖南地区在乡村振兴战略实施的每个重要阶段均处于皖中地区与皖北地区之间，而皖北地区始终与皖中地区与皖南地区存在一定差距。值得注意的是，虽然皖中地区、皖南地区与皖北地区之间的政治治理维度有序度存在一定差距，但三大区域间的差距不断缩小，安徽省政治治理趋于均衡。

（三）文化治理维度有序度

为明晰乡村振兴多元主体协同治理文化治理维度有序度区域异质性的时间序列分析结果，依旧采取折线图形式呈现皖中地区、皖南地区与皖北地区三大区域于 3 个时间段的文化治理维度有序度变化趋势，具体分析结果如图 4 - 3 所示。

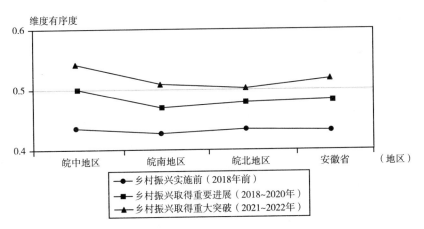

图 4 - 3 乡村振兴多元主体协同治理文化治理维度有序度区域异质性时间序列分析

分析图 4 - 3 可知，安徽省乡村振兴多元主体协同治理文化治理维度有序度同样呈现逐年提升的良好发展态势，各区域间差距相对较小，有序度分布在 0.4~0.6。随着乡村振兴规划的广泛实施与进一步深入，安徽省乡村振兴多元主体协同治理文化治理维度有序度逐年提升，特别是乡村振兴取得重要进展（2018~2020 年）阶段，提升幅度较明显。具体到各区域间文化治理维度有序度的时间序列分析，乡村振兴战略实施的每个重要阶段，其中包含省会城市合肥市、革命老区金寨县所在的六安市、中国农村改革发源地小岗村所在的滁州市在内的皖中地区文化治理维度有序度均为最高，但优势甚微，略高于皖北地区，与上述截面数据分析结果基本一致；皖北地区在乡村振兴实施前（2018 年前）阶段与乡村振兴取得重要进展（2018~2020 年）阶段均高于皖南地区，但皖南地区在乡村振兴取得重大突破（2021~2022 年）阶段超出皖北地区，表明皖南地区随着乡村振兴战略的深入开展，文化治理成果显著。值得注意的是，虽然皖中地区、皖南地区与皖北地区之间的文化治理维度有序度存在一定差距，三大区域间的差距不断缩小，安徽省文化治理水平趋于均衡。

（四）社会治理维度有序度

为明晰乡村振兴多元主体协同治理社会治理维度有序度区域异质性时间序列分析结果，采取折线图形式呈现皖中地区、皖南地区与皖北地区三大区域于 3 个时间段的社会治理维度变化趋势，具体分析结果如图 4-4 所示。

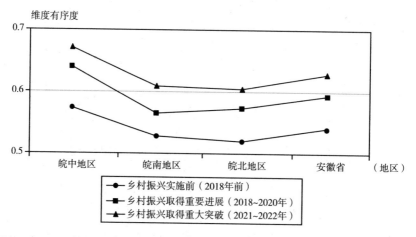

图 4-4　乡村振兴多元主体协同治理社会治理维度有序度区域异质性时间序列分析

分析图 4-4 可知，安徽省乡村振兴多元主体协同治理社会治理维度有序

度相对较高，是 5 个维度中有序度最高的，且逐年提升，各区域间差距相对
较小，有序度分布在 0.5 ~ 0.7。随着乡村振兴规划的广泛实施与进一步深
入，安徽省乡村振兴多元主体协同治理社会治理维度有序度逐年提升，特别
是乡村振兴取得重要进展（2018 ~ 2020 年）阶段，提升幅度较明显。具体到
各区域间社会治理维度有序度的时间序列分析，乡村振兴战略实施的每个重
要阶段，包含省会城市即合肥市的皖中地区社会治理维度有序度均为最高，
且明显高于皖南地区与皖北地区，与上述截面数据分析结果基本一致；皖南
地区与皖北地区在乡村振兴战略实施的每个重要阶段差距较小，两个区域间
社会治理水平基本一致，但与皖中地区仍存在较大差距。值得注意的是，虽
然皖中地区、皖南地区与皖北地区之间的社会治理维度有序度存在一定差距，
但三大区域间的差距不断缩小，安徽省社会治理水平趋于均衡。

（五）生态治理维度有序度

为明晰乡村振兴多元主体协同治理生态治理维度有序度区域异质性时间
序列分析结果，采取折线图形式呈现皖中地区、皖南地区与皖北地区三大区
域于 3 个时间段的生态治理维度有序度变化趋势，具体分析结果如图 4 - 5
所示。

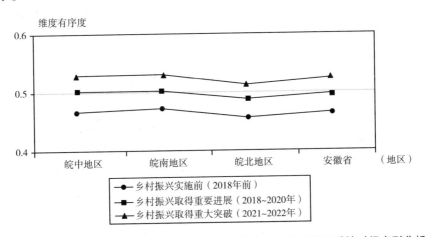

图 4 - 5 乡村振兴多元主体协同治理生态治理维度有序度区域异质性时间序列分析

分析图 4 - 5 可知，安徽省乡村振兴多元主体协同治理生态治理维度有序
度同样呈现逐年提升的良好发展态势，各区域市间差距相对较小，有序度分
布在 0.4 ~ 0.6，是 5 个维度中差距最小的。安徽省乡村振兴多元主体协同治

理生态治理维度有序度逐年提升，且提升速度较稳定，从乡村振兴实施前
（2018 年前）阶段到乡村振兴取得重大突破（2021～2022 年）阶段，生态治
理维度有序度都有稳定提升，表明安徽省积极响应党中央号召，越来越重视
生态治理，正在有计划地稳步提升安徽省乡村地区生态文明水平。具体到各
区域间生态治理维度有序度的时间序列分析，乡村振兴战略实施的每个重要
阶段，包含省会城市即合肥市的皖中地区生态治理维度有序度均为最高，且
与皖南地区、皖北地区差距很小，特别是皖南地区，差距甚微，与上述截面
数据分析结果基本一致；皖南地区与皖中地区差距甚微，而皖北地区与皖中
地区、皖南地区间略有差距，但差异性较小。值得注意的是，虽然皖中地区、
皖南地区与皖北地区之间的生态治理维度有序度存在一定差距，但三大区域
间的差距不断缩小，安徽省生态治理水平趋于均衡。

第三节 综合协同效应区域异质性分析

一、综合协同效应区域异质性分析

依据各维度有序度区域异质性分析结果，结合协同效应评价指标体系与
评价方法，对安徽省及其皖中地区、皖南地区、皖北地区三大区域关于乡村
振兴多元主体协同治理综合协同有序度、综合协同匹配度及综合协同效应进
行单独测算与综合评价，具体评价结果如表 4－2 所示。

表4－2　乡村振兴多元主体协同治理综合协同效应评价区域异质性分析

地区	综合协同有序度	综合协同匹配度	综合协同度
皖中地区	0.677	0.816	0.557
皖南地区	0.661	0.747	0.491
皖北地区	0.640	0.753	0.480
安徽省	0.659	0.772	0.509

由表4－2可知，安徽省乡村振兴多元主体协同治理综合协同效应整体水
平一般，各区域间差距较大，皖中地区明显优于皖南地区与皖北地区。第一，
分析安徽省乡村振兴多元主体协同治理综合协同有序度，整体发展呈有序态
势，平均值为0.659，与各维度有序度相比，处于中等有序发展状态。其中，

皖中地区综合协同有序度最高，为 0.677，高于平均值 0.018；其次为皖南地区，综合协同有序度为 0.661，与皖中地区相差 0.016，高于平均值 0.002，基本处于安徽省平均水平；最后是皖北地区，仅为 0.640，与皖中地区、皖南地区分别相差 0.037、0.021，低于平均值 0.019，与皖中地区、皖南地区差距相对较大。第二，分析乡村振兴多元主体协同治理综合协同匹配度，安徽省整体水平较高，平均值达到 0.772，表明综合协同整体匹配度较高，进而说明安徽省乡村振兴多元主体协同治理各维度有序度差异性较小，分布较为集聚，有利于多元主体协同治理。其中，皖中地区综合协同匹配度最高，高达 0.816，高于安徽省平均值 0.044，这与其包括安徽省省会城市且经济治理、社会治理维度有序度位居安徽省各地级市之首，同时政治治理、文化治理以及生态治理维度有序度也位居前列的合肥市有着密切联系，明显高于皖南地区与皖北地区；其次是皖北地区，综合协同匹配度为 0.753，低于皖中地区 0.063，且低于平均值 0.019；最后是皖南地区，综合协同匹配度仅为 0.747，与皖中地区、皖北地区分别相差 0.069、0.006，低于平均值 0.025。第三，分析安徽省乡村振兴多元主体协同治理综合协同效应，安徽省整体协同程度一般，平均值达到 0.509，处于基本协同发展阶段，各维度内部以及维度间基本协同，但协同程度不高，整个系统处于由无序向有序的发展阶段。其中，皖中地区综合协同度依旧位居榜首，达到 0.557，处于基本协同的发展阶段，高于安徽省平均值 0.048，是皖中地区综合协同有序度与匹配度均位居前列的综合结果；其次是皖南地区，综合协同度为 0.491，低于皖中地区 0.066，低于安徽省平均值 0.018，与皖中地区差距较大，但也隶属于基本协同的发展阶段，仍有很大的发展空间；最后是皖北地区，综合协同度仅为 0.480，协同程度同样表现为基本协同，与皖中地区、皖南地区分别相差 0.077、0.011，与安徽省平均值相差 0.029，表明皖北地区与皖南地区差距相对较小，而二者与皖中地区差距较大。

二、综合协同效应区域异质性时间序列分析

在对经济治理、政治治理、文化治理、社会治理以及生态治理五大治理维度进行维度有序度时间序列分析的基础上，结合综合协同效应区域异质性分析，对乡村振兴多元主体协同治理综合协同效应区域异质性进行时间序列分析，随着乡村振兴战略的不断深入实施，研究乡村振兴多元主体协同治理

综合协同效应区域异质性的动态变化。为明晰乡村振兴多元主体协同治理综合协同效应区域异质性时间序列分析结果，采取与维度有序度区域异质性时间序列分析结果同样的折线图形式呈现皖中地区、皖南地区、皖北地区三大区域在村振兴实施前（2018 年前）、乡村振兴取得重要进展（2018 ~ 2020年）、乡村振兴取得重大突破（2021 ~ 2022 年）3 个时间段的乡村振兴多元主体协同治理综合协同效应动态变化趋势，具体分析结果如图 4 - 6 所示。

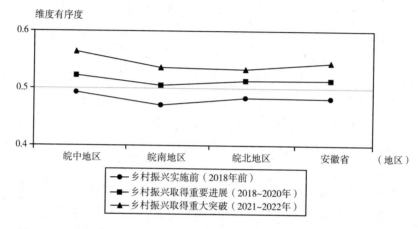

图 4 - 6　乡村振兴多元主体协同治理综合协同效应区域异质性时间序列分析

　　由图 4 - 6 可知，安徽省乡村振兴多元主体协同治理综合协同效应整体上呈现逐年提升的良好发展态势，且提升速度较稳定，但各区域市间差距较大，皖中地区明显优于皖南地区与皖北地区。安徽省乡村振兴多元主体协同治理综合协同效应逐年提升，从乡村振兴实施前（2018 年前）阶段至乡村振兴取得重大突破（2021 ~ 2022 年）阶段都有明显提升，且提升速度较稳定，表明安徽省乡村振兴多元主体协同治理综合协同效应越来越强，多元治理主体间的沟通联系不断增强，乡村振兴战略取得了良好成效。具体到各区域间乡村振兴多元主体协同治理综合协同效应评价的时间序列分析结果，在乡村振兴战略实施的每个阶段，皖中地区均占全省首位，特别是从乡村振兴取得重要进展（2018 ~ 2020 年）阶段至乡村振兴取得重大突破（2021 ~ 2022 年）阶段，提升速度更为迅猛，表明皖中地区乡村振兴多元主体协同治理综合协同效应良好，能够给其他地区提供较好的借鉴与参考；皖北地区与皖南地区乡村治理差距相对较小，皖北地区在乡村振兴实施前（2018 年前）与乡村振兴取得重要进展（2018 ~ 2020 年）两阶段均优于皖南地区，但皖南地区于乡村振兴取得重大突破（2021～2022 年）阶段超过皖北地区，表明皖南地区随着乡村振兴战略的有效实施，其乡村振兴多元主体协同治理综合协同效应有着显著成效，发展势头迅猛。

第四节　主要结论分析

维度有序度评价区域异质性分析结果表明安徽省经济治理维度有序度整体水平较好，是 5 个维度有序度中最高的，皖中地区、皖北地区、皖南地区三大区域间差距较小，安徽省经济发展较为均衡；安徽省政治治理维度有序度整体水平中等偏上，在 5 个维度中处于中间地位，三大区域间差距较大，其中皖中地区的政治治理维度有序度远远高于皖南地区与皖北地区，而皖南地区与皖北地区差距相对较小；安徽省文化治理维度有序度整体水平一般，处于中等偏下水平，仅略高于生态治理维度有序度，三大区域间差距较小，其中皖南地区与皖中地区基本没有差距，且皖北地区与二者的差距也相对较小；安徽省社会治理维度有序度总体上较高，略低于经济治理维度，三大区域间差距较大，是 5 个维度中三大区域间维度有序度差距最大的，表明安徽省社会治理水平总体不均；安徽省生态治理维度有序度整体水平较低，是 5 个维度有序度中得分最低的，三大区域间差距较大，其中皖南地区明显优于皖中地区，皖中地区明显优于皖北地区，安徽省生态治理水平总体不均。

维度有序度区域异质性时间序列分析结果表明安徽省乡村振兴多元主体协同治理经济治理维度有序度逐年提高，但各区域间差距较大，有序度分布在 0.3～0.7；特别是乡村振兴取得重要进展（2018～2020 年）阶段，相较于乡村振兴实施前（2018 年前）阶段提升较为明显；乡村振兴战略实施的每个重要阶段，安徽省乡村振兴多元主体协同治理经济治理维度有序度均呈现皖中地区优于皖南地区，皖南地区优于皖北地区的区域分布态势，虽然皖中地区、皖南地区与皖北地区之间的经济治理维度有序度存在一定差距，但可喜的是三大区域间的差距不断缩小，安徽省经济治理趋于均衡。安徽省乡村振兴多元主体协同治理政治治理维度有序度整体上呈现逐年提升的良好发展态势，提升速度较稳定，是 5 个维度中有序度提升速度最为稳定的，且区域间差距相对较小，有序度分布在 0.3～0.6；特别是乡村振兴取得重要进展（2018～2020 年）阶段，相较于乡村振兴实施前（2018 年前）阶段提升较为明显；乡村振兴战略实施的每个重要阶段，安徽省乡村振兴多元主体协同治理政治治理维度有序度均呈现皖中地区优于皖南地区，皖南地区优于皖北地区的区域分布态势，虽然皖中地区、皖南地区与皖北地区之间的政治治理维度有序度存在一定差距，但可喜的是三大区域间的差距不断缩小，安徽省政治治理趋于均衡。安徽省乡村振兴多元主体协同治理文化治理维度有序度同样呈现逐年提升的良好发展态势，各区域间差距相对较小，有序度分布在0.4～0.6；特别是乡村振兴取得重要进展（2018～2020年）阶段，相较于乡村振兴实施前（2018年前）阶段提升较为明显；乡村振兴战略实施的每个重要阶段，安徽省乡村振兴多元主体协同治理文化治理维度有序度始终是皖中地区最高，皖北地区在乡村振兴实施前（2018年前）与乡村振兴取得重要进展（2018～2020年）阶段均高于皖南地区，但皖南地区在乡村振兴取得重大突破（2021～2022年）阶段超出皖北地区，虽然皖中地区、皖南地区与皖北地区之间的文化治理维度有序度存在一定差距，但可喜的是三大区域间的差距不断缩小，安徽省文化治理水平趋于均衡。安徽省乡村振兴多元主体协同治理社会治理维度有序度相对较高，是5个维度中有序度最高的，且逐年提升，各区域间差距相对较小，有序度分布在0.5～0.7；特别是乡村振兴取得重要进展（2018～2020年）阶段，相较于乡村振兴实施前（2018年前）阶段提升较为明显；乡村振兴战略实施的每个重要阶段，安徽省乡村振兴多元主体协同治理社会治理维度有序度始终是皖中地区最高，皖南地区与皖北地区在乡村振兴战略实施的每个重要阶段差距较小，两个区域间社会治理水平基本一致，但与皖中地区仍存在较大差距，虽然皖中地区、皖南地区与皖北地区之间的社会治理维度有序度存在一定差距，但可喜的是三大区域间的差距不断缩小，安徽省社会治理水平趋于均衡。安徽省乡村振兴多元主体协同治理生态治理维度有序度同样呈现逐年提升的良好发展态势，各区域市间差距相对较小，有序度分布在0.4～0.6，是5个维度中差距最小的；特别是乡村振兴取得重要进展（2018～2020年）阶段，相较于乡村振兴实施前（2018年前）阶段提升较为明显；乡村振兴战略实施的每个重要阶段，安徽省乡村振兴多元主体协同治理生态治理维度有序度始终是皖中地区最高，皖南地区与皖中地区差距甚微，而皖北地区与皖中地区、皖南地区间略有差距，但差异性较小，虽然皖中地区、皖南地区与皖北地区之间的生态治理维度有序度存在一定差距，但可喜的是三大区域间的差距不断缩小，安徽省生态治理水平趋于均衡。

综合协同效应评价区域异质性分析结果表明皖中地区优于皖南地区，皖南地区优于皖北地区，皖北地区与皖南地区间的差距相对较小，而二者与皖中地区差距较大。安徽省整体协同程度一般，处于基本协同发展阶段，各维度内部以及维度间基本协同，但协同程度不高，整个系统处于由无序向有序的发展阶段。其中，皖中地区综合协同度依旧位居榜首，处于基本协同的发展阶段，明显高于安徽省平均值，是皖中地区综合协同有序度与匹配度均位居前列的综合结果；其次是皖南地区，综合协同度低于皖中地区与安徽省平均值，与皖中地区差距较大，但也隶属于基本协同的发展阶段，仍有很大的发展空间；最后是皖北地区，综合协同度降低，协同程度同样表现为基本协同，与皖中地区、皖南地区分别相差 0.077、0.011，与安徽省平均值相差 0.029，表明皖北地区与皖南地区差距相对较小，而二者与皖中地区差距较大。

综合协同效应区域异质性时间序列分析结果表明安徽省乡村振兴多元主体协同治理综合协同效应整体上呈现逐年提升的良好发展态势，且提升速度较稳定，但皖中地区、皖北地区、皖南地区三大区域间差距较大，皖中地区明显优于皖南地区与皖北地区。安徽省乡村振兴多元主体协同治理综合协同效应逐年提升，从乡村振兴实施前（2018 年前）阶段至乡村振兴取得重大突破（2021～2022 年）阶段都有着明显提升，且提升速度较稳定，表明安徽省乡村振兴多元主体协同治理综合协同效应越来越强，多元治理主体间的沟通联系不断增强，乡村振兴战略取得了良好成效。具体到各区域间乡村振兴多元主体协同治理综合协同效应评价的时间序列分析结果，在乡村振兴战略实施的每个阶段，皖中地区均占全省首位，皖中地区明显优于皖南地区与皖北地区，皖北地区与皖南地区乡村治理差距相对较小，皖北地区在乡村振兴实施前（2018 年前）与乡村振兴取得重要进展（2018～2020 年）两个阶段均优于皖南地区，但皖南地区于乡村振兴取得重大突破（2021～2022 年）阶段超过皖北地区。

第五章 乡村振兴多元主体协同治理
效应时空演变分析

　　根据乡村振兴多元主体协同治理效应评价指标体系，构建复合系统协同度模型，对安徽省乡村振兴多元主体协同治理维度有序度与综合协同效应进行测算评价与时间序列分析，在此基础上根据地理特征与政策规划将安徽省16个地级市划分为皖中地区、皖南地区、皖北地区，针对各区域维度有序度与综合协同效应进行异质性分析及其时间序列分析，研究成果逐渐丰富。为进一步深入研究，有效明确并直观呈现乡村振兴多元主体协同治理维度有序度与综合协同效应随着地点、区域变化的动态变化趋势，本章在上述研究基础上运用 Arc GIS 绘图软件绘制出乡村振兴多元主体协同治理维度有序度与综合协同效应的空间分布差异与时空演变特征，以期更为直观、更为细致、更加明确地分析乡村振兴多元主体协同治理效应及其相关性质，助力乡村振兴多元主体协同治理效应的有效提升。

第一节　乡村振兴多元主体协同治理效应空间分异

　　根据构建的乡村振兴多元主体协同治理效应评价指标体系（见表 3 - 2），运用复合系统协同度模型，对安徽省 16 个地级市及其组成的皖中地区、皖南地区、皖北地区三大区域关于经济治理、政治治理、文化治理、社会治理以及生态治理 5 个治理维度进行维度有序度、综合协同效应测度与评价及其时间序列分析，本章在上述研究基础上运用 Arc GIS 绘图软件绘制出安徽省 16 个地级市及其组成的三大区域关于乡村振兴多元主体协同治理维度有序度与综合协同效应的空间分异特征。

一、维度有序度空间分异

为直观地辨明安徽省乡村振兴多元主体协同治理经济治理、政治治理、文化治理、社会治理以及生态治理 5 个治理维度的维度有序度空间分布差异，根据上述章节中安徽省 16 个地级市及其组成的三大区域关于乡村振兴多元主体协同治理维度有序度计算结果，运用 Arc GIS 绘图软件，描绘出安徽省各地级市及其组成的三大区域关于乡村振兴多元主体协同治理维度有序度评价结果的空间分异特征，具体如图 5 – 1 至图 5 – 5 所示。

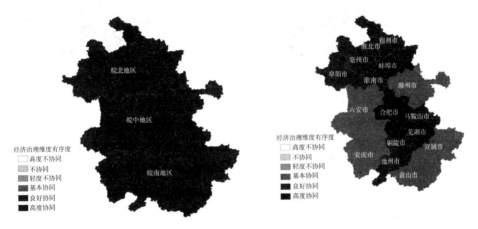

图 5 – 1　乡村振兴多元主体协同治理经济治理维度有序度空间分异

由图 5 – 1 可知，安徽省乡村振兴多元主体协同治理经济治理维度有序度整体水平较高，多数地级市处于良好协同发展阶段，空间上呈现中部与北部较强、南部较弱的分布特征。具体到各区域间经济治理维度有序度评价结果，皖中地区、皖南地区、皖北地区均处于良好协同发展阶段，三大区域间的经济治理水平差距较小。具体到各地级市经济治理维度有序度评价结果，安徽省共有 3 个地级市属于高度协同治理阶段，分别是合肥市、芜湖市与蚌埠市，分别处于皖中地区、皖南地区、皖北地区；5 个地级市属于基本协同治理水平，分别是六安市、滁州市、安庆市、黄山市与宣城市，主要位于皖中地区与皖北地区；剩余的 8 个地级市处于良好协同发展阶段，其中阜阳市、亳州市、淮北市、宿州市、淮南市均属于皖北地区，铜陵市、马鞍山市、池州市属于皖南地区。因此，虽然皖中地区、皖南地区、皖北地区均处于良好协同发展阶段，三大区域间的经济治理水平差距较小，但就各区域所包括的地级市经济治理维度有序度评价结果比较分析可知，安徽省多数地级市乡村振兴多元主体协同治理经济治理维度有序度处于良好协同发展阶段，空间上呈现中部与北部较强、南部较弱的分布特征。

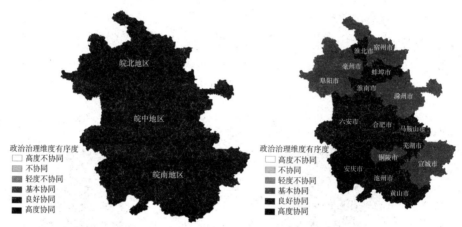

图 5-2   乡村振兴多元主体协同治理政治治理维度有序度空间分异

由图 5-2 可知，安徽省乡村振兴多元主体协同治理政治治理维度有序度整体水平中等偏上，多数地级市处于良好协同发展阶段，空间上呈现中部与南部较强、北部较弱的分布特征。具体到各区域间政治治理维度有序度评价结果，皖中地区、皖南地区、皖北地区均处于良好协同发展阶段，三大区域间的政治治理水平差距较小。具体到各地级市政治治理维度有序度评价结果，安徽省共有 1 个地级市属于高度协同治理阶段，即安庆市，处于皖南地区；6 个地级市属于基本协同治理水平，分别是阜阳市、亳州市、宿州市、滁州市、铜陵市与宣城市，主要位于皖北地区；剩余的 9 个地级市处于良好协同发展阶段，其中六安市、合肥市属于皖中地区，占据皖中地区的 2/3，马鞍山市、芜湖市、黄山市、池州市均属于皖南地区，淮北市、淮南市、蚌埠市均属于皖北地区。因此，虽然皖中地区、皖南地区、皖北地区均处于良好协同发展阶段，三大区域间的政治治理水平差距较小，但就各区域所包括的地级市政治治理维度有序度评价结果比较分析可知，安徽省多数地级市乡村振兴多元主体协同治理政治治理维度有序度处于良好协同发展阶段，空间上呈现中部与南部较强、北部较弱的分布特征，与经济治理维度有序度空间分异特征差距较大。

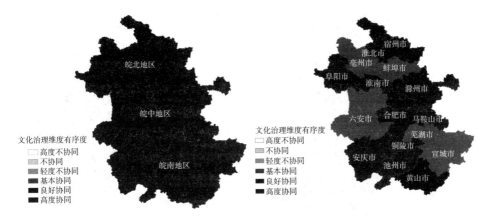

图5-3　乡村振兴多元主体协同治理文化治理维度有序度空间分异

由图5-3可知，安徽省乡村振兴多元主体协同治理文化治理维度有序度整体水平一般，处于中等偏下水平，多数地级市处于良好协同发展阶段，空间上分布相对均匀，呈现中部与南部较强、北部较弱的分布特征。具体到各区域间文化治理维度有序度评价结果，皖中地区、皖南地区、皖北地区均处于良好协同发展阶段，三大区域间的文化治理水平差距较小。具体到各地级市文化治理维度有序度评价结果，安徽省共有1个地级市属于高度协同治理阶段，即黄山市，处于皖南地区；5个地级市属于基本协同治理水平，分别是亳州市、蚌埠市、六安市、宣城市、芜湖市，较为均匀地分布在安徽省三大区域间；剩余的10个地级市处于良好协同发展阶段，其中合肥市、滁州市属于皖中地区，占据皖中地区的2/3，马鞍山市、铜陵市、安庆市、池州市均属于皖南地区，阜阳市、宿州市、淮南市、淮北市均属于皖北地区，各区域间差距相对较小。因此，虽然皖中地区、皖南地区、皖北地区均处于良好协同发展阶段，三大区域间的文化治理水平差距较小，但就各区域所包括的地级市文化治理维度有序度评价结果比较分析可知，安徽省多数地级市乡村振兴多元主体协同治理文化治理维度有序度处于良好协同发展阶段，空间上分布相对均匀，呈现中部与南部较强、北部较弱的分布特征，与经济治理维度有序度空间分异特征差距较大，与政治治理维度有序度空间分异特征差距较小，二者基本相似。

由图5-4可知，安徽省乡村振兴多元主体协同治理社会治理维度有序度总体上较高，略低于经济治理维度，多数地级市处于良好协同发展阶段，空间上分布相对均匀，呈现中部与南部较强、北部较弱的分布特征。具体到各

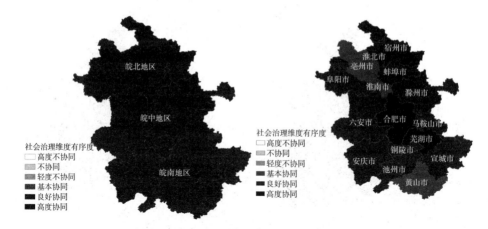

图 5 - 4 乡村振兴多元主体协同治理社会治理维度有序度空间分异

区域间社会治理维度有序度评价结果，皖中地区、皖南地区、皖北地区均处于良好协同发展阶段，三大区域间的社会治理水平差距较小。具体到各地级市社会治理维度有序度评价结果，安徽省共有 2 个地级市属于高度协同治理阶段，分别是合肥市与芜湖市，分别属于皖中地区与皖南地区；3 个地级市属于基本协同治理水平，分别是亳州市、淮南市、黄山市，主要分布于皖北地区；剩余的 11 个地级市处于良好协同发展阶段，其中六安市、滁州市属于皖中地区，占据皖中地区的 2/3，安庆市、池州市、铜陵市、宣城市、马鞍山市均属于皖南地区，阜阳市、宿州市、蚌埠市均属于皖北地区，各区域间差距较小。因此，虽然皖中地区、皖南地区、皖北地区均处于良好协同发展阶段，三大区域间的社会治理水平差距较小，但就各区域所包括的地级市社会治理维度有序度评价结果比较分析可知，安徽省多数地级市乡村振兴多元主体协同治理社会治理维度有序度处于良好协同发展阶段，空间上分布相对均匀，呈现中部与北部较强、南部较弱的分布特征，与经济治理维度有序度空间分异特征差距较大，与政治治理、文化治理维度有序度空间分异特征差距较小，三者基本相似。

由图 5 - 5 可知，安徽省乡村振兴多元主体协同治理生态治理维度有序度整体水平较低，多数地级市处于良好协同发展阶段，空间上分布相对均匀，呈现中部与南部较强、北部较弱的分布特征。具体到各区域间生态治理维度有序度评价结果，皖中地区、皖南地区、皖北地区均处于良好协同发展阶段，三大区域间的生态治理水平差距较小。具体到各地级市生态治理维度有序度评价结果，安徽省共有 1 个地级市属于高度协同治理阶段，即黄山市，处于

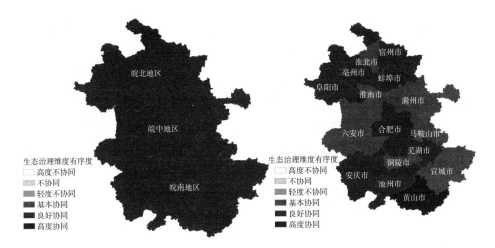

图 5 - 5 乡村振兴多元主体协同治理生态治理维度有序度空间分异

皖南地区；7 个地级市属于基本协同治理水平，分别是淮北市、淮南市、六安市、滁州市、宣城市、铜陵市、马鞍山市，较为均匀地分布在安徽省三大区域间；剩余的 8 个地级市处于良好协同发展阶段，其中合肥市属于皖中地区，芜湖市、安庆市、池州市均属于皖南地区，阜阳市、亳州市、宿州市、蚌埠市均属于皖北地区，各区域间差距较小。因此，虽然皖中地区、皖南地区、皖北地区均处于良好协同发展阶段，三大区域间的生态治理水平差距较小，但就各区域所包括的地级市生态治理维度有序度评价结果比较分析可知，安徽省多数地级市乡村振兴多元主体协同治理生态治理维度有序度处于良好协同发展阶段，空间上分布相对均匀，呈现中部与南部较强、北部较弱的分布特征，与经济治理维度有序度空间分异特征差距较大，与政治治理、文化治理、社会治理 3 个维度有序度空间分异特征差距较小，四者基本相似。

二、综合协同效应空间分异

为直观地辨明安徽省乡村振兴多元主体协同治理综合协同效应的空间分布差异，根据上述章节中安徽省 16 个地级市及其组成的三大区域关于乡村振兴多元主体协同治理综合协同效应计算结果，运用 Arc GIS 绘图软件，描绘出各地级市及其组成的三大区域关于乡村振兴多元主体协同治理综合协同效应评价结果，具体如图 5 - 6 所示。

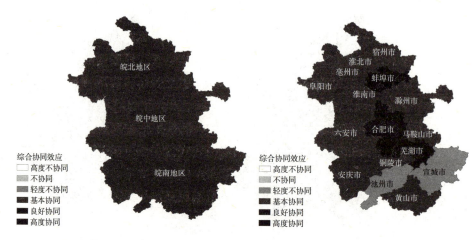

图 5 – 6　乡村振兴多元主体协同治理综合协同效应空间分异

分析图 5 – 6 可知，安徽省乡村振兴多元主体协同治理综合协同效应整体水平一般，多数地级市处于基本协同发展阶段，空间上呈现中部与北部较强、南部较弱的分布特征。具体到各区域间综合协同效应评价结果，皖中地区、皖南地区、皖北地区均处于基本协同发展阶段，三大区域间的综合协同效应差距较小。具体到各地级市综合协同效应评价结果，安徽省共有 3 个地级市属于良好协同治理阶段，分别是合肥市、芜湖市与蚌埠市，分别属于皖中地区、皖南地区、皖北地区；2 个地级市属于轻度不协同治理水平，分别是池州市与宣城市，均属于皖南地区；剩余的 11 个地级市处于基本协同治理阶段，其中六安市、滁州市属于皖中地区，阜阳市、亳州市、淮北市、淮南市、宿州市均属于皖北地区，安庆市、黄山市、铜陵市、马鞍山市均属于皖南地区，各区域间差距较小。因此，虽然皖中地区、皖南地区、皖北地区均处于基本协同发展阶段，三大区域间的综合协同效应差距较小，但就各区域所包括的地级市综合协同效应评价结果比较分析可知，安徽省多数地级市乡村振兴多元主体协同治理生态治理维度有序度处于基本协同发展阶段，空间上呈现中部与北部较强、南部较弱的分布特征，与政治治理、文化治理、社会治理以及生态治理 4 个维度有序度空间分异特征差距较大，与经济治理维度有序度空间分异特征差距较小，二者基本相似。

第二节　乡村振兴多元主体协同治理效应时空演变分析

　　根据上述章节中构建的乡村振兴多元主体协同治理效应评价指标体系（见表3－2），运用复合系统协同度模型，对安徽省16个地级市及其组成的皖中地区、皖南地区、皖北地区三大区域关于经济治理、政治治理、文化治理、社会治理以及生态治理5个治理维度进行维度有序度、综合协同效应测度与评价，在此基础上进行时间序列分析，本章在上述研究基础上运用Arc GIS绘图软件绘制出安徽省16个地级市及其组成的三大区域关于乡村振兴多元主体协同治理维度有序度与综合协同效应的时空演变特征。

一、维度有序度时空演变分析

　　为更加清晰地呈现安徽省乡村振兴多元主体协同治理维度有序度的时空演变特征，结合上述研究中乡村振兴多元主体协同治理维度有序度测度评价及其时间序列分析结果，利用Arc GIS绘图软件绘制并呈现安徽省16个地级市及其组成的皖中地区、皖南地区、皖北地区三大区域间维度有序度的时空演变特征，具体分析结果见图5－7至图5－11，其中图（a）、图（b）与图（c）分别代表乡村振兴实施前（2018年前）、乡村振兴取得重要进展（2018～2020年）、乡村振兴取得重大突破（2021～2022年）3个时间段的安徽省乡村振兴多元主体协同治理对应维度的维度有序度评价结果。

　　由图5－7可知，安徽省乡村振兴多元主体协同治理经济治理维度有序度总体上呈现逐年提升的态势，多数地级市由轻度不协同提升至基本协同，且逐渐呈现中部与南部较强、北部较弱的空间分布特征。图5－7（a）表示乡村振兴实施前（2018年前）阶段的经济治理维度有序度评价结果，分析可知安徽省只有1个地级市乡村振兴多元主体协同治理经济治理维度有序度属于良好协同，即合肥市，属于皖中地区；8个地级市属于轻度不协同，分别是亳州市、蚌埠市、淮南市、滁州市、六安市、池州市、黄山市、宣城市，较多分布在皖北地区；剩余的7个地级市均属于基本协同，分别是阜阳市、宿州市、淮北市、安庆市、铜陵市、芜湖市与马鞍山市，较多分布在皖南地区，总体上呈现中部与南部较强、北部较弱的空间分布特征。图5－7（b）表示

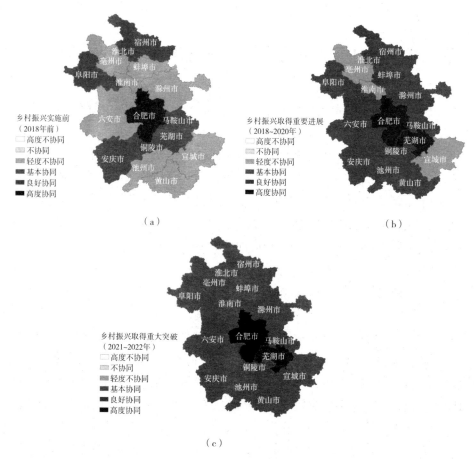

图 5 - 7 乡村振兴多元主体协同治理经济治理维度有序度时空演变分析

乡村振兴取得重要进展（2018～2020年）阶段的经济治理维度有序度评价结果，分析可知安徽省共有 2 个地级市乡村振兴多元主体协同治理经济治理维度有序度属于良好协同，分别是合肥市与芜湖市，分别属于皖中地区、皖南地区；3 个地级市属于轻度不协同，分别是亳州市、淮南市、宣城市，主要集中在皖北地区；剩余的 11 个地级市均属于基本协同。与乡村振兴实施前（2018年前）阶段相比，该阶段经济治理维度有序度属于良好协同的地级市由 1 个增加至 2 个，属于基本协同的地级市由 7 个增加至 11 个，1 个基本协同的地级市经济治理维度有序度已提升至良好协同，5 个轻度不协同的地级市经济治理维度有序度已提升至基本协同，整体上经济治理维度有序度有所提升，同样呈现中部与南部较强、北部较弱的空间分布特征。图 5 - 7 （c）表示乡村振兴取得重大突破（2021～2022年）阶段的经济治理维度有序度评价结果，分析可知安徽省共有 2 个地级市乡村振兴多元主体协同治理经济治理维度有序度属于良好协同，分别是合肥市、芜湖市，剩余的 14 个地级市均属于基本协同。与乡村振兴取得重要进展（2018~2020 年）阶段相比，该阶段经济治理维度有序度属于良好协同的地级市数目未变，属于基本协同的地级市由 11 个增加至 14 个，3 个轻度不协同的地级市经济治理维度有序度已提升至基本协同；与乡村振兴实施前（2018 年前）阶段相比，该阶段经济治理维度有序度属于良好协同的地级市由 1 个增加至 2 个，属于基本协同的地级市由 7 个增加至 14 个，1 个基本协同的地级市经济治理维度有序度已提升至良好协同，8 个轻度不协同的地级市经济治理维度有序度已提升至基本协同，整体上经济治理维度有序度有所提升，同样呈现中部与南部较强、北部较弱的空间分布特征。

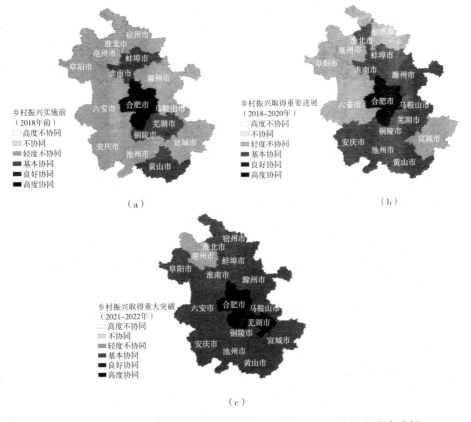

图 5 - 8　乡村振兴多元主体协同治理政治治理维度有序度时空演变分析

由图 5 - 8 可知，安徽省乡村振兴多元主体协同治理政治治理维度有序度总体上呈现逐年提升的态势，多数地级市由轻度不协同提升至基本协同，逐渐呈现中部与南部较强、北部较弱的空间分布特征。图 5-8（a）表示乡村振兴实施前（2018 年前）阶段的政治治理维度有序度评价结果，分析可知安徽省只有 1 个地级市乡村振兴多元主体协同治理政治治理维度有序度属于良好协同，即合肥市，属于皖中地区；5 个地级市属于基本协同，分别是蚌埠市、淮南市、芜湖市、黄山市、铜陵市，相对均匀地分布在皖北地区、皖南地区；剩余的 10 个地级市均属于轻度不协同，相对均匀地分布在皖中地区、皖北地区与皖南地区，总体上呈现中部与南部较强、北部较弱的空间分布特征。图 5-8（b）表示乡村振兴取得重要进展（2018~2020 年）阶段的政治治理维度有序度评价结果，分析可知安徽省只有 1 个地级市乡村振兴多元主体协同治理政治治理维度有序度属于良好协同，即合肥市，属于皖中地区；10 个地级市隶属于基本协同，分别是蚌埠市、淮南市、淮北市、滁州市、芜湖市、黄山市、铜陵市、马鞍山市、安庆市、池州市，相对均匀地分布在皖中地区、皖北地区、皖南地区；剩下 5 个地级市均属于轻度不协同，其中阜阳市、亳州市、宿州市均属于皖北地区，占据 3/5，主要分布在皖北地区，总体上呈现中部与南部较强、北部较弱的空间分布特征。与乡村振兴实施前（2018 年前）阶段相比，该阶段政治治理维度有序度属于良好协同的地级市仍然只有合肥市 1 个，属于基本协同的地级市由 5 个增加至 10 个，5 个轻度不协同的地级市政治治理维度有序度已提升至基本协同，整体上政治治理维度有序度有所提升，同样呈现中部与南部较强、北部较弱的空间分布特征。图 5-8（c）表示乡村振兴取得重大突破（2021~2022 年）阶段的政治治理维度有序度评价结果，分析可知安徽省共有 2 个地级市乡村振兴多元主体协同治理政治治理维度有序度属于良好协同，分别是合肥市、芜湖市，分别分布在皖中地区、皖南地区；1 个地级市隶属于轻度不协同，即亳州市，属于皖北地区；剩下 13 个地级市均属于基本协同。与乡村振兴取得重要进展（2018~2020 年）阶段相比，该阶段政治治理维度有序度属于良好协同的地级市由 1 个增加至 2 个，属于基本协同的地级市由 10 个增加至 13 个，属于轻度不协同的地级市由 5 个减少至 1 个，1 个基本协同的地级市政治治理维度有序度已提升至良好协同，4 个轻度不协同的地级市政治治理维度有序度已提升至基本协同；与乡村振兴实施前（2018 年前）阶段相比，该阶段政治治理维度有序度属于良好协同的地级市由 1 个增加至 2 个，属于基本协同的地级市由 5 个增加至 13 个，属于轻度不协同的地级市由 10 个减少至 1 个，1 个基本协同的地级市政治治理维度有序度已提升至良好协同，

9 个轻度不协同的地级市政治治理维度有序度已提升至基本协同，整体上政治治理维度有序度有所提升，多数地级市由轻度不协同提升至基本协同，逐渐呈现中部与南部较强、北部较弱的空间分布特征。

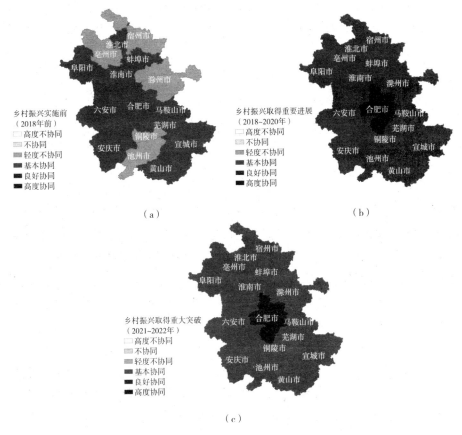

图 5 - 9 乡村振兴多元主体协同治理文化治理维度有序度时空演变分析

由图 5 - 9 可知，安徽省乡村振兴多元主体协同治理文化治理维度有序度总体上呈现逐年提升的态势，多数地级市由轻度不协同提升至基本协同，逐渐呈现南北均衡、中部较强的空间分布特征。图 5 - 9（a）表示乡村振兴实施前（2018 年前）文化治理维度有序度评价结果，分析可知安徽省尚无地级市乡村振兴多元主体协同治理文化治理维度有序度属于高度协同或良好协同，5 个地级市隶属于轻度不协同，分别是亳州市、宿州市、滁州市、池州市、铜陵市，相对均匀地分布在皖北地区、皖南地区；剩余的 11 个地级市均属于基本协同，相对均匀地分布在皖中地区、皖北地区与皖南地区，总体上呈现

南北均衡、中部较强的空间分布特征。图 5 - 9（b）表示乡村振兴取得重要
进展（2018 ~ 2020 年）阶段的文化治理维度有序度评价结果，分析可知安徽
省只有 1 个地级市乡村振兴多元主体协同治理文化治理维度有序度属于良好
协同，即合肥市，属于皖中地区；15 个地级市均属于基本协同，总体上呈现
南北均衡、中部较强的空间分布特征。与乡村振兴实施前（2018 年前）阶段
相比，该阶段文化治理维度有序度属于良好协同的地级市由 0 增加至 1 个，
属于基本协同的地级市由 11 个增加至 15 个，属于轻度不协同的地级市由 5
个减少至 0，1 个基本协同的地级市文化治理维度有序度已提升至良好协同，
5 个轻度不协同的地级市文化治理维度有序度已提升至基本协同，整体上
文化治理维度有序度有所提升，呈现南北均衡、中部较强的空间分布特征。
图 5 - 9（c）表示乡村振兴取得重大突破（2021 ~ 2022 年）阶段的文化治
理维度有序度评价结果，分析可知安徽省仍然只有 1 个地级市乡村振兴多元
主体协同治理文化治理维度有序度属于良好协同，即合肥市，属于皖中地区；
剩余的 15 个地级市均属于基本协同，总体上呈现南北均衡、中部较强的空间
分布特征。与乡村振兴取得重要进展（2018 ~ 2020 年）阶段相比，该阶段文
化治理维度有序度各地级市所属协同状态基本没有发生变化；与乡村振兴实
施前（2018 年前）阶段相比，该阶段文化治理维度有序度属于良好协同的地
级市由 0 增加至 1 个，属于基本协同的地级市由 11 个增加至 15 个，属于轻
度不协同的地级市由 5 个减少至 0，1 个基本协同的地级市文化治理维度有序
度已提升至良好协同，5 个轻度不协同的地级市文化治理维度有序度已提升
至基本协同，整体上文化治理维度有序度有所提升，多数地级市由轻度不协
同提升至基本协同，逐渐呈现南北均衡、中部较强的空间分布特征。

由图 5 - 10 可知，安徽省乡村振兴多元主体协同治理社会治理维度有序
度总体上呈现逐年提升的态势，多数地级市由基本协同提升至良好协同，普遍
优于经济治理、政治治理与文化治理维度有序度的协同状态，且逐渐呈现中部
与南部较强、北部较弱的空间分布特征。图 5 - 10（a）表示乡村振兴实施前
（2018 年前）阶段的社会治理维度有序度评价结果，分析可知安徽省有 3 个地
级市乡村振兴多元主体协同治理社会治理维度有序度属于良好协同，分别是合
肥市、芜湖市、蚌埠市，分别属于皖中地区、皖南地区、皖北地区；剩余的 13
个地级市属于基本协同，相对均匀地分布在皖中地区、皖北地区、皖南地区，
总体上呈现中部与南部较强、北部较弱的空间分布特征。图 5 - 10（b）表示乡
村振兴取得重要进展（2018 ~ 2020 年）阶段的社会治理维度有序度评价结果，

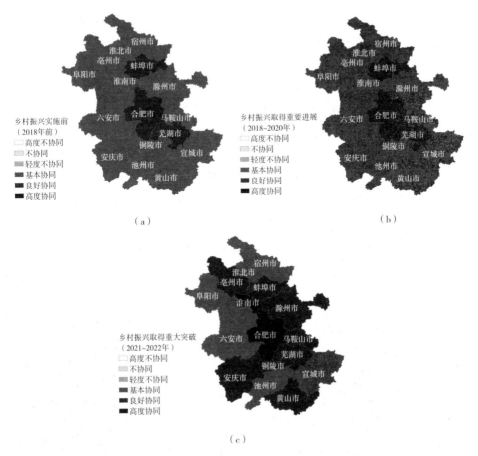

（a）

（b）

（c）

图 5-10　乡村振兴多元主体协同治理社会治理维度有序度时空演变分析

分析可知安徽省仍然只有 3 个地级市乡村振兴多元主体协同治理社会治理维度有序度属于良好协同，分别是合肥市、芜湖市、蚌埠市，分别属于皖中地区、皖南地区、皖北地区；剩余的 13 个地级市属于基本协同，总体上呈现中部与南部较强、北部较弱的空间分布特征。与乡村振兴实施前（2018 年前）阶段相比，该阶段社会治理维度有序度各地级市所属协同状态基本没有发生变化，但整体上社会治理维度有序度数值有所提升，同样呈现中部与南部较强、北部较弱的空间分布特征。图 5-10（c）表示乡村振兴取得重大突破（2021～2022年）阶段的社会治理维度有序度评价结果，分析可知安徽省有 1 个地级市乡村振兴多元主体协同治理社会治理维度有序度属于高度协同，即合肥市，属于皖中地区；6 个地级市隶属于基本协同，分别是阜阳市、淮北市、宿州市、六安市、池州市、宣城市，较多分布在皖北地区，总体上呈现中部与南部较强、北部较弱的空间分布特征；剩余的 9 个地级市均属于良好协同，总体上呈现中部与南部较强、北部较弱的空间分布特征。与乡村振兴取得重要进展（2018～2020 年）阶段相比，该阶段社会治理维度有序度属于高度协同的地级市由 0 增加至 1 个，属于良好协同的地级市由 3 个增加至 9 个，基本协同的地级市由 13 个减少至 6 个，1 个良好协同的地级市社会治理维度有序度已提升至高度协同，6 个基本协同的地级市社会治理维度有序度已提升至良好协同；与乡村振兴实施前（2018 年前）阶段相比，该阶段社会治理维度有序度属于高度协同的地级市由 0 增加至 1 个，属于良好协同的地级市由 3 个增加至 9 个，属于基本协同的地级市由 13 个减少至 6 个，1 个良好协同的地级市社会治理维度有序度已提升至高度协同，7 个基本协同的地级市社会治理维度有序度已提升至良好协同，整体上社会治理维度有序度有所提升，多数地级市由基本协同提升至良好协同，逐渐呈现中部与南部较强、北部较弱的空间分布特征。

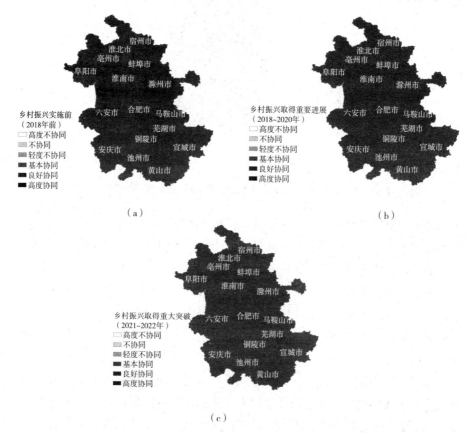

（a） （b）

（c）

图 5-11　乡村振兴多元主体协同治理生态治理维度有序度时空演变分析

由图 5 – 11 可知，安徽省乡村振兴多元主体协同治理生态治理维度有序度总体上呈现逐年提升的态势，多数地级市所属协同状态基本没有发生变化，多元主体协同治理效应提升较为缓慢，且呈现安徽省全境均衡发展的空间分布特征，与经济治理、政治治理、文化治理与社会治理 4 个维度的维度有序度差距较大。图 5 – 11（a）表示乡村振兴实施前（2018 年前）阶段的生态治理维度有序度评价结果，分析可知安徽省 16 个地级市均属于基本协同发展状态，总体上呈现安徽省全境均衡发展的空间分布特征。图 5 – 11（b）表示乡村振兴取得重要进展（2018～2020 年）阶段的生态治理维度有序度评价结果，分析可知安徽省 16 个地级市均属于基本协同发展状态，总体上呈现安徽省全境均衡发展的空间分布特征。与乡村振兴实施前（2018 年前）阶段相比，该阶段生态治理维度有序度各地级市所属协同状态基本没有发生变化，但整体上生态治理维度有序度数值有所提升，同样呈现安徽省全境均衡发展的空间分布特征。图 5 – 11（c）表示乡村振兴取得重大突破（2021～2022 年）阶段的生态治理维度有序度评价结果，分析可知安徽省 16 个地级市均属于基本协同发展状态，总体上呈现安徽省全境均衡发展的空间分布特征。与乡村振兴取得重要进展（2018～2020 年）阶段相比，该阶段生态治理维度有序度各地级市所属协同状态基本没有发生变化；与乡村振兴实施前（2018 年前）阶段相比，该阶段生态治理维度有序度各地级市所属协同状态同样基本没有发生变化，但整体上生态治理维度有序度数值有所提升，同样呈现安徽省全境均衡发展的空间分布特征。

二、综合协同效应时空演变分析

为更加清晰地呈现安徽省乡村振兴多元主体协同治理综合协同效应的时空演变特征，结合上述研究中乡村振兴多元主体协同治理综合协同效应测度评价及其时间序列分析结果，利用 Arc GIS 绘图软件绘制并呈现安徽省 16 个地级市及其组成的皖中地区、皖南地区、皖北地区三大区域间综合协同效应的时空演变特征，具体分析结果见图 5 – 12，其中图（a）、（b）与（c）分别代表乡村振兴实施前（2018 年前）、乡村振兴取得重要进展（2018～2020 年）、乡村振兴取得重大突破（2021～2022 年）3 个时间段的安徽省乡村振兴多元主体协同治理综合协同效应评价结果。

分析图 5 – 12 可知，安徽省乡村振兴多元主体协同治理综合协同效应总

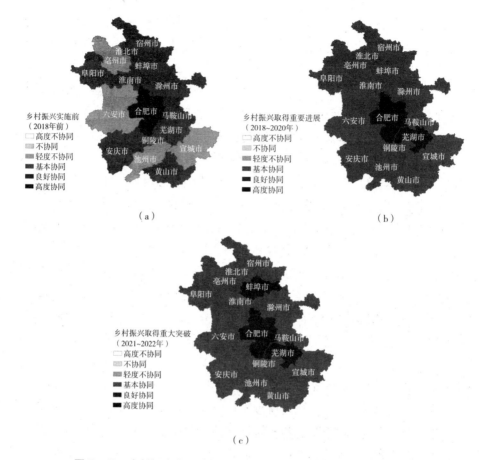

（a）（b）（c）

图 5 - 12　乡村振兴多元主体协同治理综合协同效应时空演变分析

体上呈现逐年提升的态势，多数地级市由轻度不协同提升至基本协同，且逐渐呈现中部与北部较强、南部较弱的空间分布特征。图 5 - 12（a）表示乡村振兴实施前（2018 年前）阶段的综合协同效应评价结果，分析可知安徽省只有 1 个地级市乡村振兴多元主体协同治理综合协同效应属于良好协同，即合肥市，属于皖中地区；4 个地级市属于轻度不协同，分别是亳州市、六安市、池州市、宣城市，相对均匀地分布在皖中地区、皖北地区、皖南地区；剩余的 11 个地级市均属于基本协同，相对均匀地分布在皖中地区、皖北地区、皖南地区，总体上呈现中部与北部较强、南部较弱的空间分布特征。图 5 - 12（b）表示乡村振兴取得重要进展（2018 ~ 2020 年）阶段的综合协同效应评价结果，分析可知安徽省共有 2 个地级市乡村振兴多元主体协同治理综合协同效应属于良好协同，分别是合肥市与芜湖市，分别隶属于皖中地区、皖南

地区；剩余的 14 个地级市均属于基本协同。与乡村振兴实施前（2018 年前）
阶段相比，该阶段综合协同效应属于良好协同的地级市由 1 个增加至 2 个，
属于基本协同的地级市由 11 个增加至 14 个，属于轻度不协同的地级市由 4
个减少至 0，1 个基本协同的地级市综合协同效应已提升至良好协同，4 个轻
度不协同的地级市综合协同效应已提升至基本协同，整体上综合协同效应有
所提升，同样呈现中部与北部较强、南部较弱的空间分布特征。图 5 - 12
（c）表示乡村振兴取得重大突破（2021~2022 年）阶段的综合协同效应评价
结果，分析可知安徽省共有 3 个地级市乡村振兴多元主体协同治理综合协同
效应属于良好协同，分别是合肥市、芜湖市、蚌埠市，相对均匀地分布在皖
中地区、皖北地区、皖南地区；剩余的 13 个地级市均属于基本协同。与乡村
振兴取得重要进展（2018~2020 年）阶段相比，该阶段综合协同效应属于良
好协同的地级市由 2 个增加至 3 个，属于基本协同的地级市由 14 个减少至 13
个，1 个基本协同的地级市综合协同效应已提升至良好协同；与乡村振兴实
施前（2018 年前）阶段相比，该阶段综合协同效应属于良好协同的地级市由
1 个增加至 3 个，属于基本协同的地级市由 11 个增加至 14 个，属于轻度不协
同的地级市由 4 个减少至 0，2 个基本协同的地级市综合协同效应已提升至良
好协同，4 个轻度不协同的地级市综合协同效应已提升至基本协同，整体上
综合协同效应有所提升，同样呈现中部与北部较强、南部较弱的空间分布
特征。

第三节　主要结论分析

　　根据安徽省 16 个地级市及其组成的三大区域乡村振兴多元主体协同治理
维度有序度与综合协同效应评价与时间序列分析结果，运用 Arc GIS 绘图软
件绘制出乡村振兴多元主体协同治理维度有序度与综合协同效应的空间分布
差异与时空演变特征，以期更为直观、更加明确地分析乡村振兴多元主体协
同治理效应及其相关性质，助力乡村振兴多元主体协同治理效应的有效提升。
　　维度有序度空间分异结果表明虽然皖中地区、皖南地区、皖北地区关于
经济治理、政治治理、文化治理、社会治理以及生态治理 5 个维度的维度有
序度均处于良好协同发展阶段，三大区域间各维度治理水平差距较小，但就
各区域所包括的地级市各维度有序度评价结果比较结果却各不相同，其中政

治治理、经济治理、社会治理以及生态治理维度有序度普遍呈现中部与南部较强、北部较弱的空间分布特征，而文化治理维度有序度则呈现南北均衡、中部较强的空间分布特征。安徽省乡村振兴多元主体协同治理经济治理维度有序度整体水平较高，就各区域所包括的地级市经济治理维度有序度评价结果比较分析可知，安徽省多数地级市乡村振兴多元主体协同治理经济治理维度有序度处于良好协同发展阶段，空间上呈现中部与南部较强、北部较弱的分布特征。安徽省乡村振兴多元主体协同治理政治治理维度有序度整体水平中等偏上，就各区域所包括的地级市政治治理维度有序度评价结果比较分析可知，安徽省多数地级市乡村振兴多元主体协同治理政治治理维度有序度处于良好协同发展阶段，空间上呈现中部与南部较强、北部较弱的分布特征。安徽省乡村振兴多元主体协同治理文化治理维度有序度整体水平一般，处于中等偏下水平，就各区域所包括的地级市文化治理维度有序度评价结果比较分析可知，安徽省多数地级市乡村振兴多元主体协同治理文化治理维度有序度处于良好协同发展阶段，空间上分布相对均匀，呈现南北均衡、中部较强的分布特征。安徽省乡村振兴多元主体协同治理社会治理维度有序度总体上较高，略低于经济治理维度，就各区域所包括的地级市社会治理维度有序度评价结果比较分析可知，安徽省多数地级市乡村振兴多元主体协同治理社会治理维度有序度处于良好协同发展阶段，空间上分布相对均匀，呈现中部与南部较强、北部较弱的分布特征。安徽省乡村振兴多元主体协同治理生态治理维度有序度整体水平较低，就各区域所包括的地级市生态治理维度有序度评价结果比较分析可知，安徽省多数地级市乡村振兴多元主体协同治理生态治理维度有序度处于基本协同发展阶段，空间上分布相对均匀，呈现均衡发展的分布特征。

综合协同效应空间分异结果表明安徽省乡村振兴多元主体协同治理综合协同效应整体水平一般，虽然皖中地区、皖南地区、皖北地区均处于基本协同发展阶段，三大区域间的综合协同效应差距较小，但就各区域所包括的地级市综合协同效应评价结果比较分析可知，安徽省多数地级市乡村振兴多元主体协同治理生态治理维度有序度处于基本协同发展阶段，空间上呈现中部与北部较强、南部较弱的分布特征，与政治治理、文化治理、社会治理与生态治理4个维度的维度有序度空间分异特征差距较大，与经济治理维度有序度空间分异特征差距较小，二者基本相似。

维度有序度时空演变分析结果表明安徽省乡村振兴多元主体协同治理经

济治理维度有序度总体上呈现逐年提升的态势，多数地级市由轻度不协同上升至基本协同，且逐渐呈现中部与南部较强、北部较弱的空间分布特征。乡村振兴取得重大突破（2021~2022 年）阶段与乡村振兴实施前（2018 年前）阶段相比，该阶段经济治理维度有序度属于良好协同的地级市由 1 个增加至 2 个，属于基本协同的地级市由 7 个增加至 14 个，1 个基本协同的地级市经济治理维度有序度已提升至良好协同，8 个轻度不协同的地级市经济治理维度有序度已提升至基本协同，整体上经济治理维度有序度有所提升，多数地级市由轻度不协同提升至基本协同，且逐渐呈现中部与南部较强、北部较弱的空间分布特征。安徽省乡村振兴多元主体协同治理政治治理维度有序度总体上呈现逐年提升的态势，多数地级市由轻度不协同上升至基本协同，逐渐呈现中部与南部较强、北部较弱的空间分布特征。乡村振兴取得重大突破（2021~2022 年）阶段与乡村振兴实施前（2018 年前）阶段相比，该阶段政治治理维度有序度属于良好协同的地级市由 1 个增加至 2 个，属于基本协同的地级市由 5 个增加至 13 个，属于轻度不协同的地级市由 10 个减少至 1 个，1 个基本协同的地级市政治治理维度有序度已提升至良好协同，9 个轻度不协同的地级市政治治理维度有序度已提升至基本协同，整体上政治治理维度有序度有所提升，多数地级市由轻度不协同提升至基本协同，逐渐呈现中部与南部较强、北部较弱的空间分布特征。安徽省乡村振兴多元主体协同治理文化治理维度有序度总体上呈现逐年提升的态势，多数地级市由轻度不协同提升至基本协同，逐渐呈现南北均衡、中部较强的空间分布特征。乡村振兴取得重大突破（2021~2022 年）阶段与乡村振兴实施前（2018 年前）阶段相比，该阶段文化治理维度有序度属于良好协同的地级市由 0 增加至 1 个，属于基本协同的地级市由 11 个增加至 15 个，属于轻度不协同的地级市由 5 个减少至 0，1 个基本协同的地级市文化治理维度有序度已提升至良好协同，5 个轻度不协同的地级市文化治理维度有序度已提升至基本协同，整体上文化治理维度有序度有所提升，多数地级市由轻度不协同提升至基本协同，逐渐呈现南北均衡、中部较强的空间分布特征。安徽省乡村振兴多元主体协同治理社会治理维度有序度总体上逐年提升，多数地级市由基本协同上升至良好协同，普遍优于经济治理、政治治理与文化治理维度有序度的协同状态，且逐渐呈现中部与南部较强、北部较弱的空间分布特征。乡村振兴取得重大突破（2021~2022 年）阶段与乡村振兴实施前（2018 年前）阶段相比，该阶段社会治理维度有序度属于高度协同的地级市由 0 增加至 1 个，属于良好协同的地级市由 3 个增加至 9 个，属于基本协同的地级市由 13 个减少至 6 个，1 个良好协同的地级市社会治理维度有序度已提升至高度协同，7 个基本协同的地级市社会治理维度有序度已提升至良好协同，整体上社会治理维度有序度有所提升，多数地级市由基本协同提升至良好协同，逐渐呈现中部与南部较强、北部较弱的空间分布特征。安徽省乡村振兴多元主体协同治理生态治理维度有序度总体上呈现逐年提升的态势，多数地级市所属协同状态基本没有发生变化，多元主体协同治理效应提升较为缓慢，且呈现安徽省全境均衡发展的空间分布特征，与经济治理、政治治理、文化治理与社会治理 4 个维度的维度有序度差距较大。乡村振兴取得重大突破（2021～2022 年）阶段与乡村振兴实施前（2018 年前）阶段相比，该阶段生态治理维度有序度各地级市所属协同状态同样基本没有发生变化，但整体上生态治理维度有序度数值有所提升，同样呈现安徽省全境均衡发展的空间分布特征。

综合协同效应时空演变分析结果表明安徽省乡村振兴多元主体协同治理综合协同效应总体上呈现逐年提升的态势，多数地级市由轻度不协同提升至基本协同，且逐渐呈现中部与北部较强、南部较弱的空间分布特征。乡村振兴取得重大突破（2021～2022 年）阶段与乡村振兴实施前（2018 年前）阶段相比，该阶段综合协同效应属于良好协同的地级市由 1 个增加至 3 个，属于基本协同的地级市由 11 个增加至 14 个，属于轻度不协同的地级市由 4 个减少至 0，2 个基本协同的地级市综合协同效应已提升至良好协同，4 个轻度不协同的地级市综合协同效应已提升至基本协同，整体上综合协同效应有所提升，同样呈现中部与北部较强、南部较弱的空间分布特征。

第六章 乡村振兴多元主体协同治理效应预测性分析

第一节 模型构建与方法选择

《国家乡村振兴战略规划（2018－2022年）》（以下简称《规划》）深刻把握乡村治理现代化建设规律与乡村经济社会发展变化特征，准确研判乡村地区经济社会发展趋势和城乡关系演变发展态势，对实施乡村振兴战略作出阶段性谋划，分别明确至2020年全面建成小康社会和2022年召开党的二十大时的目标任务，助力乡村地区经济繁荣发展、乡村治理现代化建设。到2020年，乡村振兴的制度框架和政策体系基本完成；到2022年，乡村振兴的制度框架和政策体系初步健全。基于此阶段发展目标，《规划》中更是提出了远景谋划，到2035年，乡村振兴取得决定性进展，农业农村现代化基本实现；到2050年，乡村全面振兴，农业强、农村美、农民富全面实现。因此，基于上述章节中关于乡村振兴多元主体协同治理维度有序度与综合协同效应测定评价、时间序列分析及其区域异质性与时空演变分析等多方面的研究成果，结合《规划》实施的远景谋划，有必要对乡村振兴多元主体协同治理维度有序度与综合协同效应进行预测性分析，以合理预测乡村振兴多元主体协同治理经济治理、政治治理、文化治理、社会治理、生态治理5个治理维度的维度有序度及其综合协同效应的未来发展趋势，进而明确乡村振兴战略下一步实施过程中的工作重点、基础优势与工作难点，进一步促进乡村振兴多元主体协同效应的有效提升，更好地实现乡村治理现代化、乡村地区全面振兴的奋斗目标。

灰色预测模型是常见的预测模型之一，与趋势外推预测方法、回归预测方法、卡尔曼滤波预测模型、BP神经网络预测模型等常见预测模型相比，基于灰色系统理论的灰色预测模型，通过鉴别系统内各要素之间发展趋势的相异程度，即关联分析，对原始数据进行处理，生成具有较强规律性的数据序列，然后建立相应的微分方程模型以预测各要素的未来发展趋势，其突出优点在于对数据序列个数要求不高，适用于数据序列无特别明显规律、随机性强的目标预测，更适合做中短期预测，且精度较高、易于检验（沈璐，2020；张可，2020）。本书主要基于乡村振兴实施前（2018 年前）、乡村振兴取得重要进展（2018～2020 年）、乡村振兴取得重大突破（2021～2022 年）3 个时间段的数据序列，对乡村振兴多元主体协同治理维度有序度与综合协同效应进行时间序列分析，因此样本数据序列个数仅为 3 个，相对较少，且3 个数据序列均无明显规律、随机性较强，因此灰色预测模型能够很好地适用于本研究。灰色预测模型多种多样，GM（1，1）模型的使用最为广泛，其中（1，1）指的是运用一阶微分方程对一个变量进行灰色预测。基于灰色系统的理论思想，GM（1，1）模型将离散变量连续化，用微分方程代替传统做法中的差分方程，按照时间累加形成一组趋势较为明显的新数据序列，用一阶线性微分方程的解来无限逼近新数据序列所呈现的分布规律，然后再用累减的方法逆向计算，恢复原始数据序列，进而得到预测结果（邱婧玲，2021；丁海峰，2021）。基于本研究的特定研究目的，设定适用于本研究的GM（1，1）模型，具体建模过程如下：

GM（1，1）模型反映了某一变量对时间的一阶微分函数关系，其相应的微分方程为：

$$\frac{dx^{(1)}}{dt} + ax^{(1)} = u \qquad (6-1)$$

其中，$x^{(1)}$ 代表经过一次累加生成的新数据序列，t 为时间，a、u 为待估参数，分别称之为发展系数和灰色作业量。

（1）建立一次累加生成的新数据序列。假定原始数据序列为：

$$x^{(0)} = \{x^{(0)}(1), x^{(0)}(2), x^{(0)}(3), \cdots, x^{(0)}(i), \cdots, x^{(0)}(n)\} \qquad (6-2)$$

其中，i＝1，2，…，n。如无特别说明，下式中变量 i 均满足 i＝1，2，…，n，下列分析中均不再赘述。按照下述加总方法对原始数据序列一次累加，得到生成的新数据序列：

$$x^{(1)}(i) = \sum_{m=1}^{i} x^{(0)}(m) \qquad (6-3)$$

$$x^{(1)} = \{x^{(1)}(1), x^{(1)}(2), x^{(1)}(3), \cdots, x^{(1)}(i), \cdots, x^{(1)}(n)\} \qquad (6-4)$$

（2）构造累加矩阵（B）与常数项向量（y_n）。

$$B = \begin{bmatrix} -\dfrac{1}{2}\left[x^{(1)}(1) + x^{(1)}(2)\right] & 1 \\[2mm] -\dfrac{1}{2}\left[x^{(1)}(2) + x^{(1)}(3)\right] & 1 \\[1mm] \vdots & \vdots \\[1mm] -\dfrac{1}{2}\left[x^{(1)}(n-1) + x^{(1)}(n)\right] & 1 \end{bmatrix} \qquad (6-5)$$

$$y_n = \left[x^{(0)}(2), x^{(0)}(3), \cdots, x^{(0)}(i), \cdots, x^{(0)}(n)\right]^T \qquad (6-6)$$

（3）利用最小二乘法求解$\hat{a}$，进而求解待估参数 a、u。

$$\hat{a} = \begin{bmatrix} a \\ u \end{bmatrix} = (B^T B)^{-1} B^T y_n \qquad (6-7)$$

（4）将参数 a、u 代入一次累加后的新数据序列，

$$\hat{x}^{(1)}(t+1) = \left(x^{(0)}(1) - \frac{u}{a}\right) e^{-at} + \frac{u}{a} \qquad (6-8)$$

$$\hat{x}^{(0)}(t+1) = \hat{x}^{(1)}(t+1) - \hat{x}^{(1)}t \qquad (6-9)$$

（5）对上述结果进行累减还原，即可得到预测值：

$$\hat{x}^{(0)} = \left\{\hat{x}^{(0)}(1), \hat{x}^{(0)}(2), \hat{x}^{(0)}(3), \cdots, \hat{x}^{(0)}(n), \cdots, \hat{x}^{(0)}(n+m)\right\}$$
$$(6-10)$$

其中，$\left\{\hat{x}^{(0)}(1), \hat{x}^{(0)}(2), \hat{x}^{(0)}(3), \cdots, \hat{x}^{(0)}(n)\right\}$为原始数据序列，$\{\hat{x}^{(0)}(n+1), \cdots, \hat{x}^{(0)}(n+m)\}$则为预测数据序列，m 代表向后期数。

（6）计算残差$\varepsilon^{(0)}$与相对误差 e(t)，

$$\varepsilon^{(0)}(t) = x^{(0)}(t) - \hat{x}^{(0)}t \qquad (6-11)$$

$$e(t) = \frac{e^{(0)}(t)}{x^{(0)}(t)} \qquad (6-12)$$

根据计算得到的残差进行残差检验，即对模型预测还原值与实际值的残差进行逐点检验，判断预测值与原始值之间的差异程度，因此残差越小，说明预测结果越准确。根据计算得到的相对误差进行相对误差检验，相对误差越小，说明预测结果越准确。

第二节　维度有序度预测性分析

一、各地级市维度有序度预测性分析

结合上述章节中安徽省各地级市乡村振兴多元主体协同治理维度有序度测度评价及其时间序列分析结果，基于乡村振兴实施前（2018 年前）、乡村振兴取得重要进展（2018～2020 年）、乡村振兴取得重大突破（2021～2022年）3 个时间段的原始数据序列，运用上述构建的 GM（1，1）模型，预测各地级市维度有序度在未来 2 期时间内的发展态势。同时，各地级市维度有序度所构成的原始数据序列均通过级比检验，预测模型均通过残差检验、相对误差检验等模型检验，说明原始数据序列与预测模型的科学性与可靠性。为提高文章的可读性，基于本书主要的研究目的，下列分析中仅报告预测数据，相应的检验数据不再罗列说明。

（一）各地级市经济治理维度有序度预测性分析

为对乡村振兴多元主体协同治理经济治理维度有序度进行预测性分析，构建 GM（1，1）模型，在原始数据序列通过级比检验且预测模型通过残差检验、相对误差检验等一系列模型检验的基础上，对安徽省及其各地级市经济治理维度有序度进行相应的灰色预测分析，具体预测结果如表 6－1 所示。

表 6－1　　　　各地级市乡村振兴多元主体协同治理
经济治理维度有序度预测性分析

地区	乡村振兴实施前（2018 年前）	乡村振兴取得重要进展（2018～2020 年）	乡村振兴取得重大突破（2021～2022 年）	向后 1 期	向后 2 期
合肥市	0.624	0.782	0.843	0.908	0.979
芜湖市	0.598	0.683	0.702	0.721	0.742
蚌埠市	0.382	0.492	0.534	0.579	0.629
淮南市	0.276	0.382	0.473	0.582	0.720
马鞍山市	0.514	0.583	0.528	0.478	0.433

续表

地区	乡村振兴实施前（2018 年前）	乡村振兴取得重要进展（2018~2020 年）	乡村振兴取得重大突破（2021~2022 年）	向后 1 期	向后 2 期
淮北市	0.452	0.528	0.593	0.665	0.747
铜陵市	0.419	0.492	0.534	0.579	0.629
安庆市	0.502	0.547	0.597	0.651	0.711
黄山市	0.384	0.438	0.493	0.554	0.624
滁州市	0.382	0.453	0.504	0.560	0.623
阜阳市	0.485	0.528	0.539	0.550	0.562
宿州市	0.415	0.489	0.542	0.600	0.665
六安市	0.382	0.485	0.483	0.481	0.479
亳州市	0.298	0.382	0.449	0.526	0.618
池州市	0.303	0.413	0.411	0.409	0.407
宣城市	0.311	0.364	0.429	0.504	0.594
安徽省	0.420	0.503	0.541	0.582	0.625

由表 6-1 可知，安徽省乡村振兴多元主体协同治理经济治理维度有序度整体发展趋势较好，多数地级市呈现逐年提升的良好发展态势。安徽省于乡村振兴实施前（2018 年前）、乡村振兴取得重要进展（2018~2020 年）、乡村振兴取得重大突破（2021~2022 年）3 个时间段的乡村振兴多元主体协同治理经济治理维度有序度分别为 0.420、0.503、0.541，向后 1 期与向后 2 期的预测结果为 0.582、0.625，平均增速达到 0.040，增长趋势较为显著，有望由基本协同转变为良好协同状态。具体到各地级市经济治理维度有序度预测性结果分析，马鞍山市、六安市、池州市 3 个地级市向后 1 期与向后 2 期的经济治理维度有序度呈现递减发展趋势，这可能是由于资源总量有限、资源转化效率不高等原因，要加大关注力度，给予更多的重视；除了上述 3 个地级市外，安徽省其余的 13 个地级市经济治理维度有序度均呈现逐年提升的良好发展态势，其中合肥市、芜湖市、蚌埠市、滁州市、宣城市等地级市提升较快，发展态势较好。

（二）各地级市政治治理维度有序度预测性分析

为对乡村振兴多元主体协同治理政治治理维度有序度进行预测性分析，构建 GM（1，1）模型，在原始数据序列通过级比检验且预测模型通过残差检验、相对误差检验等一系列模型检验的基础上，对安徽省及其各地级市政治治理维度有序度进行相应的灰色预测分析，具体预测结果如表 6 - 2 所示。

表 6 - 2　　　　　　各地级市乡村振兴多元主体协同治理
政治治理维度有序度预测性分析

地区	乡村振兴实施前 （2018 年前）	乡村振兴取得 重要进展 （2018 ~ 2020 年）	乡村振兴取得 重大突破 （2021 ~ 2022 年）	向后 1 期	向后 2 期
合肥市	0.623	0.642	0.703	0.769	0.842
芜湖市	0.534	0.563	0.621	0.684	0.755
蚌埠市	0.424	0.567	0.598	0.631	0.665
淮南市	0.431	0.492	0.528	0.566	0.608
马鞍山市	0.392	0.438	0.482	0.530	0.583
淮北市	0.391	0.453	0.501	0.554	0.612
铜陵市	0.432	0.488	0.529	0.573	0.621
安庆市	0.372	0.424	0.462	0.503	0.548
黄山市	0.428	0.482	0.488	0.494	0.500
滁州市	0.394	0.483	0.528	0.577	0.630
阜阳市	0.271	0.372	0.483	0.621	0.805
宿州市	0.311	0.363	0.421	0.487	0.565
六安市	0.326	0.387	0.438	0.495	0.560
亳州市	0.343	0.384	0.382	0.380	0.378
池州市	0.382	0.425	0.452	0.481	0.511
宣城市	0.332	0.342	0.427	0.530	0.661
安徽省	0.399	0.457	0.503	0.553	0.609

由表 6 - 2 可知，安徽省乡村振兴多元主体协同治理政治治理维度有序度整体发展趋势较好，多数地级市呈现逐年提升的良好发展态势。安徽省于乡村振兴实施前（2018 年前）、乡村振兴取得重要进展（2018 ~ 2020 年）、乡村振兴取得重大突破（2021 ~ 2022 年）3 个时间段的乡村振兴多元主体协同治理政治治理维度有序度分别为 0.399、0.457、0.503，向后 1 期与向后 2 期的预测结果为 0.553、0.609，平均增速达到 0.050，增长趋势较为显著，有望由基本协同转变为良好协同状态。具体到各地级市政治治理维度有序度预测性结果分析，亳州市政治治理维度有序度未来发展呈现递减趋势，向后 1 期与向

后 2 期的政治治理维度有序度分别为 0.380、0.378，处于轻度不协同发展状态，需要给予更多的重视；除了上述 1 个地级市外，安徽省其余 15 个地级市政治治理维度有序度均呈现逐年提升的良好发展态势，且发展速度较快，其中合肥市、芜湖市、马鞍山市、滁州市、宣城市等地级市提升较快，发展态势较好。

（三）各地级市文化治理维度有序度预测性分析

为对乡村振兴多元主体协同治理文化治理维度有序度进行预测性分析，构建 GM（1，1）模型，在原始数据序列通过级比检验且预测模型通过残差检验、相对误差检验等一系列模型检验的基础上，对安徽省及其各地级市文化治理维度有序度进行相应的灰色预测分析，具体预测结果如表 6 - 3 所示。

表 6 - 3 各地级市乡村振兴多元主体协同治理
文化治理维度有序度预测性分析

地区	乡村振兴实施前（2018 年前）	乡村振兴取得重要进展（2018 ~ 2020 年）	乡村振兴取得重大突破（2021 ~ 2022 年）	向后 1 期	向后 2 期
合肥市	0.519	0.605	0.632	0.660	0.690
芜湖市	0.473	0.524	0.573	0.626	0.685
蚌埠市	0.482	0.558	0.555	0.552	0.549
淮南市	0.501	0.522	0.547	0.573	0.601
马鞍山市	0.438	0.492	0.511	0.531	0.551
淮北市	0.423	0.487	0.527	0.570	0.617
铜陵市	0.391	0.438	0.475	0.515	0.558
安庆市	0.424	0.493	0.524	0.557	0.592
黄山市	0.482	0.513	0.574	0.641	0.718
滁州市	0.385	0.427	0.483	0.545	0.617
阜阳市	0.418	0.492	0.513	0.535	0.558
宿州市	0.394	0.418	0.434	0.451	0.468
六安市	0.403	0.481	0.513	0.547	0.583
亳州市	0.399	0.413	0.474	0.543	0.623
池州市	0.368	0.427	0.482	0.543	0.613
宣城市	0.405	0.436	0.472	0.511	0.553
安徽省	0.432	0.483	0.518	0.555	0.595

由表6-3可知，安徽省乡村振兴多元主体协同治理文化治理维度有序度整体发展趋势较好，多数地级市呈现逐年提升的良好发展态势。安徽省于乡村振兴实施前（2018年前）、乡村振兴取得重要进展（2018~2020年）、乡村振兴取得重大突破（2021~2022年）3个时间段的乡村振兴多元主体协同治理文化治理维度有序度分别为0.432、0.483、0.518，向后1期与向后2期的预测结果为0.555、0.595，平均增速达到0.039，增长趋势较为显著。具体到各地级市文化治理维度有序度预测性结果分析，蚌埠市文化治理维度有序度未来发展呈现递减趋势，向后1期与向后2期的文化治理维度有序度分别为0.552、0.549，处于基本协同发展状态，但仍需要给予更多的重视；除了上述1个地级市外，安徽省其余15个地级市文化治理维度有序度均呈现逐年提升的良好发展态势，且发展速度较快，其中芜湖市、淮北市、黄山市、滁州市、亳州市等地级市提升较快，发展态势较好。

（四）各地级市社会治理维度有序度预测性分析

为对乡村振兴多元主体协同治理社会治理维度有序度进行预测性分析，构建GM（1，1）模型，在原始数据序列通过级比检验且预测模型通过残差检验、相对误差检验等一系列模型检验的基础上，对安徽省及其各地级市社会治理维度有序度进行相应的灰色预测分析，具体预测结果如表6-4所示。

表6-4 　　　　　各地级市乡村振兴多元主体协同治理
社会治理维度有序度预测性分析

地区	乡村振兴实施前 （2018年前）	乡村振兴取得 重要进展 （2018~2020年）	乡村振兴取得 重大突破 （2021~2022年）	向后1期	向后2期
合肥市	0.724	0.793	0.834	0.877	0.922
芜湖市	0.634	0.682	0.712	0.743	0.776
蚌埠市	0.613	0.654	0.655	0.656	0.657
淮南市	0.528	0.582	0.612	0.643	0.677
马鞍山市	0.534	0.595	0.634	0.675	0.720
淮北市	0.492	0.527	0.583	0.644	0.713
铜陵市	0.519	0.528	0.601	0.683	0.777
安庆市	0.527	0.567	0.625	0.688	0.759
黄山市	0.498	0.572	0.614	0.659	0.707

续表

地区	乡村振兴实施前 （2018 年前）	乡村振兴取得 重要进展 （2018～2020 年）	乡村振兴取得 重大突破 （2021～2022 年）	向后 1 期	向后 2 期
滁州市	0.514	0.594	0.627	0.662	0.698
阜阳市	0.502	0.563	0.599	0.637	0.678
宿州市	0.511	0.582	0.578	0.574	0.570
六安市	0.526	0.594	0.583	0.572	0.562
亳州市	0.532	0.553	0.601	0.653	0.709
池州市	0.501	0.556	0.598	0.643	0.691
宣城市	0.499	0.548	0.596	0.648	0.704
安徽省	0.541	0.593	0.628	0.665	0.704

由表 6－4 可知，安徽省乡村振兴多元主体协同治理社会治理维度有序度整体发展趋势较好，多数地级市呈现逐年提升的良好发展态势。安徽省于乡村振兴实施前（2018 年前）、乡村振兴取得重要进展（2018～2020 年）、乡村振兴取得重大突破（2021～2022 年）3 个时间段的乡村振兴多元主体协同治理社会治理维度有序度分别为 0.541、0.593、0.628，向后 1 期与向后 2 期的预测结果为 0.665、0.704，平均增速达到 0.037，增长趋势较为显著。具体到各地级市社会治理维度有序度预测性结果分析，宿州市、六安市社会治理维度有序度未来发展呈现递减趋势，向后 1 期的社会治理维度有序度分别为 0.574、0.572，向后 2 期的社会治理维度有序度分别为 0.570、0.562，处于基本协同发展状态，需要给予更多的重视；除了上述 2 个地级市外，安徽省其余 14 个地级市社会治理维度有序度均呈现逐年提升的良好发展态势，且发展速度较快，其中合肥市、淮北市、铜陵市、安庆市、黄山市等地级市提升较快，发展态势较好。

（五）各地级市生态治理维度有序度预测性分析

为对乡村振兴多元主体协同治理生态治理维度有序度进行预测性分析，构建 GM（1，1）模型，在原始数据序列通过级比检验且预测模型通过残差检验、相对误差检验等一系列模型检验的基础上，对安徽省及其各地级市生态治理维度有序度进行相应的灰色预测分析，具体预测结果如表 6－5 所示。

表 6 - 5　　　　　　　　　各地级市乡村振兴多元主体协同治理
生态治理维度有序度预测性分析

地区	乡村振兴实施前（2018 年前）	乡村振兴取得重要进展（2018～2020 年）	乡村振兴取得重大突破（2021～2022 年）	向后 1 期	向后 2 期
合肥市	0.483	0.524	0.557	0.592	0.629
芜湖市	0.502	0.513	0.532	0.552	0.572
蚌埠市	0.512	0.531	0.552	0.574	0.596
淮南市	0.423	0.453	0.485	0.519	0.556
马鞍山市	0.432	0.468	0.519	0.575	0.638
淮北市	0.456	0.485	0.503	0.522	0.541
铜陵市	0.443	0.482	0.512	0.544	0.578
安庆市	0.499	0.521	0.545	0.570	0.596
黄山市	0.501	0.535	0.563	0.592	0.623
滁州市	0.465	0.489	0.506	0.524	0.542
阜阳市	0.447	0.498	0.511	0.524	0.538
宿州市	0.438	0.477	0.512	0.549	0.590
六安市	0.453	0.493	0.526	0.561	0.599
亳州市	0.462	0.489	0.513	0.538	0.564
池州市	0.484	0.502	0.528	0.555	0.584
宣城市	0.445	0.496	0.517	0.539	0.562
安徽省	0.465	0.497	0.524	0.552	0.582

由表 6 - 5 可知，安徽省乡村振兴多元主体协同治理生态治理维度有序度整体发展趋势较好，多数地级市呈现逐年提升的良好发展态势。安徽省于乡村振兴实施前（2018 年前）、乡村振兴取得重要进展（2018～2020 年）、乡村振兴取得重大突破（2021～2022 年）3 个时间段的乡村振兴多元主体协同治理生态治理维度有序度分别为 0.465、0.497、0.524，向后 1 期与向后 2 期的预测结果为 0.552、0.582，平均增速达到 0.030，增长趋势较为显著。具体到各地级市生态治理维度有序度预测性结果分析，与经济治理、政治治理、文化治理与社会治理 4 个维度的各地级市维度有序度预测分析结果不同，安徽省 16 个地级市生态治理维度有序度均呈现逐年提升的良好发展态势，且发展速度较快，其中合肥市、淮南市、马鞍山市、黄山市、六安市等地级市提

升较快，发展态势较好。

二、三大区域维度有序度预测性分析

结合皖中地区、皖南地区、皖北地区三大区域乡村振兴多元主体协同治理维度有序度测度评价及其时间序列分析结果，基于乡村振兴实施前（2018年前）、乡村振兴取得重要进展（2018～2020年）、乡村振兴取得重大突破（2021～2022年）3个时间段的原始数据序列，运用上述构建的 GM（1，1）模型，预测三大区域维度有序度在未来2期时间内的发展态势。需要注意的是，三大区域维度有序度所构成的原始数据序列均通过级比检验，预测模型均通过残差检验、相对误差检验等模型检验，说明原始数据序列与预测模型的科学性与可靠性。为提高文章的可读性，基于本书主要的研究目的，下列分析中仅报告预测数据，相应的检验数据不再罗列说明。

（一）三大区域经济治理维度有序度预测性分析

为对乡村振兴多元主体协同治理经济治理维度有序度进行预测性分析，构建 GM（1，1）模型，在原始数据序列通过级比检验且预测模型通过残差检验、相对误差检验等一系列模型检验的基础上，对安徽省三大区域经济治理维度有序度进行相应的灰色预测分析，具体预测结果如表6-6所示。

表6-6　　　　　　　　三大区域乡村振兴多元主体协同治理
经济治理维度有序度预测性分析

地区	乡村振兴实施前 （2018年前）	乡村振兴取得 重要进展 （2018～2020年）	乡村振兴取得 重大突破 （2021～2022年）	向后1期	向后2期
皖中地区	0.453	0.553	0.605	0.661	0.723
皖南地区	0.413	0.503	0.518	0.533	0.549
皖北地区	0.395	0.457	0.502	0.551	0.605
安徽省	0.420	0.503	0.541	0.582	0.625

分析表6-6可知，安徽省乡村振兴多元主体协同治理经济治理维度有序度整体发展趋势较好，三大区域均呈现逐年提升的良好发展态势，三大区域间经济治理维度有序度未来增速差异性较大，皖中地区与皖北地区明显优于

皖南地区。安徽省整体的经济治理维度有序度预测性结果已在上述研究中分析过，平均增速达到 0.040，增长趋势较为显著，有望由基本协同转变为良好协同状态，不再次赘述。具体到三大区域经济治理维度有序度预测性结果分析，皖中地区前 3 个时间段的经济治理维度有序度分别为 0.453、0.553、0.605，向后 1 期与向后 2 期的经济治理维度有序度分别为 0.661、0.723，平均增速达到 0.056，增长趋势较为显著，有望由基本协同转变为良好协同发展状态；皖南地区前 3 个时间段的经济治理维度有序度分别为 0.413、0.503、0.518，向后 1 期与向后 2 期的经济治理维度有序度分别为 0.533、0.549，平均增速达到 0.016，增长趋势较为平缓，明显低于皖中地区；皖北地区前 3 个时间段的经济治理维度有序度分别为 0.395、0.457、0.502，向后 1 期与向后 2 期的经济治理维度有序度分别为 0.551、0.605，平均增速达到 0.041，增长趋势较为显著，与皖中地区基本持平，且明显优于皖南地区，有望由基本协同转变为良好协同状态。

（二）三大区域政治治理维度有序度预测性分析

为对乡村振兴多元主体协同治理政治治理维度有序度进行预测性分析，构建 GM（1，1）模型，在原始数据序列通过级比检验且预测模型通过残差检验、相对误差检验等一系列模型检验的基础上，对安徽省三大区域政治治理维度有序度进行相应的灰色预测分析，具体预测结果如表 6 - 7 所示。

表 6 - 7　　　　　　三大区域乡村振兴多元主体协同治理
政治治理维度有序度预测性分析

地区	乡村振兴实施前（2018 年前）	乡村振兴取得重要进展（2018 ~ 2020 年）	乡村振兴取得重大突破（2021 ~ 2022 年）	向后 1 期	向后 2 期
皖中地区	0.438	0.504	0.546	0.591	0.640
皖南地区	0.401	0.440	0.486	0.536	0.592
皖北地区	0.359	0.429	0.476	0.528	0.585
安徽省	0.399	0.457	0.503	0.553	0.609

由表 6 - 7 可知，安徽省乡村振兴多元主体协同治理政治治理维度有序度整体发展趋势较好，三大区域均呈现逐年提升的良好发展态势，三大区域间政治治理维度有序度未来增速差异性较小。安徽省整体的政治治理维

度有序度预测性结果已在上述研究中分析过，平均增速达到0.050，增长趋势较为显著，有望由基本协同转变为良好协同状态，不再赘述。具体到三大区域政治治理维度有序度预测性结果分析，皖中地区前3个时间段的政治治理维度有序度分别为0.438、0.504、0.546，向后1期与向后2期的政治治理维度有序度分别为0.591、0.640，平均增速达到0.048，增长趋势较为显著，有望由基本协同转变为良好协同发展状态；皖南地区前3个时间段的政治治理维度有序度分别为0.401、0.440、0.486，向后1期与向后2期的政治治理维度有序度分别为0.536、0.592，平均增速达到0.050，增长趋势较为显著，与皖中地区基本持平；皖北地区前3个时间段的政治治理维度有序度分别为0.359、0.429、0.476，向后1期与向后2期的政治治理维度有序度分别为0.528、0.585，平均增速达到0.050，增长趋势较为显著，与皖中地区、皖南地区基本持平，三大区域间政治治理维度有序度未来增速差异性较小。

（三）三大区域文化治理维度有序度预测性分析

对乡村振兴多元主体协同治理文化治理维度有序度进行预测性分析，构建GM（1，1）模型，在原始数据序列通过级比检验且预测模型通过残差检验、相对误差检验等一系列模型检验的基础上，对安徽省三大区域文化治理维度有序度进行相应的灰色预测分析，具体预测结果如表6-8所示。

表6-8　　　　　　三大区域乡村振兴多元主体协同治理
文化治理维度有序度预测性分析

地区	乡村振兴实施前 （2018年前）	乡村振兴取得 重要进展 （2018~2020年）	乡村振兴取得 重大突破 （2021~2022年）	向后1期	向后2期
皖中地区	0.436	0.501	0.542	0.586	0.634
皖南地区	0.427	0.470	0.509	0.551	0.597
皖北地区	0.434	0.479	0.502	0.526	0.551
安徽省	0.432	0.483	0.518	0.555	0.595

由表6-8可知，安徽省乡村振兴多元主体协同治理文化治理维度有序度整体发展趋势较好，三大区域均呈现逐年提升的良好发展态势，三大区域间政治治理维度有序度未来增速差异性较大，皖中地区与皖南地区明显优于皖

北地区。安徽省整体的文化治理维度有序度预测性结果已在上述研究中分析过，平均增速达到 0.039，增长趋势较为显著，不再赘述。具体到三大区域文化治理维度有序度预测性结果分析，皖中地区前 3 个时间段的文化治理维度有序度分别为 0.436、0.501、0.542，向后 1 期与向后 2 期的文化治理维度有序度分别为 0.586、0.634，平均增速达到 0.042，增长趋势较为显著，有望由基本协同转变为良好协同发展状态；皖南地区前 3 个时间段的文化治理维度有序度分别为 0.427、0.470、0.509，向后 1 期与向后 2 期的文化治理维度有序度分别为 0.551、0.597，平均增速达到 0.042，增长趋势较为显著，与皖中地区基本持平；皖北地区前 3 个时间段的文化治理维度有序度分别为 0.434、0.479、0.502，向后 1 期与向后 2 期的文化治理维度有序度分别为 0.526、0.551，平均增速达到 0.025，增长趋势较为平缓，明显低于皖中地区、皖南地区，三大区域间文化治理维度有序度差异性较大。

（四）三大区域社会治理维度有序度预测性分析

对乡村振兴多元主体协同治理社会治理维度有序度进行预测性分析，构建 GM（1，1）模型，在原始数据序列通过级比检验且预测模型通过残差检验、相对误差检验等一系列模型检验的基础上，对安徽省三大区域社会治理维度有序度进行相应的灰色预测分析，具体预测结果如表 6 - 9 所示。

表 6 - 9　　　　　　　　三大区域乡村振兴多元主体协同治理
社会治理维度有序度预测性分析

地区	乡村振兴实施前 （2018 年前）	乡村振兴取得 重要进展 （2018 ~ 2020 年）	乡村振兴取得 重大突破 （2021 ~ 2022 年）	向后 1 期	向后 2 期
皖中地区	0.574	0.640	0.671	0.703	0.737
皖南地区	0.528	0.565	0.609	0.656	0.707
皖北地区	0.520	0.573	0.605	0.639	0.674
安徽省	0.541	0.593	0.628	0.665	0.704

由表 6 - 9 可知，安徽省乡村振兴多元主体协同治理社会治理维度有序度整体发展趋势较好，三大区域均呈现逐年提升的良好发展态势，三大区域间政治治理维度有序度未来增速差异性较大，皖南地区明显优于皖中地区与皖北地区。安徽省整体的社会治理维度有序度预测性结果已在上述研

究中分析过，平均增速达到 0.037，增长趋势较为显著，不再赘述。具体到三大区域社会治理维度有序度预测性结果分析，皖中地区前 3 个时间段的社会治理维度有序度分别为 0.574、0.640、0.671，向后 1 期与向后 2 期的社会治理维度有序度分别为 0.703、0.737，平均增速达到 0.034，增长趋势较为显著；皖南地区前 3 个时间段的社会治理维度有序度分别为 0.528、0.565、0.609，向后 1 期与向后 2 期的社会治理维度有序度分别为 0.656、0.707，平均增速达到 0.050，增长趋势较为显著，略高于皖中地区；皖北地区前 3 个时间段的社会治理维度有序度分别为 0.520、0.573、0.605，向后 1 期与向后 2 期的社会治理维度有序度分别 0.639、0.674，平均增速达到 0.039，增长趋势较为显著，与皖中地区基本持平，略低于皖南地区，三大区域间的社会治理维度有序度差异性较大，皖南地区明显优于皖中地区与皖北地区。

（五）三大区域生态治理维度有序度预测性分析

对乡村振兴多元主体协同治理生态治理维度有序度进行预测性分析，构建 GM（1，1）模型，在原始数据序列通过级比检验且预测模型通过残差检验、相对误差检验等一系列模型检验的基础上，对安徽省三大区域生态治理维度有序度进行相应的灰色预测分析，具体预测结果如表 6 - 10 所示。

表 6 - 10　　　　　　　三大区域乡村振兴多元主体协同治理
生态治理维度有序度预测性分析

地区	乡村振兴实施前 （2018 年前）	乡村振兴取得 重要进展 （2018~2020 年）	乡村振兴取得 重大突破 （2021~2022 年）	向后 1 期	向后 2 期
皖中地区	0.467	0.502	0.530	0.559	0.591
皖南地区	0.472	0.502	0.531	0.562	0.594
皖北地区	0.456	0.488	0.513	0.539	0.567
安徽省	0.465	0.497	0.524	0.552	0.582

由表 6 - 10 可知，安徽省乡村振兴多元主体协同治理生态治理维度有序度整体发展趋势较好，三大区域均呈现逐年提升的良好发展态势，三大区域

间的生态治理维度有序度差异性较小。安徽省整体的生态治理维度有序度预测性结果已在上述研究中分析过，平均增速达到 0.030，增长趋势较为显著，不再赘述。具体到三大区域生态治理维度有序度预测性结果分析，皖中地区前 3 个时间段的生态治理维度有序度分别为 0.467、0.502、0.530，向后 1 期与向后 2 期的生态治理维度有序度分别为 0.559、0.591，平均增速达到 0.029，增长趋势较为显著；皖南地区前 3 个时间段的生态治理维度有序度分别为 0.472、0.502、0.531，向后 1 期与向后 2 期的生态治理维度有序度分别为 0.562、0.594，平均增速达到 0.030，增长趋势较为显著，与皖中地区基本持平；皖北地区前 3 个时间段的生态治理维度有序度分别为 0.456、0.488、0.513，向后 1 期与向后 2 期的生态治理维度有序度分别为 0.539、0.567，平均增速达到 0.030，增长趋势较为显著，与皖中地区、皖南地区基本持平，三大区域间的生态治理维度有序度差异性较小。

第三节　综合协同效应预测性分析

一、各地级市综合协同效应预测性分析

结合上述章节中安徽省各地级市乡村振兴多元主体协同治理综合协同效应测度评价及其时间序列分析结果，基于乡村振兴实施前（2018 年前）、乡村振兴取得重要进展（2018～2020 年）、乡村振兴取得重大突破（2021～2022 年）3 个时间段的原始数据序列，运用上述构建的 GM（1，1）模型，预测各地级市综合协同效应在未来 2 期时间内的发展态势。同时，各地级市综合协同效应所构成的原始数据序列均通过级比检验，预测模型均通过残差检验、相对误差检验等模型检验，说明原始数据序列与预测模型的科学性与可靠性。为提高文章的可读性，基于本书主要的研究目的，下列分析中仅报告预测数据，相应的检验数据不再罗列说明。

为对乡村振兴多元主体协同治理综合协同效应进行预测性分析，构建 GM（1，1）模型，在原始数据序列通过级比检验且预测模型通过残差检验、相对误差检验等一系列模型检验的基础上，对安徽省及其各地级市综合协同效应进行相应的灰色预测分析，具体预测结果如表 6 - 11 所示。

表 6 – 11　　　　　　　　　　各地级市乡村振兴多元主体协同治理

综合协同效应预测性分析

地区	乡村振兴实施前 （2018 年前）	乡村振兴取得 重要进展 （2018～2020 年）	乡村振兴取得 重大突破 （2021～2022 年）	向后 1 期	向后 2 期
合肥市	0.612	0.675	0.743	0.817	0.899
芜湖市	0.573	0.652	0.725	0.805	0.895
蚌埠市	0.534	0.593	0.614	0.636	0.658
淮南市	0.541	0.567	0.599	0.633	0.668
马鞍山市	0.528	0.556	0.584	0.613	0.644
淮北市	0.492	0.491	0.511	0.532	0.553
铜陵市	0.488	0.503	0.524	0.546	0.569
安庆市	0.469	0.522	0.501	0.481	0.461
黄山市	0.455	0.489	0.513	0.538	0.564
滁州市	0.482	0.478	0.511	0.546	0.584
阜阳市	0.493	0.511	0.499	0.487	0.476
宿州市	0.481	0.509	0.514	0.519	0.524
六安市	0.395	0.414	0.467	0.526	0.593
亳州市	0.389	0.421	0.478	0.542	0.615
池州市	0.396	0.428	0.467	0.509	0.556
宣城市	0.384	0.406	0.452	0.503	0.559
安徽省	0.482	0.513	0.544	0.577	0.612

　　由表 6 – 11 可知，安徽省乡村振兴多元主体协同治理综合协同效应整体
发展趋势较好，多数地级市呈现逐年提升的良好发展态势。安徽省于乡村振
兴实施前（2018 年前）、乡村振兴取得重要进展（2018～2020 年）、乡村振
兴取得重大突破（2021～2022 年）3 个时间段的乡村振兴多元主体协同治理
综合协同效应分别为 0.482、0.513、0.544，向后 1 期与向后 2 期的预测结果
为 0.577、0.612，平均增速达到 0.033，增长趋势较为显著，有望由基本协
同转变为良好协同状态。具体到各地级市综合协同效应预测性结果分析，安
庆市、阜阳市 2 个地级市向后 1 期与向后 2 期的经济治理维度有序度呈现递
减发展趋势，这可能是由于资源总量有限、资源转化效率不高等原因，要加
大关注力度，给予更多的重视；除了上述 2 个地级市外，安徽省其余 14 个地

级市综合协同效应均呈现逐年提升的良好发展态势,其中合肥市、芜湖市、六安市、亳州市、宣城市等地级市提升较快,发展态势较好。

二、三大区域综合协同效应预测性分析

为对乡村振兴多元主体协同治理综合协同效应进行预测性分析,构建 GM(1,1)模型,在原始数据序列通过级比检验且预测模型通过残差检验、相对误差检验等一系列模型检验的基础上,对安徽省三大区域综合协同效应进行相应的灰色预测分析,具体预测结果如表 6-12 所示。

表 6-12　三大区域乡村振兴多元主体协同治理综合协同效应预测性分析

地区	乡村振兴实施前（2018 年前）	乡村振兴取得重要进展（2018~2020 年）	乡村振兴取得重大突破（2021~2022 年）	向后 1 期	向后 2 期
皖中地区	0.493	0.522	0.564	0.609	0.658
皖南地区	0.470	0.505	0.536	0.569	0.604
皖北地区	0.483	0.513	0.533	0.554	0.575
安徽省	0.482	0.513	0.544	0.577	0.612

由表 6-12 可知,安徽省乡村振兴多元主体协同治理综合协同效应整体发展趋势较好,三大区域均呈现逐年提升的良好发展态势,三大区域间的综合协同效应差异性较大,皖中地区明显优于皖南地区与皖北地区。安徽省整体的综合协同效应预测性结果已在上述研究中分析过,平均增速达到 0.033,增长趋势较为显著,不再赘述。具体到三大区域综合协同效应预测性结果分析,皖中地区前 3 个时间段的综合协同效应分别为 0.493、0.522、0.564,向后 1 期与向后 2 期的综合协同效应分别为 0.609、0.658,平均增速达到 0.050,增长趋势较为显著,有望由基本协同转变为良好协同状态;皖南地区前 3 个时间段的综合协同效应分别为 0.470、0.505、0.536,向后 1 期与向后 2 期的综合协同效应分别为 0.569、0.604,平均增速达到 0.033,增长趋势较为显著,但明显低于皖中地区;皖北地区前 3 个时间段的综合协同效应分别为 0.483、0.513、0.533,向后 1 期与向后 2 期的综合协同效应分别为 0.554、0.575,平均增速达到 0.020,增长趋势较为平缓,明显低于皖中地区与皖南地区,三大区域间的综合协同效应差异性较大。

第四节　主要结论分析

各地级市维度有序度预测性分析结果表明安徽省乡村振兴多元主体协同治理经济治理维度有序度整体发展趋势较好，平均增速达到 0.040，增长趋势较为显著，有望由基本协同转变为良好协同状态，多数地级市呈现逐年提升的良好发展态势，且发展速度较快，其中合肥市、芜湖市、蚌埠市、滁州市、宣城市等地级市提升较快，发展态势较好。安徽省乡村振兴多元主体协同治理政治治理维度有序度整体发展趋势较好，平均增速达到 0.050，增长趋势较为显著，有望由基本协同转变为良好协同状态，多数地级市呈现逐年提升的良好发展态势，且发展速度较快，其中合肥市、芜湖市、马鞍山市、滁州市、宣城市等地级市提升较快，发展态势较好。安徽省乡村振兴多元主体协同治理文化治理维度有序度整体发展趋势较好，平均增速达到 0.039，增长趋势较为显著，多数地级市呈现逐年提升的良好发展态势，且发展速度较快，其中芜湖市、淮北市、黄山市、滁州市、亳州市等地级市提升较快，发展态势较好。安徽省乡村振兴多元主体协同治理社会治理维度有序度整体发展趋势较好，平均增速达到 0.037，增长趋势较为显著，多数地级市呈现逐年提升的良好发展态势，且发展速度较快，其中合肥市、淮北市、铜陵市、安庆市、黄山市等地级市提升较快，发展态势较好。安徽省乡村振兴多元主体协同治理生态治理维度有序度整体发展趋势较好，平均增速达到 0.030，增长趋势较为显著，多数地级市呈现逐年提升的良好发展态势，且发展速度较快，其中合肥市、淮南市、马鞍山市、黄山市、六安市等地级市提升较快，发展态势较好。

三大区域维度有序度预测性分析结果表明安徽省乡村振兴多元主体协同治理经济治理维度有序度整体发展趋势较好，其经济治理维度有序度平均增速分别为 0.056、0.016、0.041，增长趋势较为显著，且均呈现逐年提升的良好发展态势，但未来增速差异性较大，皖中地区与皖北地区明显优于皖南地区。安徽省乡村振兴多元主体协同治理政治治理维度有序度整体发展趋势较好，三大区域政治治理维度有序度平均增速分别为 0.048、0.050、0.050，增长趋势较为显著，均呈现逐年提升的良好发展态势，且未来增速差异性较小。安徽省乡村振兴多元主体协同治理文化治理维度有序度整体发展趋势较好，三大区域文化治理维度有序度平均增速分别为 0.042、0.042、0.025，增长趋势较为显著，均呈现逐年提升的良好发展态势，但未来增速差异性较大，皖中地区与皖南地区明显优于皖北地区。安徽省乡村振兴多元主体协同治理社会治理维度有序度整体发展趋势较好，三大区域社会治理维度有序度平均增速分别为 0.034、0.050、0.039，增长趋势较为显著，均呈现逐年提升的良好发展态势，但未来增速差异性较大，皖南地区明显优于皖中地区与皖北地区。安徽省乡村振兴多元主体协同治理生态治理维度有序度整体发展趋势较好，三大区域生态治理维度有序度平均增速分别为 0.029、0.030、0.030，增长趋势较为显著，均呈现逐年提升的良好发展态势，且未来增速差异性较小。

各地级市综合协同效应预测性分析结果表明安徽省乡村振兴多元主体协同治理综合协同效应整体发展趋势较好，平均增速达到 0.033，增长趋势较为显著，有望由基本协同转变为良好协同状态，多数地级市呈现逐年提升的良好发展态势，其中合肥市、芜湖市、六安市、亳州市、宣城市等地级市提升较快，发展态势较好。

三大区域综合协同效应预测性分析结果表明安徽省乡村振兴多元主体协同治理综合协同效应整体发展趋势较好，其综合协同效应平均增速分别为 0.050、0.033、0.020，增长趋势较为显著，且均呈现逐年提升的良好发展态势，但未来增速差异性较大，皖中地区明显优于皖南地区与皖北地区。

第七章 乡村振兴多元主体协同治理
效应敏感性分析

第一节 模型构建

在众多研究不确定性的实证方法中，敏感性分析较为常用，结合预测结果，确定影响因素，分析产生影响的可能原因以及影响作用的程度，为下一步影响因素分析提供理论基础（高鹏，2019）。敏感性分析的基本思路是建立一个包含多个影响因素的综合模型，在一定范围内改变某个或全部影响因素的数值，从而研究这些变化对最终预测结果的影响程度，影响程度用敏感性系数来表示（肖雨桐，2018）。根据其他输入参数是否变化，敏感性分析分为局部敏感性分析与全局敏感性分析，其中局部敏感性分析是在某个影响因素设置为变量、其他影响因素都不发生变化的前提下，分析该影响因素对预测结果产生的影响程度；全局敏感性分析是当某个影响因素设置为变量时，其他影响因素同样可以变动，运用回归与元模型等方法进行敏感性分析（Saltelli，2012；Kristensen，2016）。敏感性分析还可分为单因素敏感性分析与多因素敏感性分析，其中单因素敏感性分析与局部敏感性分析的概念基本一致，只设置某一影响因素变化而其他影响因素不变进行的敏感性分析；多因素敏感性分析指的是两个及以上影响因素同时作用时，预测结果的变动方向与变动程度（金小刚，2018）。

敏感性分析广泛运用于经济学领域，以确定性分析为基础，从定量分析角度研究相关不确定因素对某些指标变量的影响程度，从本质上来说，敏感性分析是通过改变相关指标变量的数值大小，阐释这些评价指标变动对其上级指标变量的影响方向与影响程度（万晨，2017）。以治理理论与协同理论两大理论体系为基础，结合委托代理理论、博弈论以及结构功能主义等经典理论，借鉴已有的相关乡村治理协同度评价指标体系，遵循合理性与可操作性等指标选取原则，构建包括经济、政治、文化、社会以及生态 5 个治理维度，共选取 15 个序参量、56 个评价指标，共同构建乡村振兴多元主体协同治理效应评价指标体系（见表 3 – 2）。为研究乡村振兴多元主体协同治理效应影响因素，运用敏感性分析对协同效应评价体系中的各维度、各序参量以及各评价指标进行基本判断，初步猜想哪些维度、哪些序参量、哪些评价指标会对乡村振兴多元主体协同治理效应造成较大影响，并依此提出研究假说，为后续正式研究协同效应影响因素提供必要的理论依据。因此，采用敏感性分析对乡村振兴多元主体协同治理效应的影响因素进行初步判断，基本掌握各维度及其序参量对乡村振兴多元主体协同治理效应的影响程度。

敏感性分析中的关键分析指标是敏感系数，表示评价指标对不确定因素变动的敏感程度，即评价指标与不确定因素各自的变化率之比，而不是变化量之比。本书的敏感系数则表示为乡村振兴多元主体协同治理效应评价指标的变化率与维度有序度或序参量的变化率之比，这与经济学中弹性系数的含义在价值取向上高度一致，其具体计算公式如下：

$$SAF = \frac{\dfrac{\Delta A}{A}}{\dfrac{\Delta F}{F}} \tag{7 – 1}$$

其中，SAF 表示敏感系数，$\dfrac{\Delta A}{A}$ 与 $\dfrac{\Delta F}{F}$ 分别代表协同效应评价指标与不确定因素的变动率。SAF 数值与 0 的大小比较代表协同效应评价指标受不确定因素的影响方向，SAF > 0 表示协同效应评价指标 A 与不确定因素 F 变动方向相同，二者呈现正比例变动关系；SAF < 0 则表示协同效应评价指标 A 与不确定因素 F 变动方向相反，二者呈现反比例变动关系。SAF 数值的绝对值大小代表协同效应评价指标受不确定因素变动的影响程度，|SAF| 越大，表明协同效应评价指标 A 对于不确定因素 F 越敏感，换句话说不确定因素 F 的变动对协同效应评价指标 A 的影响程度越大，反之越小（宋明珍，2015）。

第二节　维度有序度敏感性分析

为分析各维度有序度对乡村振兴多元主体协同治理效应综合协同度评价

的影响程度，对乡村振兴多元主体协同治理维度有序度进行敏感性分析，通过将各维度有序度数值分别增减 10%，得到综合协同效应的变化情况，具体计算结果如表 7 - 1 所示。

表 7 - 1　　　　乡村振兴多元主体协同治理维度有序度敏感性分析

变动因素	提高 10%			降低 10%		
	协同效应	变动比率	敏感系数	协同效应	变动比率	敏感系数
经济治理维度有序度	0.509	0.192	2.518	0.509	- 0.204	2.676
政治治理维度有序度	0.509	0.009	0.114	0.509	- 0.011	0.140
文化治理维度有序度	0.509	0.176	2.197	0.509	- 0.183	2.284
社会治理维度有序度	0.509	0.143	1.871	0.509	- 0.145	1.897
生态治理维度有序度	0.509	0.114	1.415	0.509	- 0.119	1.477

由表 7 - 1 可知，乡村振兴多元主体协同治理综合协同效应对各维度有序度的变化较为敏感，当经济治理、政治治理等 5 个维度有序度提高 10% 时，可以提高综合协同效应，降低 10% 时会降低综合协同效应，综合协同效应随着各维度有序度正方向变动。经济治理维度有序度敏感系数最高，当其提高 10% 时，综合协同效应提高 19.200%，敏感系数高达 2.518，而降低 10% 时，综合协同效应降低 20.400%，敏感系数达到 2.676，明显高于其他维度有序度敏感系数，表明经济治理是乡村治理过程中的关键内容与坚实基础，必须投入大量的财力、人力与政策倾斜，加大经济治理力度；政治治理维度有序度敏感系数最低，当其提高 10% 时，综合协同效应提高 0.900%，敏感系数为 0.114，而降低 10% 时，综合协同效应降低 1.100%，敏感系数达到 0.140，表明乡村振兴多元主体协同治理效应对政治治理维度有序度敏感性较低，影响程度较小；文化治理维度有序度的敏感系数仅次于经济治理，当其提高 10% 时，综合协同效应提高 17.600%，敏感系数为 2.197，而降低 10% 时，综合协同效应降低 18.300%，敏感系数达到 2.284，表明文化治理同样重要，是乡村治理中不可忽视的重要内容；社会治理与生态治理维度有序度的敏感系数居中，且差异性较小，当维度有序度提高 10% 时，综合协同效应分别提高 14.300%、11.400%，敏感系数分别为 1.871、1.415，而降低 10% 时，综合协同效应分别降低 14.500%、11.900%，敏感系数分别达到 1.897、1.477，表明乡村振兴多

元主体协同治理中社会治理与生态治理同等重要，相较于经济治理与文化治理，需要投入更多的人力、物力与财力，且见效相对较慢，协同效应提升较为困难，需长远考虑并实施持续性举措。基于上述分析，提出以下假说：

H_{1a}：经济治理维度有序度对乡村振兴多元主体协同治理效应具有正方向影响，且影响程度较大。

H_{1b}：政治治理维度有序度对乡村振兴多元主体协同治理效应具有正方向影响，且影响程度较小。

H_{1c}：文化治理维度有序度对乡村振兴多元主体协同治理效应具有正方向影响，且影响程度较大。

H_{1d}：社会治理维度有序度对乡村振兴多元主体协同治理效应具有正方向影响，且影响程度一般。

H_{1e}：生态治理维度有序度对乡村振兴多元主体协同治理效应具有正方向影响，且影响程度一般。

第三节　评价指标敏感性分析

为深入分析维度内各序参量与评价指标对其所属维度与乡村振兴多元主体协同治理综合协同效应的影响方向与影响程度大小，对乡村振兴多元主体协同治理效应评价指标体系内经济治理、政治治理等5个治理维度中的各序参量与评价指标进行敏感性分析，同样对各序参量与评价指标数值进行处理，分别提高与降低10%，计算并研究各治理维度中的各序参量与评价指标对其所属维度与综合协同效应的影响方向与影响程度大小，具体计算结果如表7-2至7-6所示。

（一）经济治理效应评价指标敏感性分析

根据乡村振兴多元主体协同治理效应评价指标体系，经济治理维度包含3个序参量以及11个评价指标，为了提高文章的简洁性与可读性，分别用A_1、A_2、A_3以及a_1、a_2、a_3、$\cdots$、a_{11}表示，经济治理效应评价指标敏感性分析具体计算结果如表7-2所示。

表 7 - 2　　　　乡村振兴多元主体协同治理经济治理评价指标敏感性分析

变动因素	提高 10%			降低 10%			提高 10%			降低 10%		
	经济治理维度有序度	变动比率	敏感系数	经济治理维度有序度	变动比率	敏感系数	协同效应	变动比率	敏感系数	协同效应	变动比率	敏感系数
A_1	0.668	0.305	18.263	0.668	-0.289	17.305	0.509	0.154	12.102	0.509	-0.161	12.652
A_2	0.668	0.411	25.226	0.668	-0.388	23.814	0.509	0.182	14.660	0.509	-0.167	13.452
A_3	0.668	0.214	13.455	0.668	-0.223	14.021	0.509	0.099	8.169	0.509	-0.103	8.499
a_1	0.668	0.113	6.597	0.668	-0.093	5.430	0.509	0.008	0.613	0.509	-0.006	0.460
a_2	0.668	0.142	8.078	0.668	-0.134	7.623	0.509	0.009	0.672	0.509	-0.008	0.597
a_3	0.668	0.135	8.084	0.668	-0.123	7.365	0.509	0.008	0.629	0.509	-0.006	0.472
a_4	0.668	0.128	7.856	0.668	-0.112	6.874	0.509	0.007	0.564	0.509	-0.007	0.564
a_5	0.668	0.093	5.847	0.668	-0.089	5.596	0.509	0.005	0.413	0.509	-0.005	0.413
a_6	0.668	0.164	9.329	0.668	-0.148	8.419	0.509	0.006	0.448	0.509	-0.007	0.523
a_7	0.668	0.157	8.461	0.668	-0.136	7.329	0.509	0.007	0.566	0.509	-0.008	0.566
a_8	0.668	0.179	9.379	0.668	-0.163	8.540	0.509	0.007	0.481	0.509	-0.007	0.481
a_9	0.668	0.132	7.311	0.668	-0.112	6.204	0.509	0.005	0.363	0.509	-0.005	0.363
a_{10}	0.668	0.114	6.485	0.668	-0.091	5.177	0.509	0.004	0.299	0.509	-0.004	0.299
a_{11}	0.668	0.115	6.714	0.668	-0.094	5.488	0.509	0.006	0.460	0.509	-0.006	0.460

由表 7 - 2 可知，乡村振兴多元主体协同治理经济治理维度有序度与综合协同效应对经济治理维度序参量的变动均表现出敏感状态，组织协同的变动对维度有序度与综合协同效应的影响最大。经济治理维度序参量敏感性分析结果表明维度有序度对其包含的 3 个序参量的变动较为敏感，当序参量数值提高 10% 时，战略协同 A_1、组织协同 A_2、机制协同 A_3 等序参量的敏感系数分别为 18.263、25.226、13.455，当序参量数值降低 10% 时，上述 3 个序参量的敏感系数分别为 17.305、23.814、14.021，进而表明组织协同对经济治理维度有序度影响最大。同时，乡村振兴多元主体协同治理效应对经济治理维度序参量的变动同样敏感，序参量的变动能够引起协同效应正方向变动，当序参量数值提高 10% 时，战略协同 A_1、组织协同 A_2、机制协同 A_3 等序参量的敏感系数分别为 12.102、14.660、8.169，当序参量数值降低 10% 时，3 个序参量的敏感系数分别为 12.652、13.452、8.499，组织协同的敏感系数最高，战略协同次之，机制协同最低，与权重计算结果基本一致。

乡村振兴多元主体协同治理经济治理维度有序度与综合协同效应对经济治理评价指标的变动一般敏感，影响程度较小，各评价指标的影响程度具有较为显著的差异性。经济治理评价指标敏感性分析结果表明维度有序度对其所包含的 11 个评价指标变动的敏感程度一般，当评价指标数值提高 10% 时，a_8 的敏感系数最高，为 9.379，当评价指标数值降低 10% 时，同样是 a_8 的敏感系数最高，为 8.540，表明企业与社会组织的积极参与能够显著提高乡村振兴多元主体协同经济治理效应，一方面是企业与社会组织现阶段的协同治理积极性不是很高，当积极性提高时，能够有效补齐协同经济治理短板，另一方面是企业与社会组织在乡村振兴多元主体协同经济治理中的参与十分重要，能够有效补足政府与村民参与乡村经济治理在某些方面的缺失；其次是 a_2、a_3、a_6、a_7 的敏感系数相对较高，当评价指标数值提高 10% 时，敏感系数分别为 8.078、8.084、9.329、8.461，排序为 a_6、a_7、a_3、a_2，当评价指标数值降低 10% 时，敏感系数分别为 7.623、7.365、8.419、7.329，排序为 a_6、a_2、a_3、a_7，表明评价指标数值的提高或降低，即治理行为的有效实施或效果不佳时，对经济治理维度有序度的影响程度不同；当评价指标数值提高 10% 时，a_5 的敏感系数最低，为 5.847，当评价指标数值降低 10% 时，a_{10} 的敏感系数最低，为 5.177。分析综合协同效应对经济治理评价指标变动的敏感程度，当评价指标数值提高 10% 时，a_2 的敏感系数最高，为 0.672，其次为 a_3、a_1，敏感系数分别为 0.629、0.613，a_{10} 的敏感系数最低，为 0.299，极差为 0.373，是最低评价指标的 1.247 倍；当评价指标数值降低 10% 时，a_2 的敏感系数最高，为 0.597，其次为 a_7、a_4，敏感系数分别为 0.566、0.564，a_{10} 的敏感系数最低，为 0.299，极差为 0.298，是最低评价指标的 0.997 倍，表明多元主体积极参与经济治理能够显著提高乡村振兴多元主体协同治理效应，而多元主体冲突解决机制协同对协同治理效应的提升作用相对很小。基于上述实证分析，提出以下假说：

H_2：经济治理评价指标对乡村振兴多元主体协同治理经济治理维度有序度及综合协同效应具有正方向影响，影响程度较小，各评价指标的影响程度具有较大的差异性。

（二）政治治理效应评价指标敏感性分析

根据上述已构建的乡村振兴多元主体协同治理效应评价指标体系，政治治理维度包含 3 个序参量以及 13 个评价指标，为了提高文章的简洁性与可读性，分别用 B_1、B_2、B_3 以及 b_1、b_2、b_3、$\cdots$、b_{13} 表示，政治治理效应评价指标敏感性分析具体计算结果如表 7 - 3 所示。

表7 - 3　　　　乡村振兴多元主体协同治理政治治理评价指标敏感性分析

变动因素	提高10%			降低10%			提高10%			降低10%		
	政治治理维度有序度	变动比率	敏感系数	政治治理维度有序度	变动比率	敏感系数	协同效应	变动比率	敏感系数	协同效应	变动比率	敏感系数
B_1	0.647	0.267	16.507	0.647	-0.245	15.147	0.509	0.198	15.560	0.509	-0.203	15.953
B_2	0.647	0.394	24.968	0.647	-0.403	25.538	0.509	0.271	21.829	0.509	-0.265	21.346
B_3	0.647	0.312	20.253	0.647	-0.301	19.539	0.509	0.117	9.654	0.509	-0.104	8.582
b_1	0.647	0.201	12.116	0.647	-0.203	12.236	0.509	0.010	0.766	0.509	-0.011	0.843
b_2	0.647	0.168	9.867	0.647	-0.174	10.219	0.509	0.009	0.672	0.509	-0.008	0.597
b_3	0.647	0.127	7.852	0.647	-0.131	8.099	0.509	0.008	0.629	0.509	-0.005	0.393
b_4	0.647	0.112	7.097	0.647	-0.127	8.048	0.509	0.007	0.564	0.509	-0.005	0.403
b_5	0.647	0.101	6.556	0.647	-0.114	7.400	0.509	0.006	0.495	0.509	-0.009	0.743
b_6	0.647	0.103	6.049	0.647	-0.099	5.815	0.509	0.008	0.597	0.509	-0.010	0.747
b_7	0.647	0.165	9.181	0.647	-0.148	8.235	0.509	0.011	0.778	0.509	-0.009	0.637
b_8	0.647	0.092	4.977	0.647	-0.089	4.815	0.509	0.006	0.413	0.509	-0.004	0.275
b_9	0.647	0.094	5.376	0.647	-0.091	5.204	0.509	0.005	0.363	0.509	-0.005	0.363
b_{10}	0.647	0.099	5.815	0.647	-0.095	5.580	0.509	0.005	0.373	0.509	-0.003	0.224
b_{11}	0.647	0.114	6.872	0.647	-0.103	6.209	0.509	0.007	0.536	0.509	-0.006	0.460
b_{12}	0.647	0.121	7.107	0.647	-0.115	6.754	0.509	0.007	0.523	0.509	-0.005	0.373
b_{13}	0.647	0.122	6.977	0.647	-0.116	6.634	0.509	0.006	0.436	0.509	-0.007	0.509

由表 7 - 3 可知，乡村振兴多元主体协同治理政治治理维度有序度与综合协同效应对政治治理维度序参量的变动均表现出敏感状态，组织协同的变动对维度有序度与综合协同效应的影响最大。政治治理维度序参量敏感性分析结果表明维度有序度对其包含的 3 个序参量的变动较为敏感，当序参量数值提高 10% 时，战略协同 B_1、组织协同 B_2、机制协同 B_3 等序参量的敏感系数分别为 16.507、24.968、20.253，当序参量数值降低 10% 时，3 个序参量的敏感系数分别为 15.147、25.538、19.539，表明组织协同对政治治理维度有序度的影响更大，相较于经济治理维度序参量敏感性分析，机制协同敏感系数更高，对政治治理维度有序度的影响程度更大，说明政治治理中机制协同

十分重要。同时，乡村振兴多元主体协同治理效应对政治治理维度序参量的变动同样敏感，序参量的变动能够引起协同效应一定程度上的正方向变动，当序参量数值提高10%时，战略协同 B_1、组织协同 B_2、机制协同 B_3 等序参量的敏感系数分别为15.560、21.829、9.654，当序参量数值降低10%时，3个序参量的敏感系数分别为15.953、21.346、8.582，组织协同的敏感系数最高，战略协同次之，机制协同最低，这与权重计算结果基本一致。

对表7-3深入分析可知，乡村振兴多元主体协同治理政治治理维度有序度与综合协同效应对政治治理评价指标的变动较为敏感，影响程度一般，各评价指标间的敏感程度具有一定的差异性，与经济治理评价指标相比，差异性较大。政治治理评价指标敏感性分析结果表明维度有序度对其所包含的13个评价指标变动的敏感程度较高，当评价指标数值提高10%时，b_1 的敏感系数最高，为12.116，当评价指标数值降低10%时，同样是 b_1 的敏感系数最高，为12.236，表明政治治理中，多元主体政治治理目标一致、职责清晰十分重要，对于政治治理维度有序度的提升作用显著；其次是 b_2、b_7，敏感系数相对较高，当评价指标数值提高10%时，敏感系数分别为9.867、9.181，当评价指标数值降低10%时，敏感系数分别为10.219、8.235，表明多元主体积极参与政治治理，村民能够自觉履行村规民约、寻求并采纳政府、企业与社会组织关于农村公共事务的意见相对重要；b_8 的敏感系数最低，当评价指标数值提高10%时，为4.977，当评价指标数值降低10%时，为4.815，表明村民对本村的政务村务公开、乡村干部廉洁满意度的敏感系数较低，可能与现阶段村民对政务村务公开情况十分满意、进步空间相对较小有关。分析综合协同效应对政治治理评价指标变动的敏感程度，当评价指标数值提高10%时，b_7 的敏感系数最高，为0.778，其次为 b_1、b_2，敏感系数分别为0.766、0.672，b_9 的敏感系数最低，为0.363，极差为0.415，占据最低评价指标的114.325%；当评价指标数值降低10%时，b_1 的敏感系数最高，为0.843，其次为 b_6、b_5，敏感系数分别为0.747、0.743，b_{10} 的敏感系数最低，为0.224，极差为0.619，是最低评价指标的2.763倍，表明政治治理中，不同变动方向、不同评价指标的敏感系数不同，影响程度具有差异性，与经济治理评价指标相比，差异性较大。基于上述分析，提出以下假说：

H_3：政治治理评价指标对乡村振兴多元主体协同治理政治治理维度有序度及综合协同效应具有正方向影响，影响程度一般，各评价指标的影响程度具有一定的差异性。

（三）文化治理效应评价指标敏感性分析

根据乡村振兴多元主体协同治理效应评价指标体系，文化治理维度包含3个序参量以及10个评价指标，为了提高文章的简洁性与可读性，分别用 C_1、C_2、C_3 以及 c_1、c_2、c_3、…、c_{10} 表示，文化治理效应评价指标敏感性分析具体计算结果如表7-4所示。

表7-4　　乡村振兴多元主体协同治理文化治理评价指标敏感性分析

变动因素	提高10%			降低10%			提高10%			降低10%		
	文化治理维度有序度	变动比率	敏感系数	文化治理维度有序度	变动比率	敏感系数	协同效应	变动比率	敏感系数	协同效应	变动比率	敏感系数
C_1	0.635	0.185	11.654	0.635	−0.189	11.906	0.509	0.114	8.959	0.509	−0.108	8.487
C_2	0.635	0.371	23.954	0.635	−0.385	24.858	0.509	0.162	13.049	0.509	−0.157	12.646
C_3	0.635	0.394	26.059	0.635	−0.389	25.729	0.509	0.198	16.338	0.509	−0.203	16.751
c_1	0.635	0.211	12.959	0.635	−0.199	12.222	0.509	0.007	0.536	0.509	−0.006	0.460
c_2	0.635	0.232	13.883	0.635	−0.223	13.345	0.509	0.008	0.597	0.509	−0.008	0.597
c_3	0.635	0.134	8.441	0.635	−0.141	8.882	0.509	0.004	0.314	0.509	−0.005	0.393
c_4	0.635	0.142	9.169	0.635	−0.123	7.942	0.509	0.005	0.403	0.509	−0.003	0.242
c_5	0.635	0.146	9.657	0.635	−0.134	8.863	0.509	0.006	0.495	0.509	−0.004	0.330
c_6	0.635	0.091	5.446	0.635	−0.103	6.164	0.509	0.004	0.299	0.509	−0.004	0.299
c_7	0.635	0.093	5.272	0.635	−0.101	5.726	0.509	0.003	0.212	0.509	−0.003	0.212
c_8	0.635	0.165	9.094	0.635	−0.154	8.488	0.509	0.007	0.481	0.509	−0.006	0.413
c_9	0.635	0.143	8.332	0.635	−0.121	7.050	0.509	0.011	0.800	0.509	−0.012	0.872
c_{10}	0.635	0.124	7.420	0.635	−0.116	6.942	0.509	0.008	0.597	0.509	−0.007	0.523

由表7-4可知，乡村振兴多元主体协同治理文化治理维度有序度与综合协同效应对文化治理维度序参量的变动均表现出敏感状态，机制协同的变动对维度有序度与综合协同效应的影响最大。文化治理维度序参量敏感性分析结果表明维度有序度对其包含的3个序参量的变动较为敏感，当序参量数值提高10%时，战略协同 C_1、组织协同 C_2、机制协同 C_3 等序参量的敏感系数分别为11.654、23.954、26.059，当序参量数值降低10%时，3个序参量的敏感系数分别为11.906、24.858、25.729，表明机制协同对文化治理维度有序度的影响最大，相较于经济治理与政治治理维度序参量敏感性分析，机制

协同敏感系数更高，甚至超过组织协同，对文化治理维度有序度的影响程度更大，说明文化治理中机制协同十分重要。同时，乡村振兴多元主体协同治理效应对文化治理维度序参量的变动同样呈现敏感现象，序参量的变动能够引起协同效应正方向变动，当序参量数值提高10%时，战略协同C_1、组织协同C_2、机制协同C_3等序参量的敏感系数分别为8.959、13.049、16.338，当序参量数值降低10%时，3个序参量的敏感系数分别为8.487、12.646、16.751，机制协同的敏感系数最高，组织协同次之，战略协同最低，与经济治理、政治治理维度序参量敏感性分析结果间的差异较显著，与权重计算结果基本一致。

乡村振兴多元主体协同治理文化治理维度有序度与综合协同效应对文化治理评价指标变动的敏感性较强，影响程度较大，各评价指标间的敏感程度具有一定的差异性，与经济治理、政治治理评价指标相比，差异性较大。文化治理评价指标敏感性分析结果表明维度有序度对其所包含的10个评价指标变动的敏感性较强，当评价指标数值提高10%时，c_2的敏感系数最高，为13.883，当评价指标数值降低10%时，同样是c_2的敏感系数最高，为13.345，表明文化治理中，多元主体积极参与文化治理十分重要，对于文化治理维度有序度的提升作用显著；其次是c_1、c_5、c_4，敏感系数相对较高，当评价指标数值提高10%时，敏感系数分别为12.959、9.657、9.169，当评价指标数值降低10%时，敏感系数分别为12.222、8.863、7.942，表明多元主体文化治理目标一致、职责清晰，村民积极参与政府、企业与社会组织开展的文化建设活动，政府协同企业与社会组织积极开展形式多样的文化建设活动；c_7的敏感系数最低，当评价指标数值提高10%时，为5.272，当评价指标数值降低10%时，为5.726，表明企业与社会组织协同政府为乡村地区文化设施建设与文艺演出等提供资金、场地、技术等支持的影响程度较小，可能与现阶段资金、场地、技术等支持力度较大、很难有较大提升有关。分析综合协同效应对文化治理评价指标变动的敏感程度，当评价指标数值提高10%时，c_9的敏感系数最高，为0.800，其次为c_2、c_{10}、c_1，敏感系数分别为0.597、0.597、0.536，c_7的敏感系数最低，为0.212，极差为0.588，是最低评价指标的2.774倍；当评价指标数值降低10%时，c_9的敏感系数最高，为0.872，其次为c_2、c_{10}，敏感系数分别为0.597、0.523，c_7的敏感系数最低，为0.212，极差为0.660，是最低评价指标的3.113倍，表明文化治理中，不同变动方向、不同评价指标的敏感系数不同，影响程度具有差异性，与经济治理、政治治理评价指标相比，差异性较大。基于上述分析，提出以下假说：

H_4：文化治理评价指标对乡村振兴多元主体协同治理文化治理维度有序度及综合协同效应具有正方向影响，影响程度较大，各评价指标的影响程度具有较大的差异性。

（四）社会治理效应评价指标敏感性分析

根据乡村振兴多元主体协同治理效应评价指标体系，社会治理维度包含3个序参量以及10个评价指标，为了提高文章的简洁性与可读性，分别用D_1、D_2、D_3以及d_1、d_2、d_3、⋯、d_{10}分别表示3个序参量以及10个评价指标，社会治理效应评价指标敏感性分析具体计算结果如表7-5所示。

表7-5 乡村振兴多元主体协同治理社会治理评价指标敏感性分析

变动因素	提高10%			降低10%			提高10%			降低10%		
	社会治理维度有序度	变动比率	敏感系数	社会治理维度有序度	变动比率	敏感系数	协同效应	变动比率	敏感系数	协同效应	变动比率	敏感系数
D_1	0.666	0.312	18.739	0.666	-0.298	17.844	0.509	0.151	11.866	0.509	-0.158	12.417
D_2	0.666	0.404	24.871	0.666	-0.397	24.440	0.509	0.167	13.452	0.509	-0.162	13.049
D_3	0.666	0.225	14.189	0.666	-0.226	14.252	0.509	0.112	9.242	0.509	-0.104	8.582
d_1	0.666	0.302	17.685	0.666	-0.298	17.450	0.509	0.018	1.379	0.509	-0.015	1.149
d_2	0.666	0.283	16.147	0.666	-0.273	15.577	0.509	0.015	1.120	0.509	-0.012	0.896
d_3	0.666	0.278	16.697	0.666	-0.254	15.255	0.509	0.013	1.022	0.509	-0.009	0.707
d_4	0.666	0.124	7.634	0.666	-0.118	7.264	0.509	0.009	0.725	0.509	-0.011	0.886
d_5	0.666	0.112	7.063	0.666	-0.103	6.495	0.509	0.014	1.155	0.509	-0.012	0.990
d_6	0.666	0.096	5.477	0.666	-0.093	5.306	0.509	0.008	0.672	0.509	-0.009	0.672
d_7	0.666	0.078	4.216	0.666	-0.085	4.595	0.509	0.006	0.424	0.509	-0.007	0.495
d_8	0.666	0.162	8.514	0.666	-0.153	8.041	0.509	0.012	0.825	0.509	-0.014	0.963
d_9	0.666	0.127	7.056	0.666	-0.118	6.556	0.509	0.011	0.800	0.509	-0.008	0.582
d_{10}	0.666	0.136	7.760	0.666	-0.125	7.132	0.509	0.013	0.971	0.509	-0.011	0.821

由表7-5可知，乡村振兴多元主体协同治理社会治理维度有序度与综合协同效应对社会治理维度序参量的变动均表现出敏感状态，组织协同的变动对维度有序度与综合协同效应的影响最大。社会治理维度序参量敏感性分析

结果表明维度有序度对其包含的 3 个序参量的变动较为敏感，当序参量数值提高 10% 时，战略协同 D_1、组织协同 D_2、机制协同 D_3 等序参量的敏感系数分别为 18.739、24.871、14.189，当序参量数值降低 10% 时，3 个序参量的敏感系数分别为 17.844、24.440、14.252，表明组织协同对社会治理维度有序度的影响最大，相较于前 3 个维度序参量敏感性分析，组织协同敏感系数最高，战略协同次之，机制协同最低，与经济治理、政治治理维度序参量敏感性分析结果相似，略有不同的是战略协同敏感系数相对较高，表明社会治理中组织协同十分重要，也突出战略协同的重要性。同时，乡村振兴多元主体协同治理效应对社会治理维度序参量的变动同样敏感，序参量的变动能够引起协同效应一定程度上的正方向变动，当序参量数值提高 10% 时，战略协同 D_1、组织协同 D_2、机制协同 D_3 等序参量的敏感系数分别为 11.866、13.452、9.242，当序参量数值降低 10% 时，3 个序参量的敏感系数分别为 12.417、13.049、8.582，组织协同的敏感系数最高，战略协同次之，机制协同最低，与权重计算结果基本一致。

乡村振兴多元主体协同治理社会治理维度有序度与综合协同效应对社会治理评价指标变动的敏感性较强，影响程度较深，各评价指标间的敏感程度具有一定的差异性，与前 3 个维度评价指标相比，差异性较大。社会治理评价指标敏感性分析结果表明维度有序度对其所包含的 10 个评价指标变动的敏感性较强，当评价指标数值提高 10% 时，d_1 的敏感系数最高，为 17.685，当评价指标数值降低 10% 时，同样是 d_1 的敏感系数最高，为 17.450，甚至高于机制协同序参量的敏感系数，表明社会治理中，多元主体社会治理目标一致、职责清晰十分重要，对于社会治理维度有序度的提升作用显著；其次是 d_3、d_2，敏感系数相对较高，当评价指标数值提高 10% 时，敏感系数分别为 16.697、16.147，当评价指标数值降低 10% 时，敏感系数分别为 15.255、15.577，表明多元主体积极参与社会治理，政府积极制定并完善乡村地区医疗保障、社会养老等保障制度相对重要；d_7 的敏感系数最低，当评价指标数值提高 10% 时，为 4.216，当评价指标数值降低 10% 时，为 4.595，表明社会组织协同企业与政府向村民提供形式多样的卫生医疗、法律咨询等志愿服务的影响程度较小，可能与现阶段社会组织已经广泛开展志愿服务、很难有较大提升空间有关。分析综合协同效应对社会治理评价指标变动的敏感程度，当评价指标数值提高 10% 时，d_1 的敏感系数最高，为 1.379，其次为 d_5、d_2、d_3，敏感系数分别为 1.155、1.120、

1.022，d_7 的敏感系数最低，为 0.424，极差为 0.955，是最低评价指标的 2.252 倍；当评价指标数值降低 10% 时，d_1 的敏感系数最高，为 1.149，其次为 d_8、d_5，敏感系数分别为 0.963、0.990，d_7 的敏感系数最低，为 0.495，极差为 0.654，是最低评价指标的 1.321 倍，表明社会治理中，不同变动方向、不同评价指标的敏感系数不同，影响程度具有一定意义上的差异性，与经济治理、政治治理以及文化治理维度的评价指标相比，差异性较大。基于上述分析，提出以下假说：

H_5：社会治理评价指标对乡村振兴多元主体协同治理社会治理维度有序度及综合协同效应具有正方向影响，影响程度较大，各评价指标的影响程度具有较大的差异性。

（五）生态治理效应评价指标敏感性分析

根据乡村振兴多元主体协同治理效应评价指标体系，生态治理维度包含 3 个序参量以及 12 个评价指标，为了提高文章的简洁性与可读性，分别用 E_1、E_2、E_3 以及 e_1、e_2、e_3、$\cdots$、e_{12} 分别代表 3 个序参量以及 12 个评价指标，生态治理效应评价指标敏感性分析具体计算结果如表 7-6 所示。

表 7-6　　乡村振兴多元主体协同治理生态治理评价指标敏感性分析

变动因素	提高 10%			降低 10%			提高 10%			降低 10%		
	生态治理维度有序度	变动比率	敏感系数	生态治理维度有序度	变动比率	敏感系数	协同效应	变动比率	敏感系数	协同效应	变动比率	敏感系数
E_1	0.632	0.301	19.051	0.632	-0.298	18.861	0.509	0.124	9.745	0.509	-0.134	10.530
E_2	0.632	0.345	22.381	0.632	-0.352	22.835	0.509	0.152	12.244	0.509	-0.161	12.969
E_3	0.632	0.214	14.222	0.632	-0.218	14.487	0.509	0.115	9.489	0.509	-0.121	9.984
e_1	0.632	0.134	8.269	0.632	-0.125	7.714	0.509	0.008	0.613	0.509	-0.011	0.843
e_2	0.632	0.108	6.494	0.632	-0.109	6.554	0.509	0.011	0.821	0.509	-0.012	0.896
e_3	0.632	0.104	6.582	0.632	-0.105	6.646	0.509	0.007	0.550	0.509	-0.008	0.629
e_4	0.632	0.115	7.460	0.632	-0.113	7.331	0.509	0.008	0.644	0.509	-0.008	0.644
e_5	0.632	0.112	7.443	0.632	-0.116	7.709	0.509	0.009	0.743	0.509	-0.011	0.908
e_6	0.632	0.080	4.810	0.632	-0.082	4.930	0.509	0.005	0.373	0.509	-0.007	0.523
e_7	0.632	0.091	5.184	0.632	-0.092	5.241	0.509	0.011	0.778	0.509	-0.013	0.919
e_8	0.632	0.093	5.150	0.632	-0.094	5.206	0.509	0.007	0.481	0.509	-0.006	0.413

续表

变动因素	提高10%			降低10%			提高10%			降低10%		
	生态治理维度有序度	变动比率	敏感系数	生态治理维度有序度	变动比率	敏感系数	协同效应	变动比率	敏感系数	协同效应	变动比率	敏感系数
e_9	0.632	0.087	5.093	0.632	-0.089	5.210	0.509	0.004	0.291	0.509	-0.004	0.291
e_{10}	0.632	0.102	6.133	0.632	-0.106	6.373	0.509	0.013	0.971	0.509	-0.014	1.045
e_{11}	0.632	0.107	6.603	0.632	-0.112	6.911	0.509	0.011	0.843	0.509	-0.012	0.919
e_{12}	0.632	0.108	6.665	0.632	-0.104	6.418	0.509	0.012	0.919	0.509	-0.011	0.843

由表7-6可知，乡村振兴多元主体协同治理生态治理维度有序度与综合协同效应对生态治理维度序参量的变动均表现出敏感状态，组织协同的变动对维度有序度与综合协同效应的影响最大。生态治理维度序参量敏感性分析结果表明维度有序度对其包含的3个序参量的变动较为敏感，当序参量数值提高10%时，战略协同E_1、组织协同E_2、机制协同E_3等序参量的敏感系数分别为19.051、22.381、14.222，当序参量数值降低10%时，3个序参量的敏感系数分别为18.861、22.835、14.487，组织协同敏感系数最高，战略协同次之，机制协同最低，与前4个维度序参量敏感性分析结果相似，说明生态治理中组织协同的重要性。同时，乡村振兴多元主体协同治理效应对生态治理维度序参量的变动同样敏感，序参量的变动能够引起协同效应正方向变动，当序参量数值提高10%时，战略协同E_1、组织协同E_2、机制协同E_3等序参量的敏感系数分别为9.745、12.244、9.489，当序参量数值降低10%时，3个序参量的敏感系数分别为10.530、12.969、9.984，组织协同的敏感系数最高，战略协同次之，机制协同最低，与权重计算结果基本保持一致。

对表7-6深入分析可知，乡村振兴多元主体协同治理生态治理维度有序度与综合协同效应对生态治理评价指标变动的敏感性较差，影响程度不深，是5个维度中评价指标敏感系数最小的，各评价指标间的敏感程度具有一定的差异性，与前4个维度评价指标相比，差异性较小。生态治理评价指标敏感性分析结果表明维度有序度对其所包含的12个评价指标变动的敏感性较差，当评价指标数值提高10%时，e_1的敏感系数最高，为8.269，当评价指标数值降低10%时，同样是e_1的敏感系数最高，为7.714，表明生态治理中，多元主体生态治理目标一致、职责清晰十分重要，对于生态治理维度有序度的提升作用相对显著；其次是e_4、e_5，敏感系数相对较高，当评价指标数值提高 10% 时，敏感系数分别为 7.460、7.443，当评价指标数值降低 10% 时，敏感系数分别为 7.331、7.709，表明政府在村民、企业与社会组织中广泛开展环境保护教育宣传与政策宣讲活动，村民积极响应号召，使用清洁燃料、卫生厕所，自觉保护环境、主动参与生态治理相对重要；e_6 的敏感系数最低，当评价指标数值提高 10% 时，为 4.810，当评价指标数值降低 10% 时，为 4.930，表明村民协同政府与社会组织监督企业进行环保整改，共同推进生态治理的影响程度较小，一方面可能是因为现阶段村民尚未找到协同政府与社会组织监督企业进行环保生产的有效方法，另一方面可能与部分企业受到村民、政府以及社会组织监督的约束性不强有关。分析综合协同效应对生态治理评价指标变动的敏感程度，当评价指标数值提高 10% 时，e_{10} 的敏感系数最高，为 0.971，其次为 e_{12}、e_{11}、e_2，敏感系数分别为 0.919、0.843、0.821，e_9 的敏感系数最低，为 0.291，极差为 0.680，是最低评价指标的 2.227 倍；当评价指标数值降低 10% 时，e_{10} 的敏感系数最高，为 1.045，其次为 e_7、e_{11}、e_5，敏感系数分别为 0.919、0.919、0.908，e_9 的敏感系数最低，为 0.291，极差为 0.754，是最低评价指标的 2.591 倍，表明生态治理中，不同变动方向、不同评价指标的敏感系数不同，影响程度具有差异性，与前 4 个维度评价指标相比，差异性较小。基于上述分析，提出以下假说：

H_6：生态治理评价指标对乡村振兴多元主体协同治理生态治理维度有序度及综合协同效应具有正方向影响，影响程度较小，各评价指标的影响程度具有较小的差异性。

第四节　主要结论分析

综上所述，敏感性分析结果表明乡村振兴多元主体协同治理综合协同效应对各维度有序度的变化较为敏感，当经济治理、政治治理等维度有序度提高 10% 时，可以提高综合协同效应，降低 10% 时会降低综合协同效应，综合协同效应随着各维度有序度正方向变动，其中，经济治理维度有序度敏感系数最高，政治治理维度有序度敏感系数最低，基于此提出 H_{1a} ~ H_{1e} 的研究假说。乡村振兴多元主体协同治理各维度有序度与综合协同效应对其维度序参量的变动均表现出敏感状态，组织协同的变动对经济治理、政治治理、社会治理与生态治理的维度有序度与综合协同效应的影响最大，机制协同的变动对文化治理维度有序度与综合协同效应的影响最大。乡村振兴多元主体协同经济治理维度有序度与综合协同效应对经济治理、政治治理维度评价指标的变动一般敏感，影响程度一般，各评价指标的影响程度具有一定的差异性；乡村振兴多元主体协同文化治理维度有序度与综合协同效应对文化治理、社会治理维度评价指标变动的敏感性较强，影响程度较大，各评价指标间的敏感程度具有较大的差异性；乡村振兴多元主体协同生态治理维度有序度与综合协同效应对生态治理评价指标变动的敏感性较差，影响程度不深，在 5 个维度评价指标中敏感系数最小，各评价指标间的敏感程度具有较小的差异性，基于此提出 $H_2 \sim H_6$ 的研究假说。

第八章 乡村振兴多元主体协同治理
效应影响因素分析

第一节 模型构建与变量选取

一、模型构建

通过对乡村振兴多元主体协同治理维度有序度、各治理维度及其评价指标进行敏感性分析，得到上述因素变动对乡村振兴多元主体协同治理效应的敏感程度，即影响方向与影响程度大小。为验证敏感性分析结果的有效性与正确性，需要进行相应的实证模型检验，进一步明确乡村振兴多元主体协同治理效应影响因素，进而验证上述研究假说是否成立。

结构方程模型（Structural Equation Modeling，SEM）作为社会科学研究领域中重要的统计方法之一，是用来验证因果关系、分析影响因素的被广泛使用的模型分析方法（敖荣军，2020）。结构方程模型继承了多元回归、路径模型等模型方法的优点，又充分弥补了其缺陷与不足，既包括可直接观测到的观测变量，也涵盖无法直接观测、需要间接观测的潜在变量，基于不同观测变量、观测变量与潜在变量间的协方差矩阵，估计研究变量间的相互关系，在经济学中得到广泛运用（刘小春，2020）。结构方程模型主要包括结构方程与测量方程两大主体部分，结构方程是用来反映潜在变量之间的相互关系，通过路径系数表征潜在变量间的相互关系；测量方程主要用来描述潜在变量与观测变量之间的影响关系，通过因子载荷表征潜在变量与观测变量间的影响关系（柏青华，2020）。与多重回归、因子分析、通径分析与协方差分析等研究方法相比，结构方程模型的明显优势在于能够同时处理理论模型中的多个因变量，不仅可以根据因子载荷与路径系数估计因子关系与因子结构，而且能够估计分析理论模型的整体拟合程度，使得模型估计结果更加可靠、全面（莫君慧，2020）。

对于乡村振兴多元主体协同治理效应影响因素分析，既需要研究经济治理、政治治理等各维度对乡村振兴多元主体协同治理效应的影响程度与各维度间的协调作用机制，又需要分析各评价指标对所属维度的贡献度以及评价指标间的联系程度。结构方程模型能够很好地满足上述研究要求，既能估计乡村振兴多元主体协同治理效应评价体系中各维度与所涵盖评价指标的因子关系与因子结构，又可以估计乡村振兴多元主体协同治理效应影响因素分析模型的拟合程度，因此选用结构方程模型进行乡村振兴多元主体协同治理效应影响因素的分析与研究。依据第七章中的敏感性分析结果与研究假说，设定经济治理、政治治理、文化治理、社会治理以及生态治理 5 个治理维度共选取 56 个评价指标，基于乡村振兴多元主体协同治理效应评价影响因素分析这一特定研究目的，对传统意义上的结构方程模型进行修订与完善，具体表现形式如下：

$$\eta = \beta\eta + \Gamma\xi + \zeta \tag{8-1}$$

$$y_1 = \gamma_{a_1}a_1 + \gamma_{a_2}a_2 + \gamma_{a_3}a_3 + \gamma_{a_4}a_4 + \gamma_{a_5}a_5 + \gamma_{a_6}a_6 + \gamma_{a_7}a_7 + \gamma_{a_8}a_8$$
$$+ \gamma_{a_9}a_9 + \gamma_{a_{10}}a_{10} + \gamma_{a_{11}}a_{11} \tag{8-2}$$

$$y_2 = \gamma_{b_1}b_1 + \gamma_{b_2}b_2 + \gamma_{b_3}b_3 + \gamma_{b_4}b_4 + \gamma_{b_5}b_5 + \gamma_{b_6}b_6 + \gamma_{b_7}b_7 + \gamma_{b_8}b_8$$
$$+ \gamma_{b_9}b_9 + \gamma_{b_{10}}b_{10} + \gamma_{b_{11}}b_{11} + \gamma_{b_{12}}b_{12} + \gamma_{b_{13}}b_{13} \tag{8-3}$$

$$y_3 = \gamma_{c_1}c_1 + \gamma_{c_2}c_2 + \gamma_{c_3}c_3 + \gamma_{c_4}c_4 + \gamma_{c_5}c_5 + \gamma_{c_6}c_6 + \gamma_{c_7}c_7 + \gamma_{c_8}c_8$$
$$+ \gamma_{c_9}c_9 + \gamma_{c_{10}}c_{10} \tag{8-4}$$

$$y_4 = \gamma_{d_1}d_1 + \gamma_{d_2}d_2 + \gamma_{d_3}d_3 + \gamma_{d_4}d_4 + \gamma_{d_5}d_5 + \gamma_{d_6}d_6 + \gamma_{d_7}d_7 + \gamma_{d_8}d_8$$
$$+ \gamma_{d_9}d_9 + \gamma_{d_{10}}d_{10} \tag{8-5}$$

$$y_5 = \gamma_{e_1}e_1 + \gamma_{e_2}e_2 + \gamma_{e_3}e_3 + \gamma_{e_4}e_4 + \gamma_{e_5}e_5 + \gamma_{e_6}e_6 + \gamma_{e_7}e_7 + \gamma_{e_8}e_8$$
$$+ \gamma_{e_9}e_9 + \gamma_{e_{10}}e_{10} + \gamma_{e_{11}}e_{11} + \gamma_{e_{12}}e_{12} \tag{8-6}$$

其中，式（8-1）为结构方程，主要目的在于分析理论模型中的外生潜在变量和内生潜在变量之间的相互关系，η 表示内生潜在变量，ξ 表示外生潜在变量，Γ 和 β 分别表示外生潜在变量与内生潜在变量的结构系数矩阵，即路径系数，ζ 则表示模型估计中尚未能够用理论模型来解释的部分，即残差项。式（8-2）至式（8-6）为测量方程，用来分析模型中的观测变量与潜在变量之间的影响关系，y_1、y_2、y_3、y_4、y_5 分别表示经济治理、政治治理、文化治理、社会治理、生态治理 5 个潜在变量，$a_1 \sim e_{12}$ 分别表示 56 个观测变量，γ 表示潜在变量和观测变量之间的因子载荷。

二、变量选取与检验

（一）变量选取及描述性统计

遵循指标选取一致性、合理性与科学性原则，依据上述乡村振兴多元主体协同治理效应评价指标体系，结合维度有序度、各维度序参量及其评价指标的敏感性分析结果，参考理论分析与研究假说，选取经济治理、政治治理、文化治理、社会治理以及生态治理 5 个治理维度进行乡村振兴多元主体协同治理效应影响因素分析，即潜在变量。考虑到各维度所包含的序参量以及评价指标的重要性，结合理论分析与研究假说，选取 56 个评价指标均作为二级指标，即观测变量。采用乡村振兴多元主体协同治理效应评价中的数据处理方法，利用李克特五级量表将问卷结果运用于定量数据分析中，受访者根据主观感受与自主判断对各个题项按照同意程度在 1 ~ 5 中选择整数进行回答，"5" 代表 "完全同意"，"3" 代表 "不确定"，"1" 代表 "完全不同意"，"2" 与 "4" 则分别代表一定程度上的不同意或同意。

通常来说，变量选取后要对其进行相应的描述性统计分析，以明确数据样本整体的一些基本特征。由于构建乡村振兴多元主体协同治理效应评价指标体系时，表 3 - 2 已经详细阐明经济治理、政治治理、文化治理、社会治理以及生态治理 5 个治理维度、15 个序参量、56 个评价指标的变量含义及其指标权重等，表 3 - 8 具体陈列出经济治理、政治治理、文化治理、社会治理以及生态治理 5 个维度、15 个序参量、56 个评价指标的均值与标准差等基本描述性分析结果，考虑到文章的简洁性与可读性，不在此一一赘述，具体描述性分析结果见表 3 - 2 与表 3 - 8。

（二）信度与效度检验

乡村振兴多元主体协同治理效应影响因素分析结果的真实性与科学性，直接依赖于影响因素分析指标体系的可靠性与有效性，因此需进一步对数据量表进行相应的信度与效度检验，以提高量表的可信度，进而保证实证分析结果的可靠性与科学性。

为检验量表的可靠程度，需对量表进行信度检验。在众多信度系数测量方法中，Cronbach's α 信度系数法被经常采用，信度大小与 α 系数呈正比例关系，信度系数越高，表明量表信度越好、可靠性程度越高。采用 Cronbach's α 信度系数法，基于 SPSS21.0 软件分析结果，量表整体的 Cronbach's α 信度系数为 0.873，且各潜在变量的 Cronbach's α 信度系数均高于 0.800，表明本研究的数据量表总体上信度较高。

为检验量表的有效程度，需对量表进行效度检验。在众多效度检验方法中，采用最常用的因子分析法，检验量表的效度，主要测量指标为 KMO 统计量与 Bartlett 球形检验。基于 SPSS21.0 软件运行出的因子分析检验结果显示，量表 KMO 值达到 0.811，说明各观测变量间相关程度较高，且 Bartlett 球形检验值呈现显著状态，进一步表明本研究的数据量表总体上效度较高，能够开展进一步的实证分析。

第二节　实证结果分析

一、模型适配度检验

在量表通过信度与效度检验后，为检验所构建的模型是否科学、合理，还需要进行模型适配度检验。模型适配度是检验结构方程模型中所构建的理论模型是否合理、科学的关键指标，适配度指标主要衡量的是样本中的量表数据与构建好的理论模型间的整体拟合程度，运用 AMOS21.0 软件，进行适配度检验，通过比较模型结果与评价指标建议值，衡量所构建模型的优劣，具体拟合结果如表 8-1 所示。

表 8-1　　　　　　　　　　　模型适配度检验结果

评价指标	绝对适配度指标			增值适配度指标				简约适配度指标			
	GFI	AGFI	RMSEA	NFI	IFI	TLI	CFI	χ^2/df	SRMR	PGFI	PNFI
建议值	>0.9	>0.9	<0.05	>0.9	>0.9	>0.9	>0.9	$1<\chi^2/df<3$	<0.05	>0.5	>0.5
模型	0.901	0.914	0.043	0.898	0.887	0.965	0.884	2.116	0.042	0.497	0.523
结果	理想	理想	理想	较为理想	较为理想	理想	较为理想	理想	理想	较为理想	理想

分析表 8-1 可知，绝对适配度指标、增值适配度指标以及简约适配度指

标均能够基本符合指标建议值的要求，模型整体拟合效果较好。其中，绝对适配度指标全部符合建议值标准，模型检验结果理想；增值适配度指标中NFI、IFI、CFI 的数值接近建议值，且差距很小，模型检验结果较为理想；简约适配度指标中除 PGFI 外，其他 3 个指标检验结果均理想。因此，本书所构建的结构方程模型符合结构方程模型适配标准，总体拟合程度较好，具有较高的可靠性与合理性。

二、模型估计结果

以描述性分析结果与相应的研究假说为基础，根据上述设定的理论模型，运用 AMOS21.0 软件，选取极大似然估计法，运行本研究所构建的乡村振兴多元主体协同治理效应影响因素研究的理论模型并展开进一步的实证估计分析，得到 SEM 模型路径系数与因子载荷，并以此为基础来验证上一章中所提出的研究假说是否成立，具体模型估计结果见图 8 - 1、表 8 - 2。

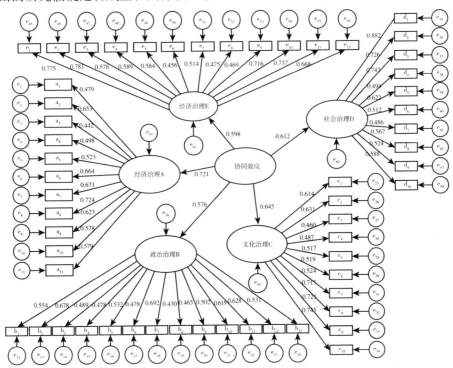

图 8 - 1 SEM 路径系数与因子载荷

表 8 - 2 　　　　　　　　　　SEM 路径系数、因子载荷与研究假说

假说	路径	Estimate	P 值	检验结果	假说	路径	Estimate	P 值	检验结果
H_{1a}	经济治理 A→协同效应	0.721 ***	0.000	成立		c_1→文化治理 C	0.614 *	0.006	
H_{1b}	政治治理 B→协同效应	0.576 ***	0.000	成立		c_2→文化治理 C	0.631 **	0.004	
H_{1c}	文化治理 C→协同效应	0.645 **	0.004	成立		c_3→文化治理 C	0.460 **	0.004	
H_{1d}	社会治理 D→协同效应	0.612 ***	0.000	成立	H_4	c_4→文化治理 C	0.487 *	0.007	成立
H_{1e}	生态治理 E→协同效应	0.598 ***	0.001	成立		c_5→文化治理 C	0.517 *	0.008	
	a_1→经济治理 A	0.479 **	0.005			c_6→文化治理 C	0.519 **	0.005	
	a_2→经济治理 A	0.653 **	0.004			c_7→文化治理 C	0.524 ***	0.000	
	a_3→经济治理 A	0.442 *	0.009			c_8→文化治理 C	0.715 ***	0.000	
	a_4→经济治理 A	0.498 ***	0.000			c_9→文化治理 C	0.721 **	0.004	
	a_5→经济治理 A	0.523 ***	0.001			c_{10}→文化治理 C	0.745 *	0.008	
H_2	a_6→经济治理 A	0.664 ***	0.000	成立		d_1→社会治理 D	0.882 *	0.008	
	a_7→经济治理 A	0.671 **	0.004			d_2→社会治理 D	0.726 **	0.003	
	a_8→经济治理 A	0.724 *	0.007			d_3→社会治理 D	0.747	0.011	
	a_9→经济治理 A	0.623 *	0.007			d_4→社会治理 D	0.494 *	0.007	
	a_{10}→经济治理 A	0.578 **	0.005		H_5	d_5→社会治理 D	0.622 *	0.008	成立
	a_{11}→经济治理 A	0.579 ***	0.000			d_6→社会治理 D	0.512 *	0.008	
	b_1→政治治理 B	0.554 **	0.004			d_7→社会治理 D	0.486 *	0.008	
	b_2→政治治理 B	0.678 **	0.004			d_8→社会治理 D	0.567 **	0.004	
	b_3→政治治理 B	0.489 *	0.009			d_9→社会治理 D	0.524 **	0.003	
	b_4→政治治理 B	0.478 *	0.007			d_{10}→社会治理 D	0.588 ***	0.000	
H_3	b_5→政治治理 B	0.532 *	0.007	成立		e_1→生态治理 E	0.775 ***	0.000	
	b_6→政治治理 B	0.478	0.012			e_2→生态治理 E	0.781 *	0.013	
	b_7→政治治理 B	0.692 *	0.007		H_6	e_3→生态治理 E	0.576 **	0.004	成立
	b_8→政治治理 B	0.430 **	0.004			e_4→生态治理 E	0.589 *	0.007	
	b_9→政治治理 B	0.465 **	0.005			e_5→生态治理 E	0.594 **	0.003	

续表

假说	路径	Estimate	P 值	检验结果	假说	路径	Estimate	P 值	检验结果
H₃	b₁₀→政治治理 B	0. 502***	0. 000	成立	H₆	e₆→生态治理 E	0. 456	0. 015	成立
	b₁₁→政治治理 B	0. 615*	0. 008			e₇→生态治理 E	0. 514**	0. 003	
	b₁₂→政治治理 B	0. 628**	0. 004			e₈→生态治理 E	0. 475**	0. 005	
	b₁₃→政治治理 B	0. 531**	0. 002			e₉→生态治理 E	0. 469***	0. 000	
						e₁₀→生态治理 E	0. 716**	0. 005	
						e₁₁→生态治理 E	0. 737**	0. 005	
						e₁₂→生态治理 E	0. 668*	0. 007	

注：*、**、*** 分别表示在10%、5%、1%的统计水平上显著。

由图 8-1 可知，SEM 中各路径系数均在5%的统计水平上显著，各因子载荷基本上也能通过10%显著性水平检验，且模型中所有变量的方差估计值均为正值，表征本研究所构建的理论模型符合结构方程模型基本适配标准。基于路径系数结果分析可知各潜在变量路径系数均能通过5%显著性水平检验，表明乡村振兴多元主体在经济治理、政治治理、文化治理、社会治理、生态治理等治理维度的综合协同效应对乡村振兴多元主体协同治理效应的培育与提升具有显著正方向影响。从因子载荷结果分析可知各观测变量因子载荷基本上能在10%的统计水平上达到显著，只有少量观测变量的因子载荷未达到10%显著性水平检验，总体上显著性水平较高，说明潜在变量与观测变量之间具有较强相关性，模型构建较为合理。

分析图 8-1 和表 8-2 等模型估计结果可知，各研究假说基本得到证实，具体分析如下：

研究假说 H_{1a} ~ H_{1e} 验证成立。分析 SEM 中各路径系数，经济治理 A、政治治理 B、文化治理 C、社会治理 D、生态治理 E 至协同效应的路径系数均为正值，分别为 0.721、0.576、0.645、0.612、0.598，除文化治理 C 至协同效应的路径系数在5%的统计水平上显著，其他4条路径的路径系数均在1%的统计水平上显著，表明经济治理、政治治理、文化治理、社会治理以及生态治理5个治理维度均能够对乡村振兴多元主体协同治理效应起到显著正向促进作用，5个维度治理水平的有效提高能够显著提升乡村振兴多元主体协同治理效应，研究假说 H_{1a} ~ H_{1e} 中的前半句均得到证实。比较路径系数的数值大小可知，经济治理最高，达到 0.721，文化治理与社会治理次之，分别为 0.645、0.612，政治治理与生态治理较低，均低于 0.600，分别为 0.576、0.598，对照研究假说中各治理维度影响程度的假定，研究假说 H_{1a} ~ H_{1e} 中的后半句也都能够得到证实。因此，判定研究假说 H_{1a} ~ H_{1e} 验证成立。

研究假说 H_2 验证成立。分析经济治理维度中各评价指标因子载荷的数值大小及显著性可知，经济治理维度中各评价指标对乡村振兴多元主体协同经济治理维度有序度的因子载荷均为正值，a_3、a_8、a_9 三个指标能够在 10% 的统计水平上显著，除此之外均在 5% 及以上统计水平上显著，表明经济治理维度中各评价指标均能够对乡村振兴多元主体协同经济治理效应起到显著正向促进作用，各评价指标所代表的经济治理水平的提高能够显著提升乡村振兴多元主体协同经济治理效应，进而提升乡村振兴多元主体协同治理效应，因此研究假说 H_2 的前半句验证成立。比较各评价指标的因子载荷数值大小可知，a_8 的因子载荷最高，达到 0.724，a_3 的因子载荷最低，仅为 0.442，极差达到 0.282，占据最低因子载荷数值的 63.801%，差异性较为显著，且总体数值不高，因此研究假说 H_2 的后半句验证成立。

研究假说 H_3 验证成立。分析政治治理维度中各评价指标因子载荷的数值大小及显著性可知，政治治理维度中各评价指标对乡村振兴多元主体协同政治治理维度有序度的因子载荷均为正值，除 b_6 外，其他评价指标均能够在 10% 及以上统计水平上显著，表明政治治理维度中各评价指标基本上均能够对乡村振兴多元主体协同政治治理效应起到显著正向促进作用，各评价指标所代表的政治治理水平的提高能够显著提升乡村振兴多元主体协同政治治理效应，进而提升乡村振兴多元主体协同治理效应，因此研究假说 H_3 的前半句验证成立。比较各评价指标的因子载荷数值大小可知，b_2 的因子载荷最高，达到 0.678，b_8 的因子载荷最低，仅为 0.430，是所有因子载荷中数值最小的，极差达到 0.248，占据最低因子载荷数值的 57.674%，与经济治理维度中评价指标对乡村振兴多元主体协同治理效应的影响程度的差异性相比，政治治理各评价指标间的差异性一般，且总体数值不高，最大值与最小值均低于经济治理维度中评价指标因子载荷值的最大值与最小值，因此研究假说 H_3 的后半句验证成立。

研究假说 H_4 验证成立。分析文化治理维度中各评价指标因子载荷的数值大小及显著性可知，文化治理维度中各评价指标对乡村振兴多元主体协同文化治理维度有序度的因子载荷均为正值，且所有评价指标均在 10% 及以上统计水平上显著，表明文化治理维度中各评价指标均能够对乡村振兴多元主体协同文化治理效应起到显著正向促进作用，各评价指标所代表的文化治理水平的提高能够显著提升乡村振兴多元主体协同文化治理效应，进而提升乡村振兴多元主体协同治理效应，因此研究假说 H_4 的前半句验证成立。比较各评价指标的因子载荷数值大小可知，c_{10} 的因子载荷最高，达到 0.745，c_3 的因子载荷最低，仅为 0.460，极差达到 0.285，占据最低因子载荷数值的 61.957%，与经济治理与政治治理各维度评价指标对乡村振兴多元主体协同治理效应的影响程度的差异性相比，文化治理各评价指标间的差异性较大，且总体数值较高，最大值与最小值均高于经济治理与政治治理维度中评价指标因子载荷的最大值与最小值，因此研究假说 H_4 的后半句验证成立。

研究假说 H_5 验证成立。分析社会治理维度中各评价指标因子载荷的数值大小及显著性可知，社会治理维度中各评价指标对乡村振兴多元主体协同社会治理维度有序度的因子载荷均为正值，除 d_3 外，其他评价指标均在 10% 及以上统计水平上显著，表明社会治理维度中各评价指标基本上均能够对乡村振兴多元主体协同社会治理效应起到显著正向促进作用，各评价指标所代表的社会治理水平的提高能够显著提升乡村振兴多元主体协同社会治理效应，进而提升乡村振兴多元主体协同治理效应，因此研究假说 H_5 的前半句验证成立。比较各评价指标的因子载荷数值大小可知，d_1 的因子载荷最高，达到 0.882，是所有因子载荷中数值最大的，d_7 的因子载荷最低，仅为 0.486，极差达到 0.396，占据最低因子载荷数值的 81.481%，与经济治理、政治治理与文化治理各维度评价指标对乡村振兴多元主体协同治理效应的影响程度的差异性相比，社会治理各评价指标间的差异性较大，且总体数值较高，最大值与最小值均高于前 3 个维度中评价指标因子载荷值的最大值与最小值，因此研究假说 H_5 的后半句验证成立。

研究假说 H_6 验证成立。分析生态治理维度中各评价指标因子载荷的数值大小及显著性可知，生态治理维度中各评价指标对乡村振兴多元主体协同生态治理维度有序度的因子载荷均为正值，除 e_6 外，其他评价指标均在 10% 及以上统计水平上显著，表明生态治理维度中各评价指标基本上均能够对乡村振兴多元主体协同生态治理效应起到显著正向促进作用，各评价指标所代表的生态治理水平的提高能够显著提升乡村振兴多元主体协同生态治理效应，进而提升乡村振兴多元主体协同治理效应，因此研究假说 H_6 的前半句验证成立。比较各评价指标的因子载荷数值大小可知，e_2 的因子载荷最高，达到 0.781，e_6 的因子载荷最低，仅为 0.456，极差达到 0.325，占据最低因子载荷数值的 71.272%，与上述 4 个维度评价指标对乡村振兴多元主体协同治理效应的影响程度的差异性相比，生态治理各评价指标间的差异性较大，且总体数值较高，最大值与最小值均高于经济治理、政治治理以及文化治理维度中评价指标因子载荷值的最大值与最小值，略低于社会治理维度评价指标因子载荷值的最大值与最小值，因此研究假说 H_6 的后半句验证成立。

第三节　主要结论分析

综上所述，结构方程模型分析结果表明经济治理、政治治理、文化治理、社会治理以及生态治理 5 个治理维度均会对乡村振兴多元主体协同治理效应的提升起到显著正向促进作用，经济治理的影响程度最大，文化治理与社会治理次之，政治治理与生态治理较低，研究假说 H_{1a} ~ H_{1e} 验证成立。细分到各维度中的评价指标，各维度所包含的评价指标基本上均能够对乡村振兴多元主体协同治理维度有序度及协同效应具有显著正向促进影响，其中，文化治理与社会治理维度中的评价指标影响程度较大，且各评价指标间的影响程度具有较大的差异性；政治治理维度中的评价指标影响程度一般，各评价指标的影响程度具有一定的差异性；经济治理与生态治理维度中的评价指标影响程度较小，且各评价指标间的影响程度具有较小的差异性，研究假说 H_2 ~ H_6 验证成立。

第九章　研究结论与政策建议

第 一 节　研 究 结 论

本书旨在研究乡村振兴多元主体协同治理效应。第一，通过系统梳理国内外相关文献，构建治理理论与协同理论两大理论体系，结合委托代理理论、博弈论以及结构功能主义等相关理论分析及其文献述评构建乡村振兴多元主体协同治理相关理论基础；第二，对政府与村民、企业以及社会组织间进行博弈困境分析，基于柯布—道格拉斯生产函数，通过数理推导进一步探究乡村振兴多元主体协同治理运作机理；第三，通过构建复合系统协同度评价模型与相应的评价指标体系，展开乡村振兴多元主体协同治理效应维度有序度与综合协同效应评价分析，在此基础上根据时序数据进行相应的时间序列分析；第四，根据上述乡村振兴多元主体协同治理效应维度有序度与综合协同效应综合评价及其时间序列分析结果，将安徽省划分为皖中地区、皖南地区、皖北地区三大区域，进行相应的区域异质性研究；第五，基于乡村振兴多元主体协同治理效应维度有序度与综合协同效应综合评价及其时间序列分析与区域异质性分析结果，采用 Arc GIS 绘图软件，更为直观地呈现乡村振兴多元主体协同治理效应维度有序度与综合协同效应的空间分异与时空演变特征；第六，依据上述乡村振兴多元主体协同治理效应维度有序度与综合协同效应综合评价的时间序列分析结果，采用灰色预测模型，对安徽省各地级市及其组成的三大区域关于乡村振兴多元主体协同治理效应维度有序度与综合协同效应进行科学预测；第七，采用敏感度测度模型，对乡村振兴多元主体协同治理效应维度有序度与评价指标进行相应的敏感性分析，基于此提出相应的研究假说；第八，基于上述敏感性分析结果与研究假说，依据乡村振兴多元主体协同治理效应评价指标体系，构建结构方程模型，根据相应的路径系数与因子载荷分析乡村振兴多元主体协同治理效应影响因素。结合上述理论研究与实证分析等研究结果，得出以下研究结论：

第一，乡村振兴多元主体协同治理效应的提升离不开多元主体的有机融合与明确分工，多元主体参与乡村振兴时协同治理效应高于少量主体参与，多元主体积极协同参与乡村振兴时协同治理效应高于多元主体无效率参与。乡村振兴多元主体协同治理博弈困境分析结果表明乡村振兴多元主体基于"经济人"假设，遵从自身利益最大化的行为准则，做出各自的行为选择，构成混合策略选择组合。政府作为乡村治理中的主导者，是村民、企业与社会组织等主体进行行为选择的重要依据。只有政府积极推进乡村治理的实施，不断建立并完善相应的政策法规，鼓励、支持并引导村民、企业与社会组织积极参与乡村治理，才有可能建立健全乡村振兴多元主体协同治理体系、增强乡村振兴多元主体协同治理能力，实现多元主体利益最大化进一步实现整体社会利益最大化。乡村振兴多元主体协同治理运作机理数理推导结果表明政府、村民、企业与社会组织都是乡村治理中至关重要的关键行为主体，各多元主体的积极参与、高效协同是乡村振兴多元主体协同治理能力提升与体系完善的根本。经过一定的理论模型构建与数理推导分析可知，在乡村治理中，激励政府、村民、企业与社会组织等行为主体广泛参与并不是推动乡村治理的最终手段与目标，引导各行为主体彼此之间相互协同、相辅相成，形成合力共同致力于乡村治理，以实现乡村振兴多元主体协同治理效应提升与体系完善，更好地推动乡村治理。

第二，乡村振兴多元主体协同治理维度有序度评价总体水平较高，各维度有序度差异性较小，经济治理维度有序度最高，生态治理维度有序度最低，但各地级市各维度有序度差异性较大，合肥市、黄山市相对较高，各区域间差异性较大，皖中地区相对较高。依据乡村振兴多元主体协同治理效应评价指标体系，对安徽省及其 16 个地级市关于经济治理、政治治理、文化治理、社会治理以及生态治理 5 个维度进行有序度测度与评价，评价结果表明经济治理维度有序度最高，达到 0.668；社会治理维度有序度次之，为 0.666；生态治理维度有序度最低，为 0.632，但与经济治理维度有序度相差 0.036，差距较小。具体到各地级市之间的比较，研究结果表明经济治理维度有序度中合肥市最高，有序度为 0.902，黄山市最低，仅为 0.522，极差达到 0.380，占据黄山市的 72.797%，差距较大；政治治理维度有序度中安庆市最高，有序度达到 0.821，阜阳市最低，仅为 0.484，极差为 0.337，占据阜阳市的

69.628%，差距较大；文化治理维度有序度中，黄山市最高，高达 0.801，亳州市最低，仅为 0.515，极差为 0.286，占据亳州市的 55.534%，相对于经济治理与政治治理而言，各地级市间差距相对较小；社会治理维度有序度中合肥市最高，高达 0.921，淮南市最低，仅为 0.582，与合肥市相差 0.339，占据淮南市的 58.247%，差距较大；生态治理维度有序度中，黄山市最高，达到 0.805，宣城市最低，有序度为 0.536，极差为 0.269，占据宣城市的 50.187%，各地级市间差距较大。维度有序度评价区域异质性分析结果表明安徽省经济治理维度有序度整体水平较好，是 5 个维度有序度中最高的，皖中地区、皖北地区、皖南地区三大区域间差距较小，安徽省经济发展较为均衡；安徽省政治治理维度有序度整体水平中等偏上，在 5 个维度中处于中间地位，三大区域间差距较大，其中皖中地区的政治治理维度有序度远远高于皖南地区与皖北地区，而皖南地区与皖北地区差距相对较小；安徽省文化治理维度有序度整体水平一般，处于中等偏下水平，仅略高于生态治理维度有序度，三大区域间差距较小，其中皖南地区与皖中地区基本没有差距，且皖北地区与二者的差距也相对较小；安徽省社会治理维度有序度总体上较高，略低于经济治理维度，三大区域间差距较大，是 5 个维度中三大区域间维度有序度差距最大的，表明安徽省社会治理水平总体不均；安徽省生态治理维度有序度整体水平较低，是 5 个维度有序度中得分最低的，三大区域间差距较大，其中皖南地区明显优于皖中地区，皖中地区明显优于皖北地区，安徽省生态治理水平总体不均衡。

第三，乡村振兴多元主体协同治理维度有序度随着乡村振兴战略规划与有效实施逐年提升，总体上呈现逐步提升的良好发展态势，经济治理维度有序度提升较快，文化治理维度有序度提升较稳定，但各地级市间差距明显，合肥市整体水平较高且提升相对较快，各区域间差距性较大，但可喜的是三大区域间各治理维度的差距不断缩小，安徽省乡村治理趋于均衡。根据乡村振兴多元主体协同治理效应维度有序度评价时间序列分析结果，乡村振兴多元主体经济治理维度有序度逐年提升，由乡村振兴实施前（2018 年前）阶段的 0.420 提升至乡村振兴取得重大突破（2021～2022 年）阶段的 0.541，提升了 0.121，提升速度达到每阶段提升 0.040，与其他维度有序度相比，经济治理维度有序度提升速度最快，但各地级市间差距明显，合肥市总体水平最高，池州市与宣城市较低，有序度分布在 0.2～0.9；乡村振兴多元主体政治治理维度有序度整体上呈现逐年提升的发展态势，由乡村振兴实施前（2018

年前）阶段的 0.399 提升至乡村振兴取得重大突破（2021～2022 年）阶段的
0.503，提升了 0.104，提升了速度达到每阶段提升 0.035，且地级市间差距
相对较小，合肥市总体水平最高，亳州市较低，有序度分布在 0.2～0.8；乡
村振兴多元主体文化治理维度有序度同样呈现逐年提升的良好发展态势，且
提升速度较稳定，是 5 个维度中有序度提升速度最为稳定的，由乡村振兴实
施前（2018 年前）阶段的 0.432 提升至乡村振兴取得重大突破（2021～2022
年）阶段的 0.518，提升了 0.086，提升速度达到每阶段提升 0.029，各地级
市间差距相对较小，有序度分布在 0.3～0.7；乡村振兴多元主体社会治理维
度有序度呈现逐年提升的发展态势，由乡村振兴实施前（2018 年前）阶段的
0.541 提升至乡村振兴取得重大突破（2021～2022 年）阶段的 0.628，提升
了 0.087，提升速度达到每阶段提升 0.029，且地级市间差距相对较小，合肥
市总体水平最高，淮北市与池州市较低，有序度分布在 0.4～0.9；乡村振兴
多元主体生态治理维度有序度同样呈现逐年提升的良好发展态势，由乡村振
兴实施前（2018 年前）阶段的 0.465 提升至乡村振兴取得重大突破（2021～
2022 年）阶段的 0.524，提升了 0.059，提升速度达到每阶段提升 0.020，是
5 个维度中提升速度最慢的，各地级市间差距相对较小，有序度分布在 0.4～
0.6，是 5 个维度中差距最小的。维度有序度区域异质性时间序列分析结果表
明安徽省乡村振兴多元主体协同治理经济治理维度有序度逐年提高，但皖中
地区、皖北地区、皖南地区三大区域间差距较大，可喜的是三大区域间的差
距不断缩小，安徽省经济治理趋于均衡。安徽省乡村振兴多元主体协同治理
政治治理维度有序度整体上呈现逐年提升的良好发展态势，提升速度较稳定，
是 5 个维度中有序度提升速度最为稳定的，且区域间差距相对较小，且可喜
的是三大区域间的差距不断缩小，安徽省政治治理趋于均衡。安徽省乡村振
兴多元主体协同治理文化治理维度有序度同样呈现逐年提升的良好发展态势，
各区域间差距相对较小，且可喜的是三大区域间的差距仍在不断缩小，安徽
省文化治理水平趋于均衡。安徽省乡村振兴多元主体协同治理社会治理维度
有序度相对较高，是 5 个维度中有序度最高的，且逐年提升，各区域间差距
相对较小，且可喜的是三大区域间的差距仍在不断缩小，安徽省社会治理水
平趋于均衡。安徽省乡村振兴多元主体协同治理生态治理维度有序度同样呈
现逐年提升的良好发展态势，各区域市间差距相对较小，且可喜的是三大区
域间的差距不断缩小，安徽省生态治理水平趋于均衡。

第四，乡村振兴多元主体协同治理综合协同效应总体水平一般，整体上

呈现逐年提升的良好发展态势，但各地级市间差距相对较大，合肥市整体水平较高，各区域间差异性较大，皖中地区优于皖南地区，皖南地区优于皖北地区。分析安徽省乡村振兴多元主体协同治理综合协同效应，安徽省整体协同程度一般，平均值达到 0.509，处于基本协同发展阶段，各维度内部以及维度间基本协同，但协同程度不高，整个系统处于由无序向有序的发展阶段。其中，合肥市综合协同度依旧位居榜首，达到 0.760，处于良好协同的发展阶段，是合肥市综合协同有序度与匹配度均位居前列的综合结果；依次为芜湖市、蚌埠市，分别为 0.656、0.622，明显低于合肥市，但也属于良好协同的发展阶段，仍有很大的发展空间；宣城市最低，仅为 0.392，协同程度表现为轻度不协同，与合肥市相差 0.368，占据宣城市的 93.878%，接近 1 倍，与安徽省平均值相差 0.117，占据宣城市的 29.847%，差距很大。乡村振兴多元主体协同治理综合协同效应时间序列分析结果表明乡村振兴多元主体协同治理综合协同效应逐年提升，从乡村振兴实施前（2018 年前）阶段至乡村振兴取得重大突破（2021～2022 年）阶段都有着明显提升，且提升速度加快。具体到各地级市乡村振兴多元主体协同治理综合协同效应评价的时间序列分析结果，在乡村振兴战略实施的每个阶段，合肥市均占全省首位，且每个相邻阶段间的提升幅度远大于安徽省平均值；宣城市乡村振兴多元主体协同治理综合协同效应相对较低，在乡村振兴取得重大突破（2021～2022 年）以前的 3 个阶段里，均居全省末位；池州市乡村振兴多元主体协同治理综合协同效应虽也呈现逐年提升的发展趋势，但增速相对缓慢。综合协同效应评价区域异质性分析结果表明皖中地区优于皖南地区，皖南地区优于皖北地区，皖北地区与皖南地区间的差距相对较小，而二者与皖中地区差距较大。皖中地区综合协同度依旧位居榜首，处于基本协同的发展阶段，明显高于安徽省平均值；其次是皖南地区，综合协同度低于皖中地区与安徽省平均值，与皖中地区差距较大，但也属于基本协同的发展阶段，仍有很大的发展空间；最后是皖北地区，综合协同度较低，低于皖中地区、皖南地区与安徽省平均值，协同程度同样表现为基本协同，皖北地区与皖南地区差距相对较小，而二者与皖中地区差距较大。综合协同效应区域异质性时间序列分析结果表明安徽省乡村振兴多元主体协同治理综合协同效应整体上呈现逐年提升的良好发展态势，且提升速度较稳定，但皖中地区、皖北地区、皖南地区三大区域间差距较大，皖中地区明显优于皖南地区与皖北地区。安徽省乡村振兴多元主体协同治理综合协同效应逐年提升，从乡村振兴实施前（2018 年前）阶段至乡村振兴取得重大突破（2021~2022 年）阶段都有着明显提升，且提升速度较稳定，表明安徽省乡村振兴多元主体协同治理综合协同效应越来越强。具体到各区域间乡村振兴多元主体协同治理综合协同效应评价的时间序列分析结果，在乡村振兴战略实施的每个阶段，皖中地区均占全省首位，皖中地区明显优于皖南地区与皖北地区，皖北地区与皖南地区乡村治理差距相对较小，皖北地区在乡村振兴实施前（2018 年前）与乡村振兴取得重要进展（2018~2020 年）两阶段均优于皖南地区，但皖南地区于乡村振兴取得重大突破（2021~2022 年）阶段超过皖北地区。

第五，安徽省乡村振兴多元主体协同治理多数维度的维度有序度呈现中部与南部较强、北部较弱的空间分布特征，综合协同效应总体上逐年提升，多数地级市由轻度不协同上升至基本协同，且逐渐呈现中部与北部较强、南部较弱的空间分布特征，与政治治理、经济治理、社会治理与生态治理 4 个维度的维度有序度空间分异特征差距较大，与文化治理维度有序度空间分异特征差距较小。维度有序度空间分异结果表明虽然皖中地区、皖南地区、皖北地区关于经济治理、政治治理、文化治理、社会治理以及生态治理 5 个维度的维度有序度均处于良好协同发展阶段，三大区域间各维度治理水平差距较小，但就各区域所包括的地级市各维度有序度评价结果比较结果却各不相同，其中政治治理、经济治理、社会治理以及生态治理维度有序度普遍呈现中部与南部较强、北部较弱的空间分布特征，文化治理维度有序度则呈现南北均衡、中部较强的空间分布特征，而生态治理则呈现全境均衡发展的空间分布特征，存在一定差距。综合协同效应空间分异结果表明安徽省乡村振兴多元主体协同治理综合协同效应整体水平一般，虽然皖中地区、皖南地区、皖北地区均处于基本协同发展阶段，三大区域间的综合协同效应差距较小，但就各区域所包括的地级市综合协同效应评价结果比较分析可知，安徽省多数地级市乡村振兴多元主体协同治理生态治理维度有序度处于基本协同发展阶段，空间上呈现中部与北部较强、南部较弱的分布特征，与政治治理、经济治理、社会治理与生态治理 4 个维度的维度有序度空间分异特征差距较大，与文化治理维度有序度空间分异特征差距较小。维度有序度时空演变分析结果表明安徽省乡村振兴多元主体协同治理经济治理维度有序度总体上逐年提升，多数地级市由轻度不协同上升至基本协同，且逐渐呈现中部与南部较强、北部较弱的空间分布特征。安徽省乡村振兴多元主体协同治理政治治理维度有序度总体上逐年提升，多数地级市由轻度不协同上升至基本协同，逐渐呈现中部与南部较强、北部较弱的空间分布特征。安徽省乡村振兴多元主体协同治理文化治理维度有序度总体上逐年提升，多数地级市由轻度不协同上升至基本协同，逐渐呈现南北均衡的空间分布特征。安徽省乡村振兴多元主体协同治理社会治理维度有序度总体上逐年提升，多数地级市由基本协同上升至良好协同，普遍优于经济治理、政治治理与文化治理维度有序度的协同状态，且逐渐呈现中部与南部较强、北部较弱的空间分布特征。安徽省乡村振兴多元主体协同治理生态治理维度有序度总体上逐年提升，多数地级市所属协同状态基本没有发生变化，多元主体协同治理效应提升较为缓慢，且呈现安徽省全境均衡发展的空间分布特征，与经济治理、政治治理、文化治理与社会治理4个维度的维度有序度差距较大。综合协同效应时空演变分析结果表明安徽省乡村振兴多元主体协同治理综合协同效应总体上逐年提升，多数地级市由轻度不协同上升至基本协同，且逐渐呈现中部与北部较强、南部较弱的空间分布特征。

第六，安徽省乡村振兴多元主体协同治理维度有序度与综合协同效应整体发展趋势较好，增长趋势较为显著，有望由基本协同转变为良好协同状态，多数地级市呈现逐年提升的良好发展态势，三大区域均呈现逐年提升的良好发展态势，但未来增速差异性较大，皖中地区明显优于皖南地区与皖北地区。各地级市维度有序度预测性分析结果表明安徽省乡村振兴多元主体协同治理经济治理维度有序度整体发展趋势较好，增长趋势较为显著，有望由基本协同转变为良好协同状态，多数地级市呈现逐年提升的良好发展态势，且发展速度较快，其中合肥市、芜湖市、蚌埠市、滁州市、宣城市等地级市提升较快，发展态势较好；安徽省乡村振兴多元主体协同治理政治治理维度有序度整体发展趋势较好，增长趋势较为显著，有望由基本协同转变为良好协同状态，多数地级市呈现逐年提升的良好发展态势，且发展速度较快，其中合肥市、芜湖市、马鞍山市、滁州市、宣城市等地级市提升较快，发展态势较好；安徽省乡村振兴多元主体协同治理文化治理维度有序度整体发展趋势较好，增长趋势较为显著，多数地级市呈现逐年提升的良好发展态势，且发展速度较快，其中芜湖市、淮北市、黄山市、滁州市、亳州市等地级市提升较快，发展态势较好；安徽省乡村振兴多元主体协同治理社会治理维度有序度整体发展趋势较好，增长趋势较为显著，多数地级市呈现逐年提升的良好发展态势，且发展速度较快，其中合肥市、淮北市、铜陵市、安庆市、黄山市等地级市提升较快，发展态势较好；安徽省乡村振兴多元主体协同治理生态治理维度有序度整体发展趋势较好，增长趋势较为显著，多数地级市呈现逐年提升的良好发展态势，且发展速度较快，其中合肥市、淮南市、马鞍山市、黄山市、六安市等地级市提升较快，发展态势较好。各地级市综合协同效应预测性分析结果表明安徽省乡村振兴多元主体协同治理综合协同效应整体发展趋势较好，增长趋势较为显著，有望由基本协同转变为良好协同状态，多数地级市呈现逐年提升的良好发展态势，其中合肥市、芜湖市、六安市、亳州市、宣城市等地级市提升较快，发展态势较好。三大区域乡村振兴多元主体协同治理经济治理维度有序平均增速分别为 0.056、0.016、0.041，增长趋势较为显著，三大区域均呈现逐年提升的良好发展态势，但未来增速差异性较大，皖中地区与皖北地区明显优于皖南地区；三大区域乡村振兴多元主体协同治理政治治理维度有序度平均增速分别为 0.048、0.050、0.050，增长趋势较为显著，均呈现逐年提升的良好发展态势，且未来增速差异性较小；三大区域文化治理维度有序度平均增速分别为 0.042、0.042、0.025，增长趋势较为显著，均呈现逐年提升的良好发展态势，但未来增速差异性较大，皖中地区与皖南地区明显优于皖北地区；三大区域社会治理维度有序度平均增速分别为 0.034、0.050、0.039，增长趋势较为显著，均呈现逐年提升的良好发展态势，但未来增速差异性较大，皖南地区明显优于皖中地区与皖北地区；三大区域生态治理维度有序度平均增速分别为 0.029、0.030、0.030，增长趋势较为显著，均呈现逐年提升的良好发展态势，且未来增速差异性较小。三大区域综合协同效应平均增速分别为 0.050、0.033、0.020，增长趋势较为显著，均呈现逐年提升的良好发展态势，但未来增速差异性较大，皖中地区明显优于皖南地区与皖北地区。

第七，经济治理、政治治理、文化治理、社会治理以及生态治理 5 个治理维度均会对乡村振兴多元主体协同治理效应的提升起到显著正向作用，经济治理的影响程度最大，生态治理最小，各评价指标基本上也都能够对乡村振兴多元主体协同治理效应的提升起到显著正向作用，但影响程度较小，且差异性较大。敏感性分析结果表明乡村振兴多元主体协同治理综合协同效应对各维度有序度的变化较为敏感，当经济治理、政治治理等维度有序度提高 10% 时，可以提高综合协同效应，降低 10% 时会降低综合协同效应，综合协同效应随着各维度有序度正方向变动，其中，经济治理维度有序度敏感系数最高，政治治理维度有序度敏感系数最低。乡村振兴多元主体协同治理各维度有序度与综合协同效应对其维度序参量的变动均表现出敏感状态，组织协同的变动对经济治理、政治治理、社会治理与生态治理的维度有序度与综合协同效应的影响最大，机制协同的变动对文化治理维度有序度与综合协同效应的影响最大。乡村振兴多元主体协同经济治理维度有序度与综合协同效应对经济治理、政治治理维度评价指标的变动一般敏感，影响程度一般，各评价指标的影响程度具有一定的差异性；乡村振兴多元主体协同文化治理维度有序度与综合协同效应对文化治理、社会治理维度评价指标变动的敏感性较强，影响程度较大，各评价指标间的敏感程度具有较大的差异性；乡村振兴多元主体协同生态治理维度有序度与综合协同效应对生态治理评价指标变动的敏感性较差，影响程度不深，是 5 个维度中评价指标敏感系数最小的，各评价指标间的敏感程度具有较小的差异性。分析 SEM 中各路径系数，经济治理 A、政治治理 B、文化治理 C、社会治理 D、生态治理 E 至协同效应的路径系数均为正值，分别为 0.721、0.576、0.645、0.612、0.598，除文化治理 C 至协同效应的路径系数在 5% 的统计水平上显著，其他 4 条路径的路径系数均在 1% 的统计水平上显著，表明经济、政治、文化、社会以及生态治理 5 个维度均能够对乡村振兴多元主体协同治理效应起到显著正方向作用，各维度治理效应的提高能够显著提升乡村振兴多元主体协同治理效应；比较路径系数的数值大小可知，经济治理最高，达到 0.721，文化与社会治理次之，分别为 0.645、0.612，政治与生态治理较低，均低于 0.600，分别为 0.576、0.598。细分到各维度中的评价指标，其均能够对乡村振兴多元主体协同治理维度有序度及综合协同效应具有正方向影响，其中，文化治理与社会治理维度中的评价指标影响程度较大，且各评价指标间的影响程度差异性较大；政治治理维度中的评价指标影响程度一般，各评价指标的影响程度具有一定的差异性；经济治理与生态治理维度中的评价指标影响程度较小，且各评价指标间的影响程度差异性较小。

第二节　政策建议

乡村振兴战略的有效实施离不开政府、村民、企业与社会组织等多元主体的协同治理，提升乡村振兴多元主体协同治理效应，遵循多元主体自身利益最大化的原则，不断建立并完善相应的政策法规，鼓励、支持并引导村民、企业与社会组织积极参与乡村治理，要在现有基础上不断创新、优化协同治理运作模式，提出政府应不断推行并完善相应的政策法规，鼓励、支持并引导村民、企业与社会组织积极参与乡村治理。一方面，加强经济治理投入力度，保持乡村振兴多元主体协同治理效应提升速度与提升质量；加大政治治理执行力度，为乡村振兴多元主体协同治理效应的综合提升提供强有力的政治保障；激活文化治理新活力，为乡村振兴多元主体协同治理效应的综合提升注入最持久的精神动力；打造社会治理新格局，为乡村振兴多元主体协同治理效应的综合提升提供重要的基础性作用；加快提升生态治理水平，补齐乡村振兴多元主体协同治理效应提升的突出短板。另一方面，在乡村振兴战略实施的不同阶段，实行差异性的综合协同治理措施，高效提升乡村振兴多元主体协同治理效应；加大协同效应低下地区的投入力度，加快补齐薄弱地区的突出短板，促进乡村振兴多元主体协同治理效应的整体提升等政策建议。基于研究结论，结合乡村振兴多元主体协同治理发展现状与实施障碍，为提高乡村振兴多元主体协同治理效应，具体提出如下政策建议：

第一，政府应不断推行并完善相应的政策法规，鼓励、支持并引导村民、企业与社会组织积极参与乡村治理。政府作为乡村振兴多元主体协同治理中的主导者，参与乡村治理的顶层设计与政策制定，引导村民、企业与社会组织等多元主体参与乡村治理。政府作为乡村振兴多元主体协同治理中的主导者，以"民本位"为出发点，坚持以人民为中心，实现由传统意义上的管制型、全能型政府向监督型、服务型政府转变，不仅要聚合政府职能、构建内生治理协同机制，而且需要发挥好在乡村治理过程中的宏观调控作用，充分调动村民、企业与社会组织等多元主体参与乡村治理的主观能动性，关注其他治理主体的利益诉求，为其提供必要的政策、资金、场地以及培训指导等实际支持，与之形成相互信任、良好合作的伙伴关系。充分发挥政府领导核心作用与主导作用，明确自身领导职责，尊重村民的自主性，维护村民的自治权，积极创新公共服务方式，满足村民多样化的服务需求与利益诉求；厘清政府与基层群众性自治组织等权责边界，注重发挥企业与社会组织自我管理、自我教育的主观能动性，通过向企业与社会组织购买其公共服务的途径引导企业与社会组织积极参与乡村治理，培育并进一步提升乡村振兴多元主体协同治理效应。

第二，加强经济治理投入力度，保持乡村振兴多元主体协同治理效应提升速度与提升质量。乡村振兴多元主体协同治理维度有序度评价分析结果表明经济治理维度有序度整体水平较高，是所有维度有序度中最高的，明显优于政治治理、文化治理、社会治理与生态治理等治理维度，很大程度上决定着乡村振兴多元主体协同治理效应的提升速度与提升质量。政府应推动构建现代化乡村经济体系，在城市经济与农村经济之间架构更多样、更畅通的桥梁与枢纽，通过城市经济的辐射与带动作用，让更多的人才、资金、技术等生产要素与可利用资源融入到更广泛的乡村经济的繁荣与发展过程中。同时，整合产业发展资源，提高资源利用效率。以提升人口集聚度为目标，整合人口资源，大力推动"凤还巢"返乡创业政策实施，缓解乡村地区常住人口少、年龄结构老化等问题对乡村地区经济发展的阻碍作用；以提高资源利用率为目标，整合自然资源，针对自然资源禀赋丰富的乡村地区，注入更多的人才、资金与技术，使得自然资源产业化，走出乡村，带动乡村地区经济发展；以提高产业集聚度为目标，整合产业资源，将小微型企业通过并购联合等方式整合向规模产业发展，提升乡村地区产业经济的规模效应、品牌效应，助力乡村地区经济发展。村民作为乡村治理中的主要实践者，应积极参与乡村地区经济治理，主动参加政府、企业与社会组织开展的职业技能培训与就业创业指导等活动，积极就业，增加自身收入水平的同时为乡村地区经济治理贡献自己的一份力。企业与社会组织处于利润动机与责任动机，应响应政府号召，积极开展职业技能培训与就业创业指导等活动，为村民提供更多的就业机会，增强村民的就业能力，在增加自身利润、履行社会责任的同时积极参与乡村地区经济治理，助力乡村振兴多元主体协同治理经济治理效应提升，为乡村振兴多元主体协同治理综合协同效应提供强大动力。

第三，加大政治治理执行力度，为乡村振兴多元主体协同治理效应的综合提升提供强有力的政治保障。政治治理是乡村治理的核心，政治治理现代化是乡村治理现代化的重中之重，是现代民主的具体政治目标，既受经济治理现代化的制约，又对经济治理现代化有着影响较大的反作用。遵循政治发展规律、建立高效协同的政治体制是政治治理现代化的必然要求，是乡村治理现代化的重要方面。从政治伦理角度分析来看，乡村治理现代化的根本目标并不是简单地提高村民可支配收入水平、优化村民居住环境与居住水平，而是实现以村民为中心的乡村善治，追求村民利益最大化的同时，丰富村民精神文明生活，尊重村民关于公共事务的看法与建议，以满足广大村民对美好生活的需要。从政府角度出发，坚持乡村地区基层党组织领导地位，加强基层党组织建设，宣传党的主张、团结动员群众，积极参与乡村治理；同时，加强基层党组织自身能力建设，引导乡村党员积极发挥先锋模范带头作用，制定相应政策引导高校毕业生、机关企事业单位优秀党员干部等人才到乡村任职，提高基层党组织提供公共服务的水平与能力。村民应充分相信政府，主动配合乡村地区基层党组织开展的一系列政策宣讲、民主评议等活动，坚持基层党组织的领导地位，在党组织的带领下，更好地推动乡村地区政治治理。一方面，企业与社会组织应响应政府号召，主动参与政府组织的政策宣讲与民主评议等活动，在此基础上积极开展符合国家大政方针的政策宣讲等活动，动员、引导村民积极参与；另一方面，企业与社会组织还应加强自身政治能力建设，加强企业与社会组织内部的党组织建设，增强自身政治能力的同时为乡村地区政治治理做出贡献，助力乡村振兴多元主体协同治理政治治理。

第四，激活文化治理新活力，为乡村振兴多元主体协同治理效应的综合提升注入最持久的精神动力。文化是乡村治理的对象，也是乡村治理的手段与工具，文化治理既包括对文化领域进行治理，又涵盖以文化的方式进行治理，是国家治理体系的重要组成，加强乡村文化治理是构建"自治、法治、德治"相结合的乡村治理体系的重要途径，加强乡村文化治理，培育良好家风、文明乡风、淳朴民风，是全面建设社会主义现代化强国的核心目标，是推进乡村精神文明高水平建设的具体要求。政府应加强对乡村地区文化治理的组织领导，适应村民的文化需求，切实增强村民参与乡村地区文化治理的主动性，充分调动村民的积极性与创造性；适应乡村地区的文化发展现状，切实增强文化治理的针对性，充分挖掘并弘扬乡土文化；适应乡村地区文化治理的特点规律，切实增强乡村地区文化治理的持续性，提高乡村地区文化治理水平进而提高乡村文明程度与乡村治理水平。村民作为乡村地区文化治理的重要主体之一，应自觉参与文化治理，积极参与政府、企业与社会组织开展的文化惠民演出等文化下乡活动，引导村民参与文化活动、享受文化生活、欣赏文化真谛，丰富乡村精神文化生活。企业与社会组织应积极开展文化下乡活动，丰富文化活动开展形式，广泛开展电影放映、文艺演出、讲座培训等文化惠民活动，以广大人民群众喜闻乐见的方式，在开展活动的同时向村民普及党史知识、宣传国家乡村振兴政策，活跃并丰富村民精神文化生活，促进乡村地区精神文明建设，为乡村振兴多元主体协同治理效应的全面提升注入最持久的精神动力。

第五，打造社会治理新格局，为乡村振兴多元主体协同治理效应的综合提升提供重要的基础性作用。社会治理制度是国家治理体系的关键内容，社会治理能力是国家治理能力的重心所在，改革创新乡村社会治理，推进乡村社会治理向系统化、科学化发展，进一步打造全体公民共建共治共享的社会治理格局。加强和创新乡村社会治理是适应乡村社会发展的必然要求，是应对乡村现代化转型的现实需要，是社会治理理论和实践的创新发展。政府作为乡村地区社会治理的主导者，应不断加强和创新社会治理，坚持依法全面履行政府职能，积极满足人民群众日益增长的、多种层次的社会需求，推动社会治理重心向基层下移，从人民利益角度出发制定政策、深化改革，注重保障和改善民生，着力构建自治、法治、德治相结合的社会治理体系，防范并化解公共安全风险。同时，政府应进一步优化社会治理主体格局，既要充分发挥政府在乡村治理过程中的领导与主导作用，又要鼓励、支持并引导村民、企业与社会组织等社会各方面力量积极参与乡村治理，充分发挥多元主体各自特有的功能与作用，促进乡村治理多元主体间形成良性互动。村民应自觉履行村规民约，不断增强自身的参与意识与参与能力，增强民主意识、权力意识与"主人翁"意识，主动参与农村公共事务治理、民主决议等活动，在政府的带领下，有序参与乡村地区社会治理。企业与社会组织在政府购买服务、公益创投支持的前提下，积极承接乡村地区公共服务项目，广泛开展家庭服务、健康咨询、医疗保健、心理疏导以及文体娱乐等志愿服务，广泛动员村民积极参与农村地区公共事务与公益事业，丰富群众性文化活动，维护公序良俗，增强村民的认同感、责任感与集体荣誉感，打造社会治理新格局，为乡村振兴多元主体协同治理效应的综合提升提供重要基础。

第六，加快提升生态治理水平，补齐乡村振兴多元主体协同治理效应提升的突出短板。乡村振兴多元主体协同治理维度有序度评价分析结果表明生态治理维度有序度最低，与经济治理、社会治理等维度有序度存在一定的差距，一定程度上制约着乡村振兴多元主体协同治理效应的提升。生态治理关系着人民群众的切身利益，生态治理现代化以生态治理的治理理念、治理体系与治理能力现代化为核心内容，是传统生态治理的创新与超越，是生态治理发展的必然趋势。推进乡村生态治理发展，加强乡村生态环境防治与乡村生态修复，是解决生态环境问题和提升生态文明建设水平的根本路径。政府应饱含生态情怀，改变传统意义上存在破坏生态环境可能的生产生活方式，创新并倡议绿色、健康的生产生活方式，在促进经济社会高速发展的同时，尊重自然规律与科学发展观，积极履行推进生态文明建设的职能，以平衡社会利益、经济利益以及生态环境利益；增强政府的生态治理理念，重视并规避经济高速发展过程中的极端思维及其产生的极端行为，做到发展速度、发展质量与生态修复速度同步提升，坚持生态文明建设的质量重于形式。推进乡村地区生态治理，离不开村民的主动参与和有效协同，充分发挥村规民约应有的规范、引导作用，通过发动基层村干部、农村能人、乡贤等主动参与乡村治理，培育乡村地区生态治理的公序良俗，唤醒村民生态意识，持续激发村民的生态热情与生态担当，带动村民生态、生活方式的绿色转型，夯实乡村地区生态治理成果。完善法律法规与管理体制，加强企业与社会组织参与生态治理的合理性与合法性，鼓励、支持并引导企业与社会组织积极参与乡村地区生态治理。一是明确企业与社会组织的法定权利，在法律法规中具体明确企业与社会组织的环境权利与环境义务，尝试将其进一步细化到村规民约中，规范村民生态行为；二是制定考核办法，针对社会组织与企业协作村集体推行卫生厕所、垃圾集中无害化处理等生态治理措施进行考核，保证企业与社会组织的活动开展真实、有效、合法；三是设置奖惩机制，监督并推动企业与社会组织围绕乡村地区生态治理开展活动，从强化其生态环境保护观念与社会责任意识等方面提高其参与乡村治理积极性，定期评估企业与社会组织开展的活动与服务的质量、效果等，引导企业与社会组织树立正确的利益观、科学观、发展观，积极参与乡村地区生态治理。

第七，在乡村振兴战略实施的不同阶段，实行差异性的综合协同治理措施，高效提升乡村振兴多元主体协同治理效应。根据乡村振兴多元主体协同治理效应维度有序度评价时间序列分析结果，乡村振兴多元主体协同治理各维度有序度逐年提高，但提升速度与提升阶段存在较大差异性。乡村振兴实施前（2018 年前）与乡村振兴取得重要进展（2018~2020 年）2 个阶段已经超额完成任务、取得圆满成功，现正处于乡村振兴取得重大突破（2021~2022 年）关键阶段，巩固并加强农业综合生产能力，加快形成农村三产融合的良好发展格局，建立健全高水平农业体系；逐步改良农村人居环境，显著提升农村基层基本公共服务水平，推动示范乡村又好又快的建设；广泛弘扬社会主义核心价值观，继承并发展中华民族优秀传统文化，初步形成良好家风、文明乡风、淳朴民风；显著增强基层党组织的凝聚力，初步构建乡村地区"自治、法治、德治"三者相结合的多元主体协同治理体系。加快提升农业农村现代化水平，改善农业生产结构，提高农民生活水平，进一步实现共同富裕；加快实现教育、医疗与文化等城乡基本公共服务均等化，逐步完善城乡融合发展体制机制；加快完善乡村治理体系与美丽宜居乡村建设，争取早日实现乡村全面振兴。

第八，加大协同效应较低地区的投入力度，加快补齐薄弱地区的突出短板，促进乡村振兴多元主体协同治理效应的整体提升。由于资源禀赋、经济实力与政治基础等区域差异性的存在，不同区域乡村振兴多元主体协同治理效应具有较为显著的差异性，综合协同治理系统内部的优点与短板也不尽相同，需要针对不同综合协同治理现状与发展障碍，实施具有差异性的综合协同治理政策措施。在经济较为发达的地区，经济治理维度有序度不一定最高，但该地区的经济实力与治理行动力一般较强，充分利用其经济优势，加大文化治理、社会治理与生态治理等维度的投入力度，努力实现经济发展速度与文化发展、社会发展与生态发展速度同步提升。文化资源较为丰富的地区具有相对较好的文化治理基础，其文化治理效应能够得到显著提升，并以此为基础，逐步实现经济发展与社会发展，进而实现政治治理与生态治理效应的有效提升。拥有良好生态环境的地区具有相对丰富的自然禀赋、良好的自然景观与生态环境，在生态治理维度上具有一定的治理优势，坚持"绿水青山就是金山银山"的发展原则与理念，加快推动绿色低碳发展，持续推进生态文明建设，提高生态治理效应，进而提高当地经济治理、社会治理效应，最终实现乡村振兴多元主体协同治理效应的整体提升。

参 考 文 献

[1] 田先红. 乡村振兴战略背景下多元化乡村治理问题研究 [J]. 华中师范大学学报（人文社会科学版），2020（5）：2.

[2] 邵宏珠. 新时代乡村治理现代化的困境与实现逻辑 [J]. 农业经济，2020（9）：49-50.

[3] 秦中春. 乡村振兴背景下乡村治理的目标与实现途径 [J]. 管理世界，2020（2）：1-6.

[4] 马树同. 共建共治共享社会治理格局下乡村治理模式的生成逻辑——基于宁夏J县积分制的实践考察 [J]. 宁夏社会科学，2020（4）：133-138.

[5] 夏锦文. 共建共治共享的社会治理格局：理论构建与实践探索 [J]. 江苏社会科学，2018（3）：53-62.

[6] 侯恩宾. 从社会管理到共建共治共享社会治理：内涵、逻辑及其方式的转换 [J]. 理论导刊，2018（7）：60-67.

[7] 朱明锋. 我国乡村治理的困境与出路研究——以多元治理主体为视角 [D]. 北京：中共中央党校，2016.

[8] 徐静. 欧洲联盟多层级治理体系及主要论点 [J]. 世界经济与政治论坛，2008（5）：84-91.

[9] 张继亮. 治理的"立体化"面相：多层级治理的概念、模式及争议 [J]. 行政论坛，2017（3）：64-69.

[10] 魏宗财，陈婷婷，李郇，等. 多层级治理视角下跨界地区合作模式探究——以广佛为例 [J]. 地理科学，2016（9）：1418-1425.

[11] 杨娜，万梦琪. 多层级治理—政治系统理论视角下的欧盟难民政策研究——以两次难民问题为例 [J]. 欧洲研究，2019（1）：126-146.

[12] 全永波. 全球海洋生态环境多层级治理：现实困境与未来走向 [J]. 政法论丛，2019（3）：148-160.

[13] 张福磊. 多层级治理框架下的区域空间与制度建构：粤港澳大湾

区治理体系研究 [J]. 行政论坛, 2019 (3): 95 - 102.

[14] 张衔春, 许顺才, 陈浩, 等. 中国城市群制度一体化评估框架构建——基于多层级治理理论 [J]. 城市规划, 2017 (8): 75 - 82.

[15] 袁方成, 靳永广. 封闭性公共池塘资源的多层级治理——一个情景化拓展的 IAD 框架 [J]. 公共行政评论, 2020 (1): 116 - 139.

[16] 杨志云, 毛寿龙. 制度环境、激励约束与区域政府间合作——京津冀协同发展的个案追踪 [J]. 国家行政学院学报, 2017 (2): 97 - 102.

[17] 杨爱平. 从政治动员到制度建设: 珠三角一体化中的政府创新 [J]. 华南师范大学学报 (社会科学版), 2011 (3): 114 - 120.

[18] 陈瑞莲, 刘亚平. 区域治理研究: 国际比较的视角 [M]. 北京: 中央编译出版社, 2013: 25.

[19] 叶林, 赵琦. 城市间合作的困境与出路——基于广佛都市圈 "断头路" 的启示 [J]. 中国行政管理, 2015 (9): 26 - 31.

[20] 杨龙, 胡慧旋. 中国区域发展战略的调整及对府际关系的影响 [J]. 南开学报 (哲学社会科学版), 2012 (2): 35 - 47.

[21] 锁利铭, 杨峰, 刘俊. 跨界政策网络与区域治理: 我国地方政府合作实践分析 [J]. 中国行政管理, 2013 (1): 39 - 43.

[22] 陶希东. 中国跨界区域管理研究 [M]. 上海: 上海社会科学院出版社, 2010: 10.

[23] 王佃利. 跨域治理: 城市群协同发展研究 [M]. 济南: 山东大学出版社, 2018: 63.

[24] 崔晶. 整体性治理视角下的京津冀大都市区地方政府协作模式研究 [J]. 北京社会科学, 2011 (2): 34 - 37.

[25] 高红. 社区社会组织参与社会建设的模式创新与制度保障 [J]. 社会科学, 2011 (6): 76 - 83.

[26] 苏霞. 层级化网络治理: 多层级村庄自治架构及其运行机制——基于秭归 "幸福村落" 的调查 [J]. 华中农业大学学报 (社会科学版), 2014 (1): 30 - 36.

[27] 郭武, 王晶. 农村环境资源 "多中心治理" 法治格局初探 [J]. 江苏大学学报 (社会科学版), 2018 (3): 60 - 65.

[28] 李平原. 浅析奥斯特罗姆多中心治理理论的适用性及其局限性——基于政府、市场与社会多元共治的视角 [J]. 学习论坛, 2014 (5): 50 - 53.

［29］周丽 . 多中心治理视角下的农村环境卫生治理模式研究——以灌阳县文市镇瑶上村为例 ［D］. 南宁：广西大学，2017.

［30］张庆彩，董茜，董军 . 从维稳式治理到多中心治理：群体性冲突治理的困境、超越与重构 ［J］. 学术界（月刊），2017（7）：175 - 184.

［31］孟祥钧 . 多中心治理理论视角下勐海县新农村建设研究 ［D］. 昆明：云南财经大学，2017.

［32］郁俊莉，姚清晨 . 多中心治理研究进展与理论启示：基于2002—2018 年国内文献 ［J］. 重庆社会科学，2018（11）：36 - 46.

［33］叶飞 . 多中心治理：学校组织的公共治理之道 ［J］. 南京社会科学，2018（12）：138 - 144.

［34］张录法 . 多中心治理的利益逻辑——以药品医保支付价改革为例 ［J］. 中国行政管理，2019（6）：123 - 129.

［35］杨彦柱 . 多中心治理下政府预算绩效管理问题探究 ［J］. 财会通讯，2020（16）：1 - 5.

［36］方帅 . 精准扶贫背景下村级公共物品管护的实践逻辑——基于多中心治理的视角 ［J］. 湖北民族大学学报（哲学社会科学版），2020（2）：28 - 34.

［37］陈海江，司伟，刘泽琦，等 . 政府主导型生态补偿的多中心治理——基于农户社会网络的视角 ［J］. 资源科学，2020（5）：812 - 824.

［38］邱玉婷 . 多中心治理视域下乡村治理结构重塑 ［J］. 人民论坛，2015（20）：58 - 60.

［39］李香莹 . 多中心治理视角下单位社区多元主体协同治理研究——以攀枝花市东区 Y 社区为例 ［D］. 成都：西南财经大学，2019.

［40］胡洁 . 多中心治理视阈下民族社区治理模式的优化 ［J］. 青海社会科学，2017（5）：128 - 134.

［41］刘红，张洪雨，王娟 . 多中心治理理论视角下的村改居社区治理研究 ［J］. 理论与改革，2018（5）：153 - 162.

［42］金太军 . 从"边缘"治理到"多中心"治理：边缘社区治理体制创新研究 ［J］. 中共中央党校学报，2018（2）：77 - 83.

［43］王彬彬，李晓燕 . 基于多中心治理与分类补偿的政府与市场机制协调——健全农业生态环境补偿制度的新思路 ［J］. 农村经济，2018（1）：34 - 39.

［44］夏海露．济南市 Y 街道社区网格化治理研究［D］．长沙：湖南农业大学，2019.

［45］李颖．断裂与弥合："互联网 +"时代城市社区网格化治理的困境与再思考［J］．山东社会科学，2016（11）：187－192.

［46］孙柏瑛，于扬铭．网格化管理模式再审视［J］．南京社会科学，2015（4）：65－71.

［47］唐皇凤，吴常杰．构建网络化治理模式：新时代我国基本公共服务供给机制的优化路径［J］．河南社会科学，2018（9）：7－14.

［48］韩兆柱，单婷婷．网络化治理、整体性治理和数字治理理论的比较研究［J］．学习论坛，2015（7）：44－49.

［49］张康之，程倩．网络治理理论及其实践［J］．新视野，2010（6）：36－39.

［50］韩兆柱，李亚鹏．数字化治理、网络化治理与网格化管理理论的比较研究［J］．学习论坛，2017（3）：41－46.

［51］韩冬雪．国家治理体系创新视角下的网格化治理［J］．人民论坛，2015（1）：67.

［52］姜晓萍，焦艳．从"网格化管理"到"网格化治理"的内涵式提升［J］．理论探讨，2015（6）：139－143.

［53］朱萌．农村网格化管理模式初探——长沙市格塘镇的经验表达［J］．长白学刊，2015（3）：121－126.

［54］刘婷婷．乡镇网格化治理的优化路径探析——以文成县大峃镇为例［J］．国家治理，2016（7）：38－48.

［55］徐勇．城市社区网格化管理存在的问题与对策——以衡水市杨树社区为例［D］．南昌：江西师范大学，2020.

［56］施蓉．仪征市真州镇社区网格化管理的问题及对策研究［D］．成都：电子科技大学，2020.

［57］李童彤．锦江区龙舟路街道社区网格化治理的问题与对策研究［D］．扬州：扬州大学，2018.

［58］岳金柱．"网格化 +"服务：北京的城市治理创新实践［J］．国家治理，2016（7）：38－48.

［59］张康之．行政文化研究的创新之作——评王锋新著走向服务型政府的行政精神［J］．中国行政管理，2019（2）：147－151.

［60］项坚. 农村网格化管理研究——以"四个平台"在温州市 M 村的运行为例［D］. 南昌：江西师范大学，2020.

［61］纪芳. 社会基础与网格化治理绩效的差异化实践——基于苏州 W 区和北京 P 区两地的经验考察［J］. 中共福建省委党校（福建行政学院）学报，2020（4）：22 - 29.

［62］石伟. 乡村网格化治理与村民自治的冲突与融合——基于成都 Q 村网格化治理实践"离土性"的思考［J］. 西部论坛，2019（11）：44 - 52.

［63］韩玉莹. 滨城区彭李街道社区网格化治理问题研究［D］. 济南：山东师范大学，2020.

［64］连玮. BZ 社区网格化治理研究［D］. 南昌：江西财经大学，2020.

［65］何平均，刘思璐. 农业基础设施 PPP 投资：主体动机、行为响应与利益协调——基于利益相关者理论［J］. 农村经济，2018（1）：76 - 81.

［66］温素彬，李慧，焦然. 企业文化、利益相关者认知与财务绩效——多元资本共生的分析视角［J］. 中国软科学，2018（4）：113 - 122.

［67］陈宏辉，贾生华. 企业利益相关者三维分类的实证分析［J］. 经济研究，2004（4）：80 - 90.

［68］齐宝鑫，武亚军. 战略管理视角下利益相关者理论的回顾与发展前瞻［J］. 工业技术经济，2018（2）：3 - 12.

［69］吴磊，徐家良. 政府购买公共服务中社会组织责任的实现机制研究——一个利益相关者理论的视角［J］. 理论月刊，2017（9）：130 - 136.

［70］和学新，褚天. 利益相关者理论视域下的学校变革模式分析［J］. 山西大学学报（哲学社会科学版），2019（2）：67 - 76.

［71］刘伟玮，李爽，付梦娣，等. 基于利益相关者理论的国家公园协调机制研究［J］. 生态经济，2019（12）：90 - 95.

［72］项国鹏，张志超，罗兴武. 利益相关者视角下开拓型制度创业机制研究——以阿里巴巴为例［J］. 科技进步与对策，2017（2）：9 - 17.

［73］李粮. 公司治理、内部控制与混改国企协调发展——基于利益相关者理论的视角［J］. 经济问题，2020（5）：79 - 88.

［74］周进萍. 利益相关者理论视域下"共建共治共享"的实践路径［J］. 领导科学，2018（8）：4 - 7.

［75］沈费伟，刘祖云. 农村环境善治的逻辑重塑——基于利益相关者理论的分析［J］. 中国人口·资源与环境，2016（5）：32 - 38.

[76] 顾海娥. 民族地区精准扶贫的实践困境及解决路径——基于利益相关者理论的分析 [J]. 新视野, 2017 (2): 41 – 46.

[77] 唐健, 彭钢. 农村社会化养老善治的路径重构——基于利益相关者理论的分析 [J]. 农村经济, 2019 (8): 136 – 142.

[78] 郑雨婷, 朱华桂. 利益相关者理论视角下的社区抗逆力提升路径探索 [J]. 天津行政学院学报, 2019 (6): 87 – 95.

[79] 孟祥丰. 基于利益相关者理论的田园综合体协调机制研究——以无锡阳山田园东方为例 [J]. 中国农业资源与区划, 2020 (5): 294 – 300.

[80] 钱学森, 于景元, 戴汝为. 一个科学新领域: 开放的复杂巨系统及其方法论 [J]. 自然杂志, 1990 (1): 3 – 11.

[81] 刘涛. 互联网时代的社会治理——以社会系统理论为分析框架 [J]. 社会学评论, 2017 (4): 17 – 31.

[82] 叶强, 钟炽兴. 乡建, 我们准备好了吗——乡村建设系统理论框架研究 [J]. 地理研究, 2017 (10): 1843 – 1858.

[83] 陈强, 林航锋. 社会系统理论视角的农村社区管理 [J]. 重庆社会科学, 2017 (7): 46 – 52.

[84] 杨博文, 周斌, 罗菊. 系统理论视角下创新社会治理的机理分析与政社关系转变 [J]. 西南民族大学学报 (人文社科版), 2017 (4): 192 – 196.

[85] 仇保兴. 城市规划学新理性主义思想初探——复杂自适应系统 (CAS) 视角 [J]. 城市发展研究, 2017 (1): 1 – 8.

[86] 金吾伦. 实施理论创新工程 加快国家创新体系建设 [J]. 中国社会科学院研究生院学报, 2004 (2): 12 – 13.

[87] 刘建华. 基于复杂适应系统理论的区域创新体系研究 [J]. 中州学刊, 2008 (2): 60 – 62.

[88] 张永安, 田钢. 基于复杂适应系统理论的集群创新研究综述 [J]. 科学学与科学技术管理, 2008 (2): 60 – 65.

[89] 丁堃. 基于复杂适应系统理论的绿色创新系统研究 [D]. 大连: 大连理工大学, 2005.

[90] 陆圆圆, 薛镭. 基于复杂适应系统理论的企业创新网络研究 [J]. 中国科技论坛, 2007 (12): 76 – 80.

[91] 李丽. 基于复杂适应系统理论的区域创新驱动力研究 [J]. 经济问题, 2016 (5): 102 – 107.

[92] 戴祥玉. 地方政府自我推进型治理创新的"适应性"实施：从失谐增量到持存发展 [J]. 湖北社会科学, 2017 (3)：35 – 43.

[93] 杨仲元, 徐建刚, 林蔚. 基于复杂适应系统理论的旅游地空间演化模式——以皖南旅游区为例 [J]. 地理学报, 2016 (6)：1059 – 1074.

[94] 徐光志. 复杂适应系统理论视阈下文化产业集群发展研究 [J]. 社会科学战线, 2019 (9)：244 – 248.

[95] 周霞, 毕添宇, 丁锐, 等. 雄安新区韧性社区建设策略——基于复杂适应系统理论的研究 [J]. 城市发展研究, 2019 (3)：108 – 115.

[96] 刘洪. 组织结构变革的复杂适应系统观 [J]. 南开管理评论, 2004 (3)：51 – 56.

[97] 戴祥玉. 地方政府治理创新自我推进机制研究——基于复杂适应系统理论视角 [D]. 南京：南京农业大学, 2017.

[98] 侯汉坡, 刘春成, 孙梦水. 城市系统理论基于复杂适应系统的认识 [J]. 管理世界, 2013 (5)：182 – 183.

[99] 陈岩. 复杂适应系统视角下城市社区治理创新研究 [J]. 领导科学, 2020 (8)：42 – 45.

[100] 陈喆, 姬煌, 周涵滔, 等. 基于复杂适应系统理论 (CAS) 的中国传统村落演化适应发展策略研究 [J]. 建筑学报, 2014 (1)：57 – 63.

[101] 孙梦水, 刘春成, 侯汉坡. 基于复杂适应系统视角的"城中村"管理分析 [J]. 中国科技论坛, 2013 (3)：51 – 55.

[102] 李文钊. 理解治理多样性：一种国家治理的新科学 [J]. 北京行政学院学报, 2016 (6)：47 – 57.

[103] 何怡平. 协同理论视角下的地方政府雾霾治理机制研究 [D]. 桂林：广西师范大学, 2016.

[104] 胡云婷. 基于协同理论视角的县域农村公共文化服务供给模式研究 [D]. 哈尔滨：哈尔滨师范大学, 2016.

[105] 李宁. 协同治理：农村环境治理的方向与路径 [J]. 理论导刊, 2019 (12)：78 – 84.

[106] 徐勇. 中国家户制传统与农村发展道路——以俄国、印度的村社传统为参照 [J]. 中国社会科学, 2013 (8)：102 – 123.

[107] 王雪莹. 基于协同理论的京津冀协同发展机制研究 [D]. 北京：首都经济贸易大学, 2016.

[108] 张立荣, 朱天义. 农村基层协同治理的需求匹配精准性研究 [J]. 中国行政管理, 2018 (6): 49 – 52.

[109] 范逢春, 李晓梅. 农村公共服务多元主体动态协同治理模型研究 [J]. 管理世界, 2014 (9): 176 – 177.

[110] 纪春艳, 张学浪. 新型城镇化中农业转移人口市民化的成本分担机制建构——以利益相关者、协同理论为分析框架 [J]. 农村经济, 2016 (11): 104 – 109.

[111] 杜德森. 多元主体协同治理下农村垃圾治理研究——以邢台 N 市为例 [D]. 石家庄: 河北师范大学, 2020.

[112] 罗福周, 李静. 农村生态环境多主体协同治理的演化博弈研究 [J]. 生态经济, 2019 (10): 171 – 176.

[113] 黄巨臣. 农村教育"技术治理"精细化: 表现、局限及其应对——基于协同治理理论的视角 [J]. 湖南师范大学教育科学学报, 2018 (7): 93 – 99.

[114] 张文静, 沈克印. 乡村振兴战略下农村公共体育服务的协同治理研究——基于多元主体协同治理模型 [J]. 沈阳体育学院学报, 2020 (3): 35 – 42.

[115] 侣传振. 互联网时代农村协同治理模式、演进逻辑与路径选择 [J]. 湖南农业大学学报 (社会科学版), 2019 (6): 31 – 37.

[116] 王欣亮, 魏露静, 刘飞. 大数据驱动新时代乡村治理的路径建构 [J]. 中国行政管理, 2018 (11): 50 – 55.

[117] 陈明, 刘义强. 交互式群治理: 互联网时代农村治理模式研究 [J]. 农业经济问题, 2019 (2): 33 – 42.

[118] 渠敬东, 周飞舟, 应星. 从总体支配到技术治理——基于中国 30 年改革经验的社会学分析 [J]. 中国社会科学, 2009 (6): 104 – 127.

[119] 贺雪峰, 谭林丽. 内生性利益密集型农村地区的治理——以东南 H 镇调查为例 [J]. 政治学研究, 2015 (3): 67 – 79.

[120] 马丽娜. 农村社会协同治理中基层政府角色探析 [D]. 太原: 太原理工大学, 2018.

[121] 黄博. 乡村振兴战略与村民自治: 互嵌、诉求与融合 [J]. 求实, 2020 (1): 74 – 83.

[122] 盖乾. 现阶段我国乡村治理主体协同治理研究——以 J 镇为例

［D］. 南宁：广西民族大学，2017.

［123］陈书华. 农村社会多元主体协同治理及其运行机制研究［D］. 武汉：华中科技大学，2016.

［124］刘锦. 企业带动脱贫攻坚机理、模式与优化——以安徽福中和生态农业开发有限公司为例［D］. 蚌埠：安徽财经大学，2020.

［125］詹国辉，张新文. 农村水利设施整体性供给与社会资本的关联效应测度［J］. 西北农林科技大学学报（社会科学版），2017（5）：98－103.

［126］张照新，吴天龙. 培育社会组织推进"以农民为中心"的乡村振兴战略［J］. 经济纵横，2019（1）：29－35.

［127］刘彦随. 中国新时代城乡融合与乡村振兴［J］. 地理学报，2018（4）：637－650.

［128］李春根，陈文美. 现阶段我国社会救助财政支出规模适度吗？——基于"巴洛法则"与柯布—道格拉斯生产函数的分析［J］. 华中师范大学学报（人文社会科学版），2018（4）：49－58.

［129］张博. 高新技术企业创新链与资金链协同度研究［D］. 哈尔滨：哈尔滨理工大学，2019.

［130］马慧，曹兴，李星宇. 中部地区新兴技术产业创新网络的协同度研究［J］. 经济地理，2019（9）：164－173.

［131］陈明. 乡村治理现代化研究论纲［J］. 华中科技大学学报（社会科学版），2020（4）：125－134.

［132］陶珊珊，肖凡. 乡村治理现代化：治理机制、关键领域与经验供给——第四届中国县域治理高层论坛会议综述［J］. 湖北民族大学学报（哲学社会科学版），2020（2）：44－49.

［133］穆虹. 完善宏观经济治理（深入学习贯彻党的十九届五中全会精神）［ER/OL］. 人民网，2020－12－22. http：//opinion. people. com. cn/n1/2020/1222/c1003－31974200. html.

［134］杜飞进. 论中国特色政治治理现代化［J］. 社会科学研究，2016（1）：8－27.

［135］汪倩倩. 新时代乡村文化治理的理论范式、生成逻辑与实践路径［J］. 江海学刊，2020（5）：231－236.

［136］张锋. 中国社会治理：语境、演进、特征和展望［J］. 中共中央党校（国家行政学院）学报，2020（6）：71－78.

[137] 张利民，刘希刚. 中国生态治理现代化的世界性场域、全局性意义与整体性行动 [J]. 科学社会主义，2020 (3)：103 – 109.

[138] 万晨. 安徽水资源—社会经济系统的协同度研究 [D]. 合肥：合肥工业大学，2017.

[139] 赵一夫，王丽红. 新中国成立70年来我国乡村治理发展的路径与趋向 [J]. 农业经济问题，2019 (12)：21 – 30.

[140] 蒋永穆，王丽萍，祝林林. 新中国70年乡村治理：变迁、主线及方向 [J]. 求是学刊，2019 (5)：1 – 10.

[141] 陈明. 新中国70年的农民形态演进与乡村治理变革——兼论中国乡村现代化的未来图景 [J]. 理论月刊，2019 (9)：5 – 14.

[142] 刘行玉. 乡村治理四十年：回顾与总结 [J]. 山东农业大学学报 (社会科学版)，2018 (4)：13 – 19.

[143] 肖唐镖. 近十年我国乡村治理的观察与反思 [J]. 华中师范大学学报 (人文社会科学版)，2014 (11)：1 – 11.

[144] 李唐. 基于委托代理理论郑州市市管企业负责人激励机制研究 [D]. 郑州：中原工学院，2019.

[145] 韩晓敏. 我国减负政策执行的现实困境及治理策略——基于委托代理理论的视角 [J]. 当代教育科学，2021 (4)：1 – 8.

[146] 王垒，刘新民，丁黎黎. 委托代理理论在国有企业的拓展：从单边道德风险到三边道德风险 [J]. 商业研究，2015 (12)：18 – 23.

[147] 王保玲，孙健. 产品责任保险市场的逆向选择研究 [J]. 兰州学刊，2019 (4)：94 – 105.

[148] 刘兵. 产供销管理中利益分享机制设计 [J]. 系统工程理论与实践，2002 (1)：134 – 138.

[149] 汪贤裕，钟胜，李康. 一类多期委托代理关系的模型研究 [J]. 系统工程理论与实践，2001 (11)：31 – 36.

[150] 熊灵芝. 基于委托代理理论的新兴产业技术合作创新协调研究 [D]. 重庆：重庆工商大学，2019.

[151] 伍莹莹. 委托—代理视角下经济增加值和经济资本的研究 [D]. 深圳：南方科技大学，2019.

[152] 吕静. 基于委托—代理理论的社区支持农业发展机制研究 [D]. 青岛：青岛大学，2020.

［153］张维迎．所有制、治理结构及委托—代理关系——兼评崔之元和周其仁的一些观点［J］．经济研究，1996（9）：1－14．

［154］江孝感，王伟．中央与地方政府事权关系的委托—代理模型分析［J］．数量经济技术经济研究，2004（4）：77－84．

［155］王慧霞，李伟红，杨淑君．基于委托代理理论的企业所有者与经理人合作决策模型［J］．河北大学学报（哲学社会科学版），2010（3）：112－114．

［156］冯根福，赵珏航．管理者薪酬、在职消费与公司绩效——基于合作博弈的分析视角［J］．中国工业经济，2012（6）：147－158．

［157］王晓荣．委托代理理论视域中的政府服务与民众参与关系研究［D］．南京：东南大学，2018．

［158］王丽娜．委托代理理论视域下地方政府绩效考核目标偏离及矫治［D］．湘潭：湘潭大学，2020．

［159］李代明．地方政府生态治理绩效考评机制创新研究——以委托代理理论为视角［D］．湘潭：湘潭大学，2018．

［160］杜传忠，刘志鹏．雄安新区建设期的产业政策与民生保障——基于委托—代理理论视角［J］．河北学刊，2019（3）：150－156．

［161］董志霖．中国纵向府际关系发展研究——以多任务委托代理理论为视角［J］．湘潭论坛，2020（5）：86－93．

［162］丁波．我国精准脱贫评估流程的解构与重构——基于委托代理理论视角［J］．甘肃社会科学，2020（2）：136－142．

［163］夏霄海．基于博弈视角的政府购买市郊铁路运输服务模式改进的研究——以北京市郊铁路为例［D］．北京：北京交通大学，2019．

［164］王梓成．我国上市公司信息披露与财经媒体角色研究——基于博弈论的视角［D］．武汉：华中师范大学，2020．

［165］王艳艳．Nash 均衡问题中解集的弱强性及其性质［D］．淄博：山东理工大学，2016．

［166］张孜丞．基于利益相关者理论的房地产项目建设阶段博弈研究［D］．济南：山东建筑大学，2020．

［167］赵昌平，徐晓江，方超，等．合作博弈视角下南海区域的蓝碳合作可行性研究［J］．中国人口·资源与环境，2020（7）：66－72．

［168］王先甲，刘佳．基于合作博弈视模型的公共河流水资源分配方案

研究 [J]. 中国管理科学, 2020 (1): 1 - 9.

[169] 张倩. 价格决策听证中的零和博弈及其均衡化 [J]. 湖北社会科学, 2017 (3): 152 - 159.

[170] 袁志刚. 当前经济全球化的深层矛盾和基本走势——从零和博弈到正和博弈: 一个政治经济学的新视角 [J]. 探索与争鸣, 2020 (7): 50 - 58.

[171] 赵凯, 王健. "政府—企业" 碳排放决策理论研究——基于不完全信息博弈 [J]. 软科学, 2017 (10): 96 - 99.

[172] 姚禄仕, 赵佳卉. 区域性股权交易市场融资效率及影响因素研究——基于不完全信息博弈的分析 [J]. 华东经济管理, 2019 (4): 84 - 89.

[173] 周涛, 周世祥, 刘浏. 政府、共享单车企业与消费者三方动态博弈演变及稳定性策略分析 [J]. 管理学刊, 2020 (5): 82 - 94.

[174] 张华泉, 王淳. 乡村振兴背景下土地流转用途规制可有效抑制 "非粮化" 倾向吗?——基于三方动态博弈的视角 [J]. 四川师范大学学报 (社会科学版), 2020 (3): 59 - 65.

[175] 杜焱强, 王亚星, 陆万军. PPP 模式下农村环境治理的多元主体何以共生?——基于演化博弈视角的研究 [J]. 华中农业大学学报 (社会科学版), 2019 (6): 89 - 96.

[176] 欧电. 基于博弈论的粤港澳大湾区港口群国际竞争力提升研究 [D]. 广州: 华南理工大学, 2020.

[177] 翟雪梅. 博弈论视角下房地产评估中的高估行为研究 [D]. 济南: 山东师范大学, 2020.

[178] 黎羽龙. 博弈视角下留用地捆绑旧村改造困境研究——以广州市南沙区的两个村庄为例 [D]. 广州: 华南理工大学, 2020.

[179] 陈世森. 非零和博弈理论下传统村落保护中村民参与动态模式研究——以昆明市呈贡乌龙村为例 [D]. 昆明: 昆明理工大学, 2020.

[180] 杨雯秀. 重复博弈视角下基层社会自治的仿真研究 [D]. 西安: 西北大学, 2019.

[181] 陈勇. 农村土地流转参与主体间的利益博弈——以宁乡市流沙河镇为例 [D]. 长沙: 湖南师范大学, 2020.

[182] 孙连菊. 基于博弈论的城市公共交通系统建模与算法研究 [D]. 北京: 北京交通大学, 2009.

[183] 罗哲, 单学鹏. 农村公共池塘资源治理的进化博弈——来自河北

L村经济合作社的案例 [J]. 农村经济, 2020 (6): 1-8.

[184] 公茂刚, 王如梦, 黄肖. "三权分置"下农村宅基地流转演化博弈分析 [J]. 重庆社会科学, 2021 (3): 78-93.

[185] 单双, 彭湃, 肖斌卿. 农村金融省联社模式改革路径研究——基于演化博弈模型 [J]. 安徽师范大学学报 (人文社会科学版), 2020 (3): 147-157.

[186] 敖慧, 朱玉洁. 农村基础设施 PPP 项目风险分担的博弈研究 [J]. 华中农业大学学报 (社会科学版), 2021 (2): 111-119.

[187] 周芳, 朱朝枝. 基于模糊合作博弈的农村三产融合合作收益分配 [J]. 数学的实践与认识, 2021 (7): 320-328.

[188] 汤弘茜, 何寿奎. 基于累积前景理论的农村环境治理决策行为演化博弈研究 [J]. 生态经济, 2021 (2): 195-201.

[189] 廖卫东, 刘淼. 自治、博弈与激励: 我国农村人居环境污染治理的制度安排 [J]. 生态经济, 2020 (5): 194-199.

[190] 洪开荣, 朱明元. 博弈视域下农村土地征收利益分配研究 [J]. 农村经济, 2020 (3): 98-100.

[191] 曹文. 帕森斯结构功能主义理论的道德教育价值研究 [D]. 济南: 山东师范大学, 2015.

[192] 苗玲君. 结构功能主义视角下法律仪式问题研究——以证人宣誓仪式为例 [D]. 重庆: 西南政法大学, 2019.

[193] 陈艳华. 近代政府与北京大学的关系之研究——从帕森斯的结构功能主义视角分析 [D]. 苏州: 苏州大学, 2013.

[194] 高水. 河北省美丽乡村建设中乡村文化振兴的功能与实现路径——基于结构—功能主义视角 [D]. 保定: 河北大学, 2018.

[195] 惠梦倩. 结构功能主义视域下村域规划的比较研究 [D]. 南昌: 南昌大学, 2018.

[196] 杨秋婷. 结构功能主义视角下乡村治理体系的要素构成与运行逻辑——基于广东省南村与北村的比较研究 [D]. 广州: 华南理工大学, 2020.

[197] 路晨磊. 结构功能主义视角下的驻村帮扶研究——以陕西省 C 县为例 [D]. 天津: 南开大学, 2020.

[198] 陈亚杰. 结构功能主义视角下的我国农民集体组织重构研究 [D]. 金华: 浙江师范大学, 2020.

[199] 白萍. 结构功能主义和社会批判理论比较研究——从社会主义核心价值的角度看 [D]. 上海：华东师范大学，2010.

[200] 张仲涛，周蓉. 我国协同治理理论研究现状与展望 [J]. 社会治理，2016（3）：48 - 53.

[201] 吕童. 网格化治理结构优化路径探讨——以结构功能主义为视角 [J]. 北京社会科学，2021（4）：106 - 115.

[202] 张桐. 社会治理体系及其结构：对一个学术问题的重新界定 [J]. 中国行政管理，2017（9）：76 - 80.

[203] 王杰，刘伟忠. 县级政府权力清单制度的深层运行逻辑：结构—功能主义视角 [J]. 党政研究，2020（1）：108 - 116.

[204] 王文龙. 结构功能主义视角下乡村治理模式嬗变与中国乡村治理政策选择 [J]. 现代经济探讨，2019（10）：117 - 124.

[205] 李静. 城市社区网络治理结构的构建——结构功能主义的视角 [J]. 东北大学学报（社会科学版），2016（6）：605 - 609.

[206] 钱大军，苏杭. 我国法律创制与司法适用衔接机制的重塑 [J]. 学术交流，2021（2）：46 - 61.

[207] 汪天德. 美国社会学研究及主要理论的发展 [J]. 江苏社会科学，2010（1）：105 - 113.

[208] 时和兴. 冲突管理学源流探析——兼论公共冲突管理学的发轫 [J]. 国家行政学院学报，2013（5）：55 - 60.

[209] 刘方亮，刘燕成. 乡村治理主体结构：内容构成、问题成因和优化路径 [J]. 理论导刊，2021（4）：73 - 80.

[210] 林星，吴春梅，黄祖辉. 新时代"三治结合"乡村治理体系的目标、原则与路径 [J]. 南京农业大学学报（社会科学版），2021（2）：96 - 103.

[211] 李三辉. 乡村治理现代化：基本内涵、发展困境与推进路径 [J]. 中州学刊，2021（3）：75 - 81.

[212] 周文，司婧雯. 乡村治理与乡村振兴：问题与改革深化 [J]. 河北经贸大学学报，2021（1）：16 - 25.

[213] 黄文记. "三治"结合乡村治理体系中新乡贤的作用研究 [J]. 西南民族大学学报（人文社会科学版），2021（1）：171 - 177.

[214] 闵学勤. 激活与赋能：从乡村治理走向乡村振兴 [J]. 江苏行政

学院学报，2020（6）：45 – 52.

[215] 高卫星，张慧远. 乡村治理共同体构建的理论逻辑、现实困境及策略 [J]. 中州学刊，2021（2）：7 – 12.

[216] 项继权，毛斌菁. 要素市场化背景下乡村治理体制的改革 [J]. 华中师范大学学报（人文社会科学版），2021（2）：1 – 9.

[217] 何阳. 多元主体互动视域下民族地区"三治合一"乡村治理体系建设 [J]. 西南民族大学学报（人文社会科学版），2020（12）：196 – 203.

[218] 张明皓. 新时代"三治融合"乡村治理体系的理论逻辑与实践机制 [J]. 西北农林科技大学学报（社会科学版），2019（5）：17 – 24.

[219] 马树同. 共建共治共享社会治理格局下乡村治理模式的生成逻辑——基于宁夏 J 县积分制的实践考察 [J]. 宁夏社会科学，2020（4）：133 – 138.

[220] 赵秀玲. 农民现代化与中国乡村治理 [J]. 清华大学学报（哲学社会科学版），2021（3）：1 – 13.

[221] 高鹏. 轨道交通客流预测及敏感性分析研究——以济南市 R1 线为例 [D]. 哈尔滨：哈尔滨工业大学，2019.

[222] 金小刚. 武汉市岩溶塌陷易发性评价及影响因素敏感性分析 [D]. 北京：中国地质大学（北京），2018.

[223] 肖雨桐. 基于敏感性分析的寒地城市居住区形态对住宅能耗影响研究 [D]. 哈尔滨：哈尔滨工业大学，2019.

[224] 柏青华. 网络借贷行业的风险研究——基于结构方程模型 [D]. 北京：中国社会科学院大学（研究生院），2020.

[225] 敖荣军，常亮. 基于结构方程模型的中国县域人口老龄化影响机制 [J]. 地理学报，2020（8）：1572 – 1584.

[226] 刘小春，张果，谭小龙，等. 农村居民养老服务供需形成机理——基于结构方程模型分析 [J]. 农林经济管理学报，2020（3）：379 – 388.

[227] 莫君慧，于正松. 价值感知对农户技术采用倾向的影响及其条件响应——基于结构方程模型的实证 [J]. 中国农业资源与规划，2020（5）：238 – 245.

[228] 杨成林. 中国式家庭农场形成机制研究——基于皖中地区"小大户"的案例分析 [J]. 中国人口·资源与环境，2014（6）：45 – 50.

[229] 吴磊，焦华富，叶雷. 皖南国际文化旅游示范区旅游经济与交通

耦合协调发展的时空特征［J］. 地理科学，2019（11）：1822 – 1829.

［230］姚晓洁，童亮，李九林. 基于 DEA 的传统农耕地区农业生产效率测度——以皖北为例［J］. 中国农业资源与区划，2020（11）：131 – 139.

［231］陈晓华，姚林. 皖北地区乡村稀释化特征、影响因素及形成机制——基于城乡关系的视角［J］. 自然资源学报，2020（8）：1958 – 1971.

［232］江厚庭. 2020 后山区生态减贫战略与对策优化——基于皖南山区的实地调查［J］. 现代经济探讨，2020（8）：36 – 44.

［233］丁海峰，高凯，罗娟，等. 基于 GM（1，1）灰色预测模型的我国民营医院发展趋势预测［J］. 医学与社会，2021（3）：1 – 6.

［234］沈璐. 江苏省创意农业资源利用水平的综合评价及发展趋势灰色预测［J］. 中国农业资源与规划，2020（5）：286 – 293.

［235］张可，钟秋萍，曲品品，等. 基于网络搜索信息的农村水环境质量灰色预测模型［J］. 中国管理科学，2020（6）：222 – 230.

［236］邱婧玲. 灰色预测 GM（1，1）模型在大学普及率中的应用研究——基于西藏 GER 的实证分析［J］. 西藏民族大学学报（哲学社会科学版），2020（6）：182 – 188.

［237］Marks G., Nielsen F., Ray L., et al. Competencies, Cracks, and Conflicts: Regional Mobilization in the European Union［J］. Comparative Political Studies, 1996, 29（2）: 164 – 192.

［238］Hooghe M. Unraveling the Central State, but How? Types of Multi-governance［J］. American Politics Science Review, 2003, 96（6）: 233 – 235.

［239］Jessop B. Governance and Meta-governance in the Face of Complexity: On the Roles of Requisite Variety, Reflexive Observation, and Romantic Irony in Participatory Governance［M］. Participatory Governance in Multi-level Context. Wiesbaden: VS Verlag für Sozialwissenschaften, 2002: 33 – 58.

［240］Torsvik G. Social Capital and Economic Development: A Plea for the Mechanisms［J］. Rationality and Society, 2000, 12（4）: 451 – 476.

［241］Bromiley P., Cummings L. L. Transaction Costs in Organizations with Trust［J］. Research on Negotiation in Organizations Greenwich, 1995, 5（5）: 219 – 247.

［242］Ostrom E. Beyond Markets and States: Polycentric Governance of Complex Economic Systems［J］. American Economic Review, 2010, 100（3）:

167 - 209.

[243] Kettle D. Sharing Power: Public Government and Private Markets [M]. Washington: Brookings Institution, 1993: 22.

[244] Hooghe L., Marks G. Type of Multi-level Governance [J]. European Integration Online Papers, 2001, 5 (11): 233 - 243.

[245] Freeman R. E. Strategic Management: A Stakeholder Approach [M]. Boston: Pitman, 1984.

[246] Freeman R. E. The Politics of Stakeholder Theory: Some Future Directions [J]. Business Ethics Quarterly, 1994, 4 (4): 409 - 421.

[247] Frederick W. C. The Moral Authority of Transnational Corporate Codes [J]. Journal of Business Ethics, 1991, 3 (10): 165 - 177.

[248] Charkham J. Corporate Governance: Lessons from Abroad [J]. European Business Journal, 1992, 2 (4): 8 - 16.

[249] Clarkson M. B. E. A Stakeholder Framework for Analyzing and Evaluating Corporate Social Performance [J]. Academy of Management Review, 1995, 20 (1): 92 - 117.

[250] Mitchell A., Wood D. Toward a Theory of Stakeholder Dentification and Salience: Defining the Principle of Who and What Really Counts [J]. Academy of Management Review, 1997, 22 (4): 853 - 886.

[251] Holland J. H. Adaptation in Natural and Artificial Systems: An Introductory Analysis with Applications to Biology, Control, and Artificial Intelligence [M]. Cambridge Massachusetts: The MIT Press, 1992.

[252] Holland J. H. Complex Adaptive System [M]. Boston: Winter, 1992.

[253] Ansoff H. I. Corporate Strategy (Revised Edition) [M]. London: Penguin Books, 1987.

[254] Rosemary O., Gerard C., Bingham B. Introduction to the Symposium on Collaborative Public Management [J]. Public Administration Review, 2006, 66 (9): 6 - 9.

[255] Sanna T. Learning to Co-produce? The Perspective of Public Service Professionals [J]. International Journal of Public Sector Management, 2015, 28 (7): 583 - 598.

[256] Ross S. The Economic Theory of Agency the Principal's Probiem [J].

American Economic Review, 1973, 63 (2): 134 – 139.

[257] Mirrless J. The Optimal Structure of Authority Incentives within an Organization [J]. Bell Journal of Economics, 1976, 7 (2): 105 – 131.

[258] Grossman S. J. , Hart O. D. An Analysis of the Principal-agent Problem [J]. Econometrica, 1983 (51): 7 – 45.

[259] Rubinstein A. Equilibrium in Super Games with the Overtaking Criterion [J]. Journal of Economic Theory, 1979 (21): 1 – 9.

[260] Radner R. Monitoring Cooperative Agreement in a Repeated Principal-agent Relationship [J]. Econometrica, 1981 (49): 1127 – 1148.

[261] Holmstrom B. Moral hazard and observability [J]. Bell Journal of Economics, 1979, 10 (1): 74 – 91.

[262] Grossman S. J. , Hart O. D. Implicit Contracts under Asymmetric Information [J]. The Quarterly Journal of Economics, 1983, 98 (1): 123 – 156.

[263] Fama E. F. Agency Problems and the Theory of the Firm [J]. Journal of Political Economy, 1980, 88 (2): 288 – 307.

[264] Garen J. E. Executive Compensation and Principal-agent Theory [J]. Journal of Political Economy, 1994, 102 (6): 1175 – 1199.

[265] Neumann J. V. , Morgenatern O. Theory of Games and Economic Behavior [M]. Princeton: Princeton University Press, 1944.

[266] Nash J. F. Equilibrium Points in N-person Games [J]. Proceedings National Academy of Sciences, 1950 (36): 48 – 49.

[267] Selten R. Spieltheoretische Behandlung eines Oligopolmodells mit Nachfrägeträgheit [J]. Zeitschrift Für Die Gesamte Staatswissenschaft, 1965 (121): 301 – 324.

[268] Selten R. A Reexamination of the Perfectness Concept for Equilibrium Points in Extensive Games [J]. International Journal of Game Theory, 1975 (4): 25 – 55.

[269] Comte A. System of Positive Polity [M]. London: Longmans Green, 1875.

[270] Spencer H. The Principle of Sociology [M]. New York: Appleton and Company, 1925.

[271] Durkheim E. The Division of Labor in Society [M]. New York: Free

Press，1964.

［272］Parsons T. Social System［M］. New York：Free Press，1951.

［273］Parsons T. Smelser N-J. Economy and Society［M］. London：Routledge，1956.

［274］Lockwood D. Social Integration and System Integration in G. K. Zollschan and W. Hirsh（eds）. Explorations in Social Change［M］. London：Routledge，1964.

［275］Merton R. Social Theory and Social Structure［M］. New York：Free Press，1968.

［276］Saltelli A.，Ratto M.，Tarantola S.，et al. Update 1 of：Sensitivity Analysis for Chemical Models［J］. Chemical Reviews，2012，112（5）：1 –21.

［277］Kristensen M. H.，Petersen S. Choosing the Appropriate Sensitivity Analysis Method for Building Energy Model-based Investigations［J］. Energy and Buildings，2016，130（10）：166 –176.

后 记

对于乡村治理问题的研究，始于2015年我出版的专著《中国农村居民收入的区域差异研究》，其中对乡村收入差距及治理问题进行了探讨性研究，本书是该研究的延续与拓展。2017年我作为国家社会科学基金项目负责人，对乡村问题开展了更系统更深入的研究，我与项目组成员先后多次赴安徽、湖北、河南等地区开展实地调研考察，深入农户家庭进行深度访谈，与各级政府开展座谈，积累了大量第一手资料，初步建立了扶贫与乡村经济发展数据库。近年来，关于贫困问题、乡村振兴问题以及县域经济发展等问题也积累了一些科研成果，对乡村发展问题已有了更加深入的系统性认识。

这本书是对乡村振兴多元主体协同治理问题研究的一个尝试和阶段性总结，也是在我指导的研究生论文基础上的丰富和完善，在本书的写作和修改过程中，吸取了多位专家学者的建议，对相应结构和内容进行了调整和完善。本书的很多思想吸收借鉴了经济学相关理论和大量学者的研究成果，不少内容融合了专家和领导的真知灼见，在此，向所有提供帮助和支持的人表示衷心的感谢！这里要特别感谢安徽财经大学周加来副校长对本书提出的宝贵的修改意见，他在百忙之中为本书作序，并鼎力支持本书的出版，让我备受感动。感谢安徽财经大学经济学院各位教授在本书的撰写、修改、出版过程中给予的支持，他们提出的建设性意见已经融入本书的观点之中。感谢西安交通大学马草原教授为本书建言献策，其执着的学术精神与敏锐的学术思想值得我们学习。感谢安徽六安市委党校程明老师在本书撰写过程中的调研所提供的巨大帮助，其扎实的理论功底和丰富的实践经验令我们称赞。在此，一并感谢所有为本书出版提供帮助的专家和领导，谢谢你们的付出。

作为乡村治理研究的一本著作，本书的出版只是我们对乡村振兴研究工作的起点，相信随着我们不断的努力和工作的推进，能够在该领域取得更为丰富的研究成果，同时也希望本书的出版能够推动相关理论研究的深入，为实践工作提供帮助与借鉴。当然，由于学术水平有限，文中不足之处在所难免，谨请同行专家予以批评指正。

钱　力

二〇二一年六月于蚌埠